William Collins Donahue, Georg Mein, Rolf Parr (eds.)
andererseits – Yearbook of Transatlantic German Studies

andererseits – Yearbook of Transatlantic German Studies
Volume 5/6

The yearbook is edited by William Collins Donahue, Georg Mein and Rolf Parr.

William Collins Donahue, Georg Mein, Rolf Parr (eds.)

andererseits – Yearbook of Transatlantic German Studies

Vol. 5/6, 2016/17

[transcript]

Publication is made possible in part by the University of Notre Dame College of Arts & Letters, the University of Duisburg-Essen, Faculty of Humanities, and the University of Luxembourg, Faculty of Language and Literature, Humanities, Arts and Education.

The online edition of the Yearbook is available at:
http://andererseits.library.duke.edu

First published in 2018 by transcript Verlag

Bibliographic information published by the Deutsche Nationalbibliothek
The Deutsche Nationalbibliothek lists this publication in the Deutsche Nationalbibliografie; detailed bibliographic data are available in the Internet at
http://dnb.d-nb.de

Cover layout: Kordula Röckenhaus, Bielefeld
Printed by Majuskel Medienproduktion GmbH, Wetzlar
Print-ISBN 978-3-8376-4393-0

Inhalt

Academic Notes / Akademische Beiträge

Forum on Pedagogy / Fachdidaktik

Peer-Reviewed Articles / Referierte Artikel

Special Section / Schwerpunkt I: Margarethe von Trotta

Special Section / Schwerpunkt II: Poets in Residence Marion Poschmann, Klaus Modick

Reviews / Rezensionen

andererseits – Yearbook of Transatlantic German Studies

Peer Review Policy

Submissions may be in English or German and should be sent by email (WORD documents preferred) to Professor Carsten Dutt (cdutt@nd.edu). Submissions must be original contributions and should not be under consideration for any other journal or scholarly anthology at the same time.

Articles should include an abstract including the title of the paper, name(s) and affiliation(s) of the author(s), and keywords (3–5 keywords organized alphabetically); length of abstract: 150–200 words. Submitted articles may range from 4000 to 8000 words; well-founded exceptions are possible.

When a new submission is received, it is assigned to the section editor and one of the three executive editors, who read the paper, consult and decide whether it should be sent for peer review based on the editorial criteria of *andererseits* of novelty, soundness, and scholarly significance.

If the decision is not to send a submission for review, the section editor will contact the author(s) with that decision.

If the editors decide to accept a submission for peer review, they will contact two scholars with relevant expertise for each submission. Referees are not identified to the authors, except in cases when a referee particularly requests this.

Referees submit brief reports to the section editor, usually within eight weeks—often sooner. The editorial team discusses the reports and makes the final decision.

Finally, the peer reviewed section editor contacts the author(s) with one of the following decisions: A – Accepted without changes. B – Accepted pending minor revisions. C – Invitation to resubmit pending significant revisions. D – Not accepted for publication.

Vorwort

Diese Ausgabe von *andererseits* erscheint als Doppeljahrgang 5/6 (2016/17) mit einigen Neuerungen: Das Editorial Board ist um eine Reihe von Kolleginnen und Kollegen erweitert worden, die sich freundlicherweise als internationaler wissenschaftlicher Beirat für das Jahrbuch zur Verfügung gestellt haben. Aufgabe dieses Beirats ist es, mit seiner Expertise die Redaktion zu unterstützen, vor allem aber die für die Peer-Review-Sektion eingegangenen Arbeiten zu begutachten. Ihnen allen sei hier ganz herzlich dafür gedankt, dass sie sich für diese Aufgabe zur Verfügung gestellt haben. Zum Teil neu verteilt sind auch die Zuständigkeiten für die einzelnen Sektionen sowie für die Online- und die Printausgabe; neu hinzugekommen ist zudem die Sektion *Forum on Pedagogy/Fachdidaktik*, mit der sich *andererseits* ab sofort auch Fragen der Vermittlung im Kontext der German Studies widmen wird. Geplant für die kommenden Jahrgänge ist zudem eine Sektion zu Fragen und Problemen des Übersetzens, für die Spencer Hawkins (University of Notre Dame) verantwortlich zeichnen wird.

Weiterhin wird sich *andererseits* als ein etwas anders als vielleicht üblich angelegtes Jahrbuch präsentieren, und dabei verbindende Bögen schlagen, die nicht unbedingt selbstverständlich sind: solche über den Atlantik hinweg, solche von den ersten studentischen Forschungsarbeiten über kürzere akademische Beiträge bis hin zu den einem Peer-Review-Verfahren unterzogenen Texten etablierter Wissenschaftlerinnen und Wissenschaftler und schließlich solche zwischen kreativem und wissenschaftlichem Schreiben. Hinzu kommen Schwerpunktthemen, zu denen in dieser Ausgabe eine Sektion zu Margarethe von Trotta und zu Marion Poschmann sowie Klaus Modick als Poets in Residence an der Universität Duisburg-Essen gehören.

Auch ein Jahrbuch wie *andererseits* kann nicht ohne die Unterstützung einer ganzen Reihe von daran beteiligten Kolleginnen und Kollegen erscheinen. Wir danken allen Sektionseditorinnen und -editoren, denen der Open-source- und der Printausgabe, ganz besonders aber Mary Elsa Henrichs (University of Notre Dame) und Thomas Küpper (Universität Duisburg-Essen). Für das umsichtige Lektorat danken wir Wolfgang Delseit (Köln).

Frühjahr 2018 William Collins Donahue (Notre Dame/USA)
Georg Mein (Esch-Belval/Luxemburg)
Rolf Parr (Essen/Deutschland)

Creative Writing
Kreatives Schreiben

Fingierte Interviews als journalistische Textgattung

Eine Einführung

ANDREAS ERB

> Journalistische Begriffe wie Wirklichkeit oder Wahrheit galten für mich als Mythos. [...] Es gab für mich jedenfalls einen klaren Unterschied zwischen einem literarischen Menschen und einem, der sich streng an Tatsachen klammert.[1]

Im Mai 2000 erhob das Nachrichtenmagazin *Focus* den Vorwurf, Tom Kummer habe seine Interviews, die er mit Prominenten in den letzten Jahren geführt hatte und die z. B. im *Magazin* der *Süddeutschen Zeitung* erschienen waren, erfunden. Im Verlauf des Monats kam es dann zu zahlreichen weiteren Vorwürfen gegen die journalistische Praxis von Tom Kummer, zu Gegendarstellungen, zu Richtigstellungen, schließlich zum Vorwurf, Kummer hätte sich einer kriminellen Handlung schuldig gemacht, kurz: Die Affäre Kummer wuchs sich zu einem veritablen Presse-/Kulturskandal aus. Dabei war Tom Kummer gerade zum Hoffnungsträger eines neuen deutschen Journalismus aufgestiegen, galt als viel gefragter und -gedruckter Star einer durchweg jungen Presseszene, die sich an den Ideen des New Journalism orientierte und, so Kummer in seinem autobiografischen Rückblick, einen Journalismus überwinden wollte, der »sich längst hinter eine fade scheinbare Objektivität zurückgezogen« hatte und »unter Fakten jedes Leben begraben würde«.[2] Kummers Interviews, etwa mit Pamela Anderson, Charles Bronson, Johnny Depp, Brad Pitt, Sharon Stone und vielen anderen mehr,[3] galten als innovative Meisterwerke, die die überkommenen Formen eines uninspirierten und letztlich wenig unterhaltsamen Feuilletons hinter sich ließen.

Was 2000 als Skandal und mit der Entlassung der beiden renommierten Chefredakteure des *SZ-Magazins* Christian Kämmerling und Ulf Poschardt endete, war mir Anlass, zusammen mit den Studierenden des Seminars *Jour-*

1 | Tom Kummer: Blow up. München 2007, S. 35.

2 | Ebd., S. 90.

3 | Gesammelt sind ein Teil der Interviews als Buch erschienen: »Gibt es etwas Stärkeres als Verführung, Miss Stone?« Star-Interviews von Tom Kummer. Mit einem Vorwort von Ulf Poschardt. München 1997.

nalistische Textgattungen über Form und Inhalt des Interviews einerseits, über journalistische Ethik andererseits nachzudenken. Dies vor allem vor dem Hintergrund, dass Interviews sich bekanntlich medienübergreifend großer Beliebtheit erfreuen. Die Begegnung zweier Gesprächspartner im Sinne des *entrevoir* scheint offenbar zumindest quantitativ die Königsdisziplin journalistischer Arbeit zu sein; sie ist wichtiges Mittel der Recherche und Informationsbeschaffung, sie gilt zudem über die Atmosphäre der lebendigen Stimme als Garant einer (wie auch immer bewerteten) Authentizität, sie steht für dokumentarischen Charakter mit Wahrheitsanspruch.

Neben der literaturhistorischen Erkundung der sog. Interview-Literatur, unterschiedlichen Modi und Techniken der Fragestellung ging es beim Schreiben um die Erfahrung des doppelten Rollenwechsels, wie es die Fake-Interviews von Tom Kummer nahelegen. Ein solches Gespräch, in dem beide Interviewrollen zusammenfallen, lebt in hohem Maß von der genauen Kenntnis des zu Interviewenden: Dessen Antworten müssen für das Publikum so überraschend wie nachvollziehbar – plausibel – klingen. Die Imitation von Tom Kummer ignoriert damit Grenzen von falsch und wahr, von Erfindung und Zitat, von Enthemmung und Konvention. Heraus kommt ein befreites Schreiben im Rahmen der Textgattung Interview, wobei der selbstgewählte Gegenstand im Spiel der Grenzüberschreitung ausgelotet werden kann. In solcher Rollenprosa begegnen sich literarisches und journalistisches Schreiben, die Erprobung von Stillagen befördert das Gefühl für die Dynamik von Frage und (möglicher) Antwort, die den Lesenden aber immer als wahrscheinliche erscheinen müssen.

Die drei ausgewählten Interviews[4] offenbaren die Möglichkeiten des Experiments, sie verdeutlichen, wie Tonlagen produziert werden und den jeweiligen Gegenstand bzw. Gesprächspartner charakterisieren – und letztlich sind sie ebenfalls Teil einer Implosion des Realen (so der Titel eines *Spiegel*-Interviews mit Tom Kummer).[5]

---

4 | Ein weiteres Interview mit Hunter S. Thompson erschien in der Literaturzeitschrift *schliff* ([5] 2016).

5 | »Implosion des Realen«. Tom Kummer über fingierte Interviews mit Hollywood-Stars und sein Verständnis von »Borderline-Journalismus«. In: Der Spiegel 21 (2000), S. 110 (Interview: Marianne Wellershoff), online unter www.spiegel.de/spiegel/print/d-16466566.html.

Externe Links wurden bis zum Zeitpunkt der Drucklegung des Buches geprüft. Auf etwaige Änderungen zu einem späteren Zeitpunkt haben der Verlag und die Verfasser keinen Einfluss. Eine Haftung des Verlags und der Verfasser ist daher ausgeschlossen.

Ringen, Schreiben und Günter Grass

FREDERIKE AUBKE spricht mit JOHN IRVING

Im April dieses Jahres haben Sie anlässlich des Todes von Günter Grass in der Globe and Mail *einen Text veröffentlicht, der mit* An unanswered letter from Günter Grass *betitelt ist. Darin schreiben Sie: »I learned from my favourite 19*th*-century writers that I wanted to be a certain kind of novelist – like Dickens and Hardy, like Hawthorne and Melville. I learned from Grass how to do it.« Was meinen Sie mit »certain kind of novelist«?*

Die Autoren des 19. Jahrhunderts, allen voran Charles Dickens, haben mich früh fasziniert, und ihre Romane haben mich ein Leben lang begleitet. Während meiner Schulzeit in Exeter wurden im Englischunterricht meistens die kürzeren Romane von berühmten Autoren gelesen, sodass ich Melville über *Billy Budd* und Dickens über *Oliver Twist* kennenlernte. Beide Romane haben mich begeistert, und so bin ich danach in die Bibliothek gegangen und habe mir unter anderem *Moby Dick, Große Erwartungen, Eine Geschichte aus zwei Städten* und *David Copperfield* ausgeliehen und gelesen. Ich muss dazu sagen, dass ich Legastheniker bin und für mich besonders Dickens so herausfordernd war, dass meine Leistungen in der Schule vollständig abgesackt sind, weil ich damit beschäftigt war, diese herausragenden Romane zu lesen. *Große Erwartungen* ist letztendlich schuld daran, dass ich Autor werden wollte: Es war der erste Roman, von dem ich mir gewünscht habe, ich hätte ihn geschrieben. Ich wollte Leser so bewegen, wie dieses Buch mich bewegt hat. Ich habe das schon häufig gesagt, aber es gilt für mich immer noch: *Große Erwartungen* ist von allen angelsächsischen Romanen der Roman mit dem besten und ausgefeiltesten Plot, der trotzdem den Leser zum Lachen und zum Weinen bringt. Das wollte ich auch: Romane schreiben, die Wert auf plastische Figuren und Erzählfluss legen; Romane, die von Menschen und menschlichen Emotionen handeln. Das meine ich mit ›diese Art von Autoren‹. Autoren, die das Risiko eingehen, sentimental zu wirken, trotz der Tendenz des modernen Lesers, vor allem den sogenannten ›Intellektuellen‹ alle Gefühle als Gefühlsduselei abzuschreiben. All meine liebsten zeitgenössischen Autoren Grass, García Márquez und Robertson Davies stehen in der Erzähltradition des 19. Jahrhunderts und haben eine Vorliebe für schrullige Charaktere. Ich hab mich also, könnte man sagen, nie weit von meiner ersten Liebe, Dickens, entfernt.

Wann sind Sie das erste Mal mit Günter Grass' Werken in Berührung gekommen?

1962 habe ich an der Universität in Wien studiert, und obwohl meine Deutschkenntnisse eher bescheiden waren, lief ich wochenlang mit der *Blechtrommel* unter meinem Arm herum, um Mädchen zu beeindrucken. Ich wusste, dass es ein herausragendes Buch ist, war allerdings trotz aller Bemühungen nicht in der Lage, es im Original zu würdigen, was mich unermesslich ärgerte. Schließlich ließ ich mir die englische Übersetzung aus den Staaten schicken und war vollständig verloren: Von dem Moment an wollte ich unbedingt wie Oskar Matzerath sein: komisch und zornig. Endlich hatte ich wieder einen Autor gefunden, dessen Geschichten und Charaktere mich berührten. Ich hatte das große Glück, Grass später auch persönlich kennenzulernen, und wir entwickelten eine Freundschaft, die bis zu seinem Tod anhielt.

Sie haben selber im Schriftsteller-Workshop in Iowa studiert und später dann dort auch gelehrt. Was glauben Sie, können angehende Schriftsteller in diesen Creative-Writing-Seminaren von anderen Autoren lernen?

Können Autoren einem beibringen, wie man schreibt? Natürlich nicht, aber sie können angehenden Schriftstellern Zeit ersparen und sie können sie ermutigen. Ich selber hatte das Glück, bei Kurt Vonnegut zu lernen, und er hat mich früh auf schlechte Angewohnheiten in meinen Arbeiten hingewiesen und mir gleichzeitig auch gezeigt, was ich schon ganz gut kann. Über kurz oder lang wäre ich bestimmt auch selber dahintergekommen, aber so konnte ich mich schneller entwickeln. Zeit ist für Schriftsteller, egal ob jung oder alt, wahnsinnig wertvoll. Da ich selber in Iowa so viel gelernt habe, war ich wirklich froh, als Dozent zurückzukehren. Letztendlich hat gutes Schreiben viel mit Handwerk zu tun und Schriftsteller-Workshops können helfen, handwerkliche Schnitzer auszubügeln. Dinge wie Probleme mit der Erzählperspektive, die tödliche Wirkung von Erklärungen im Dialog, die Einschränkungen des Präsens, die sinnlosen Unterbrechungen des Erzählflusses durch kindisches Experimentieren. Hier ist es die Aufgabe eines Dozenten zu sagen: »Das kannst du schon gut« und »Darin bist du nicht so gut«. Die meisten begabten jungen Schriftsteller entdecken mit der Zeit natürlich selber, welche Fehler sie machen, vielleicht aber erst zu einem Zeitpunkt, an dem das Manuskript dann vollständig überarbeitet werden muss – oder schlimmer noch, nachdem das Buch schon erschienen ist. Viele meiner Studenten sind heute erfolgreich als Schriftsteller und natürlich habe ich ihnen nicht beigebracht, wie man schreibt. Ich hoffe aber, dass ich Ihnen Zeit erspart habe und ihnen Mut machen konnte.

Warum haben Sie, auch nachdem Sie schon mehrere Romane veröffentlicht hatten, noch weiter unterrichtet?

Der wichtigste Grund ist wohl, dass ich eine Familie zu ernähren hatte. In der Zeit, in der meine ersten vier Romane veröffentlicht wurden, *Laßt die Bären los*, *Die wilde Geschichte vom Wassertrinker*, *Eine Mittelgewichts-Ehe* und schließlich *Garp und wie er die Welt sah*, hatte ich eigentlich durchgehend einen Ganztagsjob. Ich habe zwei Stipendien erhalten, sodass ich letztendlich zwischen 1967 und 1978 zwei Jahre hatte, die ich komplett dem Schreiben widmen konnte. Die Schecks, die ich über meine Stipendien bekommen sollte, kamen nie pünktlich, und wenn ich keine andere Einnahmequelle hatte, war ich immer gestresst und panisch. Das hat dazu geführt, dass ich im Endeffekt weniger geschrieben habe als in der Zeit, in der ich unterrichtet habe. Es ist das eine, wenn ich mal ein paar Tage nur Nudeln esse, aber ich war verantwortlich für meine Söhne und für meine Frau; sie sollten nicht unter meiner Entscheidung, Autor sein zu wollen, leiden. Von vielen Schriftstellern, die ich in meinem Leben getroffen habe, habe ich immer wieder gehört, dass ein Autor es aus eigener Kraft schaffen muss. Sie behaupten, dass man kein richtiger Schriftsteller wäre, wenn man sich auf die Universität als finanzielles Standbein verlässt. Als wenn man nur durch den finanziellen Druck im Nacken ein guter Schriftsteller würde. Das habe ich nie so gesehen. Ich wollte mich nie dem Druck aussetzen, unfertige Sachen veröffentlichen zu müssen. Genauso wenig wollte ich darauf angewiesen sein, vom Schreiben leben zu müssen. Ich habe nie unter Geld- und Zeitzwängen gelitten wie manche Schriftsteller, die ihre Arbeit an einem Roman immer wieder unterbrechen mussten, um z. B. Geschichten für Zeitschriften zu schreiben, oder Dinge ablieferten, die eigentlich noch hätten überarbeitet werden müssen. Ehrlich gesagt, ärgert es mich maßlos, wenn sich die paar Glückspilze, die vom Schreiben leben können, vor Creative-Writing-Kurse in ganz Amerika stellen und diesen Unsinn von sich geben. Vor die Studenten und vor gute Schriftsteller, die sich ihren Lebensunterhalt mit Unterrichten verdienen. Vor allen Dingen, wenn sie da in einem teuren Maßanzug stehen und einen Vertrag über mehrere Bücher mit 20 Auslandlizenzen in der Tasche haben. Ich empfinde das als Heuchelei, wenn dir solche Menschen sagen, zur Not müsste man eben für die Kunst hungern. Ich habe elf Jahre unterrichtet und trotzdem vier Romane veröffentlicht, und obwohl ich froh bin, dass ich jetzt von meinem Schreiben leben kann, möchte ich diese Zeit nicht missen. Es hat mich Disziplin gelehrt, ohne die meines Erachtens kein Schriftsteller auskommt.

Disziplin ist ja auch bei Ihrer anderen Leidenschaft, dem Ringen, wichtig. Generell spielt das Ringen in Ihren Romanen, neben anderen Elementen, wie z. B. den Bären oder den abwesenden Vätern, häufig eine große Rolle. Welche Verbindung besteht zwischen dem Schreiben und dem Ringen?

Ich bin fest davon überzeugt, dass mich das Ringen mehr gelehrt hat als die Creative-Writing-Workshops. Mein erster Trainer, Ted Seabrooke, hat mir deutlich gemacht, dass Talent nicht alles ist. Ich war, wenn überhaupt, nur ein halbwegs passabler Ringer. Ted machte mir klar, dass ich mein mangelndes Talent wettmachen kann, wenn ich intensiv und gründlich trainiere. Um gut zu ringen, muss man es immer wieder tun – man muss die Griffe und Bewegungen unermüdlich wiederholen. Um gut zu schreiben, muss man umschreiben können. Ich habe mich nie als ›geborenen‹ Schriftsteller oder als ›geborenen‹ oder auch nur guten Ringer und Athleten gesehen. Auf Anhieb bekomme ich nie etwas richtig hin: Gut bin ich im Umschreiben. Ich weiß, wie man verbessert. Und das tue ich dann auch immer und immer wieder. Es ist so, wie Ted mir damals gesagt hat: Dass du nicht besonders begabt bist, braucht nicht das Ende vom Lied zu sein.

Zack. Zack.

Von der fremden Freiheit des Zitronensafts

Marie Eberhardt spricht mit Clemens Meyer

Ich vergaß, Ihnen mitzuteilen, dass ich nicht viel Zeit habe. Gleich findet hier um die Ecke ein großes Rennen statt.

Pferde, nehme ich an?

Ja, genau.

Dann werde ich mich bemühen, Sie schnellstmöglich Ihrem Sport zu überlassen.

Sehr freundlich.

Wo schreiben Sie denn Ihre Werke? Favorisieren Sie einen bestimmten Ort?

Das Zimmer, in dem ich sitze, ist ziemlich klein und scheiße. Aber es gibt beschissenere Zimmer, im Knast und so. Aber ich finde es schade, dass die Wohnung keinen Balkon hat. Gerade jetzt im Sommer könnte ich dort sitzen und mich sonnen.

Ihr letzter Roman Im Stein *ist ...*

... vor zwei Jahren erschienen.

Ja. Was hatte Sie bewogen, diesen Roman zu schreiben?

Ich bin Schriftsteller. Ich mache Literatur, ich kann nichts anderes. Das ist ein langwieriger Prozess und jahrelange Arbeit. Die Menschen denken, da schreibt der mal was auf, aber so ist das nicht. Es ist ein Konstrukt. Sicher kann ich das nur schreiben, wenn ich ein eigenes Erleben damit verbinde. Aber das ist nur ein Fundament. Ich habe während der 15 Jahre Arbeit am Buch bestimmt 60, 70, 80 Frauen getroffen und mit ihnen gesprochen, allerdings nicht als klassischer Fragesteller. Wenn man fragt, sind die Auskünfte nicht besonders gut. Man muss warten, bis das fließt.

Aber was inspirierte Sie gerade an diesem Stoff?

Die ganze Welt, das ganze Leben ist doch ein Rohstoff. Und irgendwo hingehen, mit Leuten reden und sich Notizen machen, das kann doch jeder Idiot. Aber einen Roman daraus zu machen, die Realität wieder zu verlassen, darum geht es. Trotzdem braucht man ein Fundament. Und ich sage mal: So ein Buch konnte nur ich schreiben. Aber die wichtigere Frage ist, wie es gemacht ist. Ich will Kunst produzieren. Und jeder, der mich bei einer Lesung erlebt hat, weiß, dass dort nur meine Literatur zählt. Meine Person ist nicht wichtig, sondern meine Literatur.

Ich weiß, dass Sie ...

Was weiß die Öffentlichkeit von mir? Sie haben mich als einen angesehenen Autor vorgestellt. Tatsächlich liegen die Dinge aber etwas anders. Sie wissen sicher nicht, dass ich nicht unerhebliche Summen an verschiedene Organisationen spende, auch an die Hurenorganisation Hydra. Transparenz ist mir in den letzten Jahren immer wichtiger geworden.

In Ihrem letzten Roman spielt auch das Internet eine Rolle.

Ich hasse das Internet. Das Internet wird uns alle vernichten. Die Welt wird irgendwann nicht mehr existieren, nur das Netz wird es noch geben – und ist überhaupt nicht zu greifen. Bücher konnte man verbrennen, was schlimm genug war – das Internet sollte man mal verbrennen. Nur geht das ja auch nicht, es sei denn, die Energievorräte gehen zur Neige.

Aber was bedeutet das denn für die Literatur?

Wir sitzen auf einem sinkenden Boot. Literatur ist so was von anachronistisch. Es geht momentan gar nichts mehr, das Ende ist in Sicht. Es sei denn, wir misten gewaltig aus und sagen als allererstes den Tausenden von Menschen: Legt die Feder weg! Es reicht! Schreibt und veröffentlicht nicht jeden Scheiß! Verschont uns mit Krimis, mit der Harry-Potter-Scheiße, vermüllt uns nicht die Bestsellerlisten! Ja, Sie haben es erfasst: Ich bin absoluter Kulturpessimist, ich sehe keinen Sinn mehr in dem, was ich da mache.

Ja, den sehe ich so langsam auch nicht mehr.

Wunderbar. Wir fragen uns beide, ob es eine Bedeutung hat, wenn ich schreibe: Aber es ist ganz bestimmt wahr. Ich muss jetzt zur Pferderennbahn.

Die Realität steckt schon voller Klischees. Sagten Sie, die muss man brechen?

Begleiten Sie mich doch ...

[Meyer steht auf und geht zur Tür hinaus. Ich folge.]

Was trinken Sie denn da?

Zitronensaft trink ich. Pur, schon seit Tagen. Kiwi schmeckt besser und von Wodka trink ich nur, in kleinen Schlucken, wenn ich's gar nicht mehr aushalte. Zitronensaft soll den ganz schlimmen Druck wegmachen. [*Lacht*]

Druck?

Mich hat ja keiner gefragt, ob ich auf die Welt kommen will. Ich finde es höchst problematisch. Es ist eine große Bürde, eine große Qual. Natürlich lebe ich gerne.

Jede interessante Figur hat Leerstellen, Schatten, eine Fallhöhe.

Ich hatte nie eine gute Beziehung zu Spinnen. Ich hab zu einer Menge Leute keine gute Beziehung, aber erschossen hab ich sie trotzdem nicht. Ich hab vor einer Menge Leute Angst, das muss ich zugeben, genauso wie ich vor Spinnen eine Scheißangst habe.

Ich fühle mich hier sehr fremd.

Das Fremde kann auch die eigene Person sein, Frau E... Die Fremde, die Sie an sich selbst erkennen und die Angst erzeugt, ist eine andere Fremde als die, die Sie draußen erfahren.

[Pause]

Bei dem Leben, das ich führe, darf es diese Angst nicht geben. Würde ich mich auf Angst einlassen, müsste ich vor allem Angst haben, Herr Meyer.

Jetzt spielen wir ABC.

Bitte?

A wie ...

... *Anus.*

Nicht Anus. Arsch!

Alfa Romeo.

Bunzlau.

Brille.

Bigamie.

[Das Alphabet nimmt seinen Gang.]

Zarathustra.

Zack. Zack.

Zeit ist doch ein schönes Stichwort.

Zeit. Die Verneinung der Zeit, zunächst vorgestellt als Zeit nach und hinter der Zeit. Dann auch als Zeit vor der Zeit, als anfangs- und endlose Zeit.

Aus Sonne wird Schnee. Aus Zeit wird Ewigkeit.

Die Ewigkeit ist die Verneinung des Pferderennens. Zunächst vorgestellt als Pferderennen nach und hinter dem Pferderennen, dann auch als Pferderennen vor dem Pferderennen, anfangs- und endloses Pferderennen.

Es geht gleich los. Aber, Herr Meyer, genießen Sie diese Freiheit?

Freiheit? Ich bin überhaupt nicht frei. Ich bin süchtig nach dieser Art von Unabhängigkeit.

Könnten Sie das ein wenig umschreiben?

Wenn man nur von Whisky, von Schnaps und Zigaretten lebt, dann ist das schwierig.

Ich sehe schon, aus dem Wasserfloh ist inzwischen ein Lurch geworden, einer aus den Höhlen drüben – unten in Halle an der Saale.

Höhlen faszinieren mich in der Tat. Die sind ein Synonym für die Gesellschaft.

Und wovon träumen Sie?

Ich träume sehr viel und intensiv. Von meinem Tod träume ich oft. Im Traum bist du sicher. Schlaf ist die wunderbarste Flucht und Träumen sowieso.

Wovor flüchten Sie?

Mit einem Auge schaut man nach hinten, mit dem anderen Auge bewegt sich so ein fächerförmiger Strahl nach vorne oder sonst wohin. Und diese beiden nach links und rechts sich bewegenden Blicke, die versuche ich zu bündeln und aber wie das mit Strahlen des Lichts so ist: Es fächert sich immer, immer weiter auf, und der Bündelungsprozess wird immer schwerer. Irgendwann merken wir, wir sind in der Unendlichkeit. Und dann muss man sich der ganzen Sache auch hingeben und sagen: Ja, fuck, es ist so.

Kunst muss wehtun.

Sport aber auch!

[Das Pferderennen beginnt.]

Vom Eiertanz um das goldene Postmoderne-Kalb

Uta Mathes spricht mit Lukas Domcik

Herr Domcik, Sie schreiben in Ihrem Roman Weg war weg, *wer einen Text mit einem opulenten Schlussstrich wie dem Wort »Ende« versehe, würde sogleich verdächtigt, als zitatengeiler Postmoderner Raubzüge durch die Literaturgeschichte zu veranstalten. Überraschenderweise schließt das Buch dann mit »Ende«. Erzählen Sie, wie passt das zusammen: Ist alles nur geklaut?*

Nun, falls Sie den Roman gelesen und ihn nicht nur hier auf dem Tisch liegen haben, wissen Sie, welch eine Odyssee ich hinter mir gehabt hatte, als ich den Romanverschnitt *Weg war weg* abschloss. Da passiert es eben schon einmal, dass am Ende vom Lied der Schluss wirklich als solcher gekennzeichnet wird, raubzüglerische Zitatengeilheit hin oder her. Nachdem mir das Manuskript meines Romans *Nachtexpress nach Babylon* abhandengekommen war, ergriff mich eine Art literarische Torschlusspanik. Ich gelangte in Geldnot, hatte und habe schließlich eine Familie zu ernähren. Zunächst wollte ich die Geschichte um Franz Kienast (den Protagonisten aus *Nachtexpress nach Babylon*) erneut niederschreiben, quasi dasselbe mit anderen Worten. Über das Übersetzen konnte ich meine monetären Sorgen glücklicherweise abwenden. Mit der Zeit merkte ich, dass ich *Nachtexpress* gar nicht rekonstruieren konnte oder gar wollte. Der Roman war für mich wie ein Buch der Illusionen. Diese wurden mir wiederum nur genommen, indem ich einen gänzlich neuen Roman erschuf, der die vorangegangenen Wirrungen rekonstruiert. Beim Resultat, *Weg war weg*, können ein paar Passagen verschiedenen Stellen aus anderen Romanen eventuell ähneln. So kann es eben gehen unter Zeitdruck, im Wald der Fiktionen. Das dürfte Sie als Feuilletonistin bei Ihren Streifzügen durch die Literatur nicht überraschen.

Zitateklau ›passiert‹ also einfach? Das allein klingt sehr postmodern. Wie passt dies aber zu dem negativen Bild, das Sie in Ihrem Roman von der Postmoderne zeichnen?

Mich gänzlich auf die Postmoderne einzulassen, fällt mir schwer. Es ist vielleicht ein großes Missverständnis, in dem sich die Postmoderne befindet oder in dem ich mich mit ihr befinde; alles ein wenig durcheinander. Womöglich wirken die Darstellungen um die Postmoderne in meinem Roman deshalb so negativ. Was ist das schon, postmodern? Postmodern sind alte Möbel in neuen Räumen oder neue Möbel in alten Räumen, postmodern sind epigonale Nervositäten als Zitat. Einer schreibt die Geschichte eines Mädchenmörders, der ein psychologisierender Parfum-Mischer ist; ein anderer die Monografie eines Knabenschänders, der Kunstkritiker ist; ein dritter die Geschichte eines Hirnchirurgen, der in seiner Freizeit Falschgeld druckt: alles Secondhand-Literatur ohne Erfahrungsfutter. Die als postmodern ausgewiesenen Kollegen tun so, als gäbe es das Leben gar nicht. Aber das Leben ist doch da. Zugleich ist dieses Leben geprägt vom Sein ›nach der Moderne‹. Nicht die Literatur, nicht die Kunst ist postmodern, sondern, wenn etwas überhaupt postmodern ist, dann ist es das Leben selbst. Lassen Sie uns in diesem Moment, den wir real nennen, ein Spiel spielen, postmoderne Zitatcollage, erkennen Sie die Melodie? Wer kann wen im melodischen Taumel der Zitate übertrumpfen? Kreieren wir eine Symphonie aus bereits Geäußertem.

Wollen Sie damit andeuten, dass die Postmoderne das Produkt des zufallsgeprägten Lebens ist und nicht das Ergebnis langwieriger Arbeit? Ich kann mir vorstellen, bei solch einem spontanen Spiel kommen allerlei schräge Töne herum.

Wovor haben Sie Angst? Setzen Sie sich an das mechanische Klavier, ich spiele den Kontrabass, so haben wir fast eine komplette Rhythmusgruppe. Wir spielen miteinander und doch gegeneinander, Autor und Journalistin in alter Vertrautheit. Wenn wir dies nicht bereits die ganze Zeit über getan haben. Wie es ebenso ist mit der Macht der Gewohnheit, da sagt man oft was, das so garantiert schon irgendwann und irgendwo anders gesagt wurde oder geschrieben stand. Postmoderne hier und da und überall, immerzu. Und keiner merkt's. Oder doch? Die Literaten selbst, ja, nein, vielleicht? Es gilt die Überwindung der Postmoderne mit ihren eigenen Mitteln.

Ist es somit Ihre Absicht, alte Meister wie Thomas Pynchon oder Patrick Süskind in ein schlechtes Licht zu rücken?

Es geht bei diesem Spiel nicht mehr darum, in sieben Sekunden oder mir nichts, dir nichts ein Axiom zu wählen, das natürliche Mängel meiner Schriftstellerkollegen aufdeckt, nur weil sie, wie nach einer wilden Reise durch die Nacht, auf den ersten Zug springen, auf dem zufälligerweise Postmoderne steht, um schließlich irgendwo anzukommen und zu sehen, was gerade modern ist. Ich bin zwar geneigt, Postmoderne in einem nicht allzu positiven Sinne als das zu definieren, was der Moderne nachläuft, ohne sie je einzuholen. Ganz herausnehmen kann ich mich da aber natürlich nicht, eventuell laufe ich ebenfalls nach oder hinterher, ohne dass es mir gänzlich bewusst ist. Denn vielleicht bleibt mir als letzte Instanz, mich selbst einzureihen und im intellektuellen Eiertanz um das goldene Feuilleton-Kalb Postmoderne allemal doch noch eine Eiertänzerfunktion zu übernehmen. Stets mitzumachen und sich in Sicherheit zu wiegen, das kann niemand verneinen, ist womöglich kein unendlicher Spaß.

Dennoch gibt es einem ein unbestreitbar gutes Gefühl. Deswegen habe ich dieses Spiel auch vorgeschlagen: Dabei wird klar, wie einfach es ist, in jeglichen Situationen zu zitieren, und wie offensichtlich damit jede Situation heruntergebrochen werden kann auf eine kleinere Ebene, auf die Struktur, das Zeichen. Und das Spiel im Diskurs der Wissenschaft vom Menschen, also im Diskurs des Lebens, zeigt auf, wie einfach die Postmoderne entlarvt werden kann.

Sie stellen die Postmoderne also gern bloß und können sich ihr doch nicht entziehen? Das klingt etwas wirr.

Wirr mag es klingen, doch ist es mit dem Postmodernen im Leben wie mit der Freiheit im Existenzialismus. Wir sind verdammt, wir können nicht einfach raus. Um mit dieser Tatsache klarzukommen, kann es sinnvoll sein, zu akzeptieren, wie postmodern das Leben ist, und dies auch direkt anzusprechen. So spiele und tanze ich mit, und gleichzeitig doch aus der Reihe. Möglicherweise gelingt es mir irgendwann, mich gänzlich abzugrenzen. Dann sage ich den Kollegen, den Kritikern, den Journalisten: »Vielen Dank, es war spaßig und schrecklich amüsant – aber in Zukunft ohne mich.« Wahrscheinlich müsste ich danach aufhören zu schreiben oder nur noch Bücher mit Punkten veröffentlichen. Dann fragen sich die Leute womöglich: »Ist das Kunst oder kann das weg?« Ob man darauf letztlich mit Seiten voller Frage- oder Ausrufezeichen antwortet, ist egal. Eines ist gewiss: Es wäre kein schlechtes Ende.

Einerseits

Heike Henderson

Einerseits
ist das Leben kurz
das Ende in Sicht
das heißt ich muss heute leben
den Tag genießen
Freude fühlen
Freude geben

Andererseits
will ich heute leben
und und und

Einerseits gibt's so viel Leid in der Welt
Freude und Leid, die gehörn halt zusammen
man kann sie nicht teilen
das muss doch so sein

Andererseits – warum eigentlich?
Freud ohne Leid, geht das nicht auch?
Gibt's dann nicht mehr
Freude für mich
Freude für dich
mehr Freude als Leid?

Einerseits
will ich genießen
den Tag ergreifen
die Freude fühlen

Andererseits
Ach ne
Ach weh …

Berlin im Winter

Eine Straßenszene

Anna Caughron

Heute ist ein kalter Tag,
Das Schultertuch ist nicht warm,
Ich bin allein in der großen Stadt,
Einsam in der Straße.

Mein Mann im Krieg gestorben,
Meine Söhne auch.
Und wofür?
Eine Meinungsverschiedenheit.
Sie kamen nie zurück.

Ich bin allein in der Straße
Obwohl Leute umhergehen,
Nach Hause, zum Essen, zur Arbeit.
Wir gehen unseren eigenen Weg.

Viele Leute, dennoch sehr ruhig.
Wohin gehen sie?
Woran denken sie?
Wer kümmert sich um sie?

Der betrunkene Mann stolpert über den Platz
Ein Überbleibsel von dem Krieg.
Der Arbeiter geht mit schweren Schritten
Noch einmal in die Fabrik.

Der Bauer geht in Gummistiefeln,
Immer einen Beruf suchend.
Aber was für Arbeit haben wir noch?
Was hoffte er hier zu finden?

Winter in Berlin

A Streetscene

Anna Caughron

Today is a cold day,
My shawl brings me no warmth,
I am all alone in the big city,
Lonely in the street.

My husband died in the War,
My sons are also gone.
And for what?
A difference of opinions.
They never came back home.

I am alone on the streets
Although people go about,
They go home, to eat, to work,
We go our separate ways.

So many people, yet also very quiet.
Where are they going?
What are they thinking about?
Who takes care of them?

The drunken man stumbles across the square,
A remnant of the war.
The laborer walks with trudging steps
Once more to the factory.

The farmer walks in rubber boots
Always looking for work
But what work is left?
What did he hope to find here?

Der kalte Biss der schmutzigen Luft.
Die Gebäude zerfallen
Wie die Träume der Leute,
Es ist keine glänzende Stadt mehr.

George Grosz: Straßenszene *(1936), Lithografie auf Papier, Colby College Museum of Art, Geschenk der Eheleute D'Amico (1974.089)*

The cold bites of the dirty air.
The buildings crumble
Like the dreams of the people,
A city that glitters no more.

Größte, Höchste, Schönste – ein unpolitisches Gedicht (1918/2016)

Ryan Hara

Du sagst ich bin teuflisch
Ganz furchtbar und egoistisch
Ich habe zu viel Geld
Und das ist nicht gut für die Umwelt

Aber du bist zu einfältig
Dein Denken ist engstirnig
Meine Fabrik ist die Beste
Die Größte, Höchste, Schönste

Eintausend bereite Leute arbeiten für mich
Wie sonst kaufen sie Brot, Fleisch und Fisch
Sie bekommen meine Großzügigkeit
Mein Leben und meine Freiheit
Und deswegen
Verdiene ich mein Geld
Ich bin der beste Versorger der Welt

Ich bin der Beste
Der Größte, Höchste, Schönste

Einhunderttausend Stunden in der Hölle
Und ich werde immer weniger erhalten
Ich arbeite und leide wie ein Sklave
Bitte nicht mit meiner Seele handeln
Das Biest verschlingt nicht nur Zeit
Es verschlingt Arme, Beine und Augen
Wir sterben in unserer Erbärmlichkeit
Mein Leben ist kein Rohstoff. Verstehen Sie es nicht?
Sie sind mächtig aber das Volk ist mächtiger
Wir ergeben uns nie einem Monster

Biggest, Highest, Most Beautiful (1918/2016)

Ryan Hara

Boss: You say I'm evil
Totally awful and selfish
I have too much money
And that is not good for the environment

But you are too simple
Your thinking is narrow-minded
My factory is the best
The biggest, highest, most beautiful

One thousand willing people to work for me
How else they buy bread, meat and fish
They receive my generosity
My life and my freedom
And therefore
I deserve my money
I am the best provider in the world

I am the best
The Biggest, Highest, Most Beautiful

Workers: One hundred thousand hours in hell
And I'll only get less
I work and suffer like a slave
Trade not with my soul, please
The beast devours not only time
It devours arms, legs and eyes
We die in our wretchedness
My life is not a commodity. Do you understand?
They are big but the people are bigger
We never surrender to a monster

Was ist los mit diesem Gejammer
Warum arbeitest du nicht einfach wieder
Oder bist du zu dumm und faul
Ich bin der Chef. Jetzt folge meinem Beispiel

Deine Worte verletzen mich
Ich arbeite nur für dich
Wir sind eine Familie. Es ist korrekt
Dass ich der Vater bin. Was ich will, wird erledigt

Das System war und wird immer perfekt sein
Nur Trägheit belastet es
Ich habe die besten Worte der Welt
Ich bin der Intelligenteste. Kein Zweifel
Du weißt nicht, worüber du sprichst
Vertrau dem Geschäftsmann und Politiker

Wir sind die besten Leute der Welt
Wir sind die Ehrlichsten, Vertrauenswürdigsten, Nettesten

> Einhunderttausend Körper werden gestapelt
> Wir erhalten Krieg und Armut von Ihnen
> Tausend Jahre Ihrer Herrschaft
> Ihre Habsucht verdirbt unser Land
> Wieviel Geld kostet das Leben eines Mannes?
> Weniger als Benzin für ein'n Panzer?
> Ihr Herz ist schwarz von der Asche der Toten
> Maßlosigkeit! Fleisch essen und Lieder singen
> Sklaverei ist nicht unsere Funktion
> Die Revolution steht unmittelbar bevor

Boss: What's going on with all this whining?
Why don't you simply go back to work?
Or are you too stupid and lazy
I am the boss. Now follow my model

Your words hurt me
I work only for you
We are Family. But it is true
That I am the father, what I want is done

The system was and is always perfect
Only laziness makes it bad
I have the best words in the world
I am the most intelligent person, No doubt
You do not know what you are talking about
Trust the businessman and politician

We are the best people in the world
We are the most honest, most trustworthy, the nicest

Workers: One hundred thousand bodies are stacked
We only get war and poverty from you
One hundred years of your reign
Your greed corrupts my country
How much money does a life cost?
Is it less than gasoline for a tank?
Your heart is black from the ashes of the dead
Gluttony! Eating meat and singing songs
Slavery is not our function
In short time there will be Revolution

Das Grinsen

Ryan Salerno

Sein Grinsen. Ich kann sein Grinsen spüren,
obwohl ich auf der anderen Seite seines Zimmers sitze.
Ich kann nicht sein Gesicht sehen,
aber ich weiß, dass das Grinsen da ist.

Ein Grinsen auf dem Rücken der anderen gebaut;
der Rücken der Leute wie ich.
Sein Vermögen zu groß, sich etwas vorzustellen;
viel zu gierig, mit anderen zu teilen.

Die Krümel, die vom Hähnchen kommen.
Warum braucht er ein ganzes Hähnchen?
Ein ganzes Hähnchen, das eine Familie ernähren würde.
Er hat keinen Hunger, aber er wird es verschlingen.

Die Krümel und das Fleisch fallen aus seinem Mund.
Eine schöne Schweinerei!
Reich genug für das Hähnchen,
nicht reich genug für Manieren.

Seine Hände. Seine Hände, die in das Fleisch graben.
Verdreht, verbogen und verdorben.
Nicht von der harten Arbeit,
sondern von den Fesseln, mit denen er festhält.

Seine Hände, die mich stutzig machen:
Hat er einen einzigen Tag gearbeitet?
Ich frage mich, ob er weiß,
wie es ist, nie genug zu haben.

Sein Grinsen. Sein Grinsen, das quält mich jeden Tag.
Ich kann ihm nicht entkommen.
Es folgt mir überall.
Es ist meine Realität und sind meine Alpträume.

The Grin

Ryan Salerno

His grin. I can sense it,
Even though I sit on the other side of his room.
I cannot see his face,
But I know that the grin is there.

A grin built upon the backs of others;
The backs of people like me.
His fortune too big to imagine;
Too greedy to share.

The crumbs that come off of the chicken.
Why does he need an entire chicken?
A whole chicken that would feed a family.
He has no hunger, yet he will devour it.

The crumbs and the meat fall from his mouth.
What a piggishness!
Rich enough for the chicken,
Not rich enough for manners.

His hands. His hands that dig into the chicken.
Twisted, crooked, and corrupt,
Not from hard work,
But from the chains with which he detains.

His hands make me wonder:
Has he ever worked a day?
I wonder if he knows,
What it's like never to have enough.

His grin. His grin torments me every day.
I cannot escape it.
It follows me everywhere.
It is my reality and my nightmares.

George Grosz: Das Grinsen. Fünffner, Number 19, Pen and brush on paper; 24 x 19 ½ in., Colby College Museum of Art, Gift of Erich Cohn (1959.077)

Undergraduate Research
Studentische Forschung

Football as an Integration Technique

Ellen Dahlby

In a land where national pride, outside of respect for the constitution, is not exalted, football can be seen as a symbol of the German spirit. Unlike the Tiki-Taka quick passes and emphasis on technical skill seen in *La Liga*, or the strong defense and structured play of the Italians, German football focuses on efficiency, strong team cohesion, and movement. The administration of the *Bundesliga* reflects the strong German economy, yet their profit-structure allows for increased care of fans – football is affordable and accessible for Germans. Based on the identity German football provides, as well as natural benefits of playing sports, football can be a strong integration technique, primarily for young men. Using football as a model can introduce German values to populations in a friendly atmosphere, diverse teams foster understanding, and the pitch can serve as a classroom.

Football as Identity

The atmosphere following Germany's 2014 World Cup win spurred conversation regarding German »nationalistic pride«. The 2014 moment was historic; Germany has had a strong team landing amongst the top three the previous four World Cups, yet won its first World Cup since reunification.[1] *Der Spiegel* magazine, following the winning match, published a headline reading: »We're back, but as what?«[2] This question can be answered in the style of German football, as well as the team (and fan-base) composition. German football is focused on the collective, working well in their own positions, feeding the ball and working as unit rather than building teams around a star. Their model is efficient, no-nonsense, and incredibly effective, not only in 2014, but also historically. The

1 | Anthony Faiola/Anne Hull: A score for Germany patriotism. In: Washington Post, 17 Jul. 2014, online www.washingtonpost.com/world/a-score-for-germany-patriotism/2014/07/13/0d2d2618-666a-4919-9b3b-1bbeec1d8645_story.html. External links were checked at the time of printing this book. The publisher and the authors do not have an influence on possible changes at a later point in time and are therefore not liable.

2 | Der Spiegel, No. 25, 14 Jul. 2014.

fans are important, and integrated by capping ticket prices to matches and keeping *Bundesliga* matches to Saturdays. The amateur league in Germany is huge; people from all walks of life view football as a valuable pastime. The German Football Association, or DFB, is the largest sports association in the world.[3] It is simple to take a major sport of a nation and draw comparisons to their national outlook, but Germany provides an incredible example of how sport can demonstrate what *German* means, while outward signs of *German-ness* are usually looked upon with uncertainty and caution.

The integration of refugees through sport can be done in a few ways; forming teams based on nationality, mixed ethnic teams of asylum seekers, or mixed teams of asylum seekers and Germans nationals. All three teams would benefit with a German coach and need to participate in German leagues.[4] Generally, a merit based play is preferred to setting up teams rather than convenience or ethnic lines. The environment formed in this way becomes a classroom to the players, asylum seekers and German nationals alike.

THE PITCH AS A CLASSROOM

In formal football clubs, the pitch serves as a classroom, the coach as a teacher. Dedication to studies is required for success on and off the field. The lessons taught in football include teamwork, patience, understanding, technique, and German. Most of the asylum speakers do not enter Germany knowing German, and the languages spoken on the team can become an impetus to team cohesion. Therefore, German becomes the language on the pitch, and with a specific purpose and application to learn German; many of the asylum speakers can learn (and retain) more German from their coach and teammates than in a formal classroom setting.

This style of learning can be seen already across Germany in programs such as an extension of the »Refugees Welcome« initiative in Cologne. Here, German nationals play football with African Refugees. The opportunity to play forges relationships and cultural understanding across the European and African eth-

3 | Adyan Özoguz, interview by Thomas Hackbarth, Bundesregierung, 12 Sept. 2015, online www.bundesregierung.de/Content/DE/Interview/IB/2015-09-14-dfb-initiative.html.

4 | A German coach is able to help integrate players into society off the field, as well as on. This benefit should not, however discount the possible benefits of having refugee and asylum-seeking persons as coaches. There appears to be a greater difficulty, however in having a head coach that may not speak German coaching Germans, rather positions of assistant coaches may be better fits for those new to German society. Having non-German nationals coach German teams may also form a hybrid of playing style, reflecting the changing demography of Germany as a whole.

nic divides. Frank Strassburger, a local of Cologne and one of the founders is described in *Deutsche Welle*:

> Strassburger does much more than just play football with the young Africans. He also takes them out to familiarize them with life in a German city. »They are encouraged to go out and meet people, to go out and talk to German people. And of course they have to be integrated into German society. I think this is a good way.«[5]

Another team in Duisburg, comprised of male Afghan asylum seekers aged 14–27, and coached by a Turkish-German woman, experiences similar stories of growth. The coach, Kader Yapıcı, is also a physical education teacher and emphasizes the necessity of physical movement for the asylum seekers:

> »It is important that these young people actively participate in something and sport is particularly good for that,« Yapıcı said, »For months, they have been waiting for their asylum applications to be processed. They sit in their accommodation centers and do not know what will happen to them.«[6]

Yapıcı touches on another important aspect of using sports as integration. Not only can sports provide the avenues to learning about a culture and developing language skills, but sports also builds community, provides a safe and constructive outlet for energy, and gives purpose to time. Due to laws that prohibit work for asylum seekers until they are approved to stay, many refugees and asylum seekers are stuck in small apartments with nothing to do. Many pass the time with cards and friends, but football provides a reason to get out of their homes and move around and meet new people. As fear over refugees in society increase, sport gives opportunities of socialization and familiarization for both the refugees and German people. The example of Yapıcı's team provides yet another dimension to the benefits of integration through sport – respect for one's coach. Discussion in Germany, particularly after incidents in Cologne, raise suspicion over integrating refugees into a society that emphasizes gender equality. Some areas in Germany have responded with courses, offering information on proper social actions, and the equality of women. Instances in which women are given authority, such as the coach of a football team, also provide instances in which gender equality is normalized in every day setting. In order to participate on the team, the players must accept the authority of the coach, and listen to her direction. To reject her coaching is not only detrimental to the game, but also team morale. The team is comparable to society, and the game, life. Learning

---

5 | Abu-Bakar Jalloh: Integrating African refugees through soccer. In: Deutsche Welle, 15 Oct. 2015, online www.dw.com/en/integrating-african-refugees-through-soccer/av-18780633.

6 | Turkish woman trains refugees for football team. In: Daily Sabah, 17 Feb. 2016, online www.dailysabah.com/europe/2016/02/17/turkish- woman-trains-refugees-for-football-team.

to work cohesively and efficiently, regardless of sex, nationality, or creed reflects important German ideals.

METHOD IN ACTION

Other countries have used sports as a means to integrate populations, with successful results, albeit with small groups. Sport as an integration technique is never going to be the only method of integration, nor should ever be the main method of integration. In the University of Sterling's report, *The Roles of Sport and Education in the Social Inclusion of Asylum Seekers and Refugees* a series of studies concerning sports as a method of integration are overall favorable of its use in promoting community, physical fitness, and a general sense of purpose to asylum seekers and refugees. The main result of sports, the study found, is a general increase in the feeling of inclusion amongst the refugee/asylum population and the national population. Additional benefits listed were deeper cultural understanding across divisions within the refugee and asylum communities, and the building of self-esteem and confidence.[7]

One of the largest programs utilizing football for integration in Germany is the program »1:0 für ein Willkommen.« This group aids amateur football clubs monetarily so they can provide more placement slots for the asylum seekers. The money, from the federal government as well from teams in the *Bundesliga*, goes mostly to renting pitches and covering increased insurance costs as well as equipment.[8] Another popular program is »Champions ohne Grenzen«, or Champions without Borders. Operating in Berlin and Brandenburg, the goal of this group is to »create a sustainable culture of welcome«[9]. Champions ohne Grenzen not only invites refugees and asylum seekers to participate in sports, but the organization also fosters community, using football as a networking platform, forging friendships between newly arrived refugees and German nationals. From there, the volunteers help the refugees in day to day; they become teammates on and off the field.

Even the Minister of State, Aydan Özoguz, is convinced of the benefits of using sports in integration techniques. »Football has a particular power to bring people together despite cultural differences, thereby strengthening social cohesion« she said, »it encourages encounters between people, generates under-

7 | M. Green et al.: The Roles of Sport and Education in the Social Inclusion of Asylum Seekers and Refugees: An Evaluation of Policy and Practice in the UK. Loughborough University 2004.

8 | Adyan Özoguz, interview by Thomas Hackbarth.

9 | Online http://championsohnegrenzen.de.

standing and dismantles prejudices on both sides through shared experiences.«[10] With the backing of the German government, and the positive precedents set by other states, there is little reason to believe that football programs would not aid in the integration of refugees in Germany. However, like most issues facing the refugee problem, positive methods are easier to talk about than implement.

POSSIBLE HARDSHIPS

There are proven benefits to using sports for integration, yet their implementation is rare. The refugee crisis presents many problems, and securing housing, medicine and food are rightly on the top of challenges to overcome. Organized sports require money and locations for training, both of which are strained in the context of refugees. Gym spaces in particular are hard to come by, both for German nationals and refugees, as gymnasiums are typically assigned as transition housing for the large number of refugees coming into Germany. There is a balance to be found, however. Integration is a challenge with lasting implications that will be felt not only in the days to come, but also for generations. In this way, positive techniques like football programs are methods to turn to in order to foster community and learn German culture.

10 | 1:0 for a Welcome. Football clubs in Germany promote refugee integration. In: Deutschland.de, 17 Jun. 2015, online www.deutschland.de/en/topic/life/society-integration/10-for-a-welcome.

Identity, Multiculturalism, Representation and *Die Mannschaft*

Ashley Henry

How a country identifies itself and its culture and represents its people can establish and set the foundation of how that country reacts and responds to situations where change might occur or where this identity might intertwine with another identity and culture. With the current national refugee crisis occurring in Germany, the national identity and culture of Germany is coming into contact with large populations of people that do not share the German culture and who may not necessarily possess the »traditional« German identity or background. One way that this narrow view of German identity and representation is challenged is on international sports stages such as the World Cup. By analyzing the evolving composition of *Die Mannschaft* or the German Men's National soccer team, it has revealed the evolution as well as continued growth of the identity and representation in sports as well as stood as a reflection and symbol of the multicultural and diversified German society.

With a current increasing number of refugees trying to resettle their lives in Germany every day, it is no surprise that anti-immigrant rhetoric has increased as many Germans, especially right-wing extremists, try to dissuade more refugees and immigrants from coming to Germany. The increased intolerance has also caused a deep concern for the spike in the activity and hate coming from *PEGIDA* (*Patriotische Europäer gegen die Islamisierung des Abendlandes*), an anti-Muslim German group.[1] In the 1960s and 1970s, a similar situation of intolerance and anti-immigration rhetoric was also seen with the arrival of primarily Turkish guest workers or »Gastarbeiter« as they also tried to come and settle into a culture and society that neither followed nor aligned with what was considered »traditionally« German.

Without a doubt, Germany has a very complicated past in terms of their national identity and culture, especially after the aftermath of the Nazi regime. Following World War II, it seemed like an economic recovery would be almost impossible due to the complete destruction of extensive parts of the country.

1 | The German Lynchmob: Islamophobe Movement Returns With a Vengeance. In: Spiegel online, 15 Oct. 2015, online www.spiegel.de/international/germany/deep-concern-over-return-of-anti-muslim-pegida-protests-a-1057645.html.

However, a few years after the war, West Germany saw an unprecedented »rapid reconstruction and development«[2] of its economy. This time of speedy economic growth came to be known as the Wirtschaftswunder or »economic miracle«[3]. With the economy already revived and booming by the 1960s, an increased need for workers in a country still partially recovering from the war became a necessity. This is what led to the eventual arrival of the »guest workers« in 1961 and is what would add to the complicated national identity and culture of the country.

Initially, Germans welcomed the laborers but with the expectation that they would eventually return to their country of origin after playing a large role in the German economy after World War II. When Germany halted the program in 1973, many of the Turkish workers did not return to Turkey and decided to settle in Germany permanently, eventually bringing their families along to Germany in the following years. As time progressed and the Turkish population increased as well as the population of many Eastern European peoples in Germany so did the xenophobia within the country. Many Turkish immigrants struggled for acceptance and equality in Germany.[4]

With the current and future arrivals of refugees into Germany, this clash of culture and identity seems to be happening all over again and heightening the already tense anti-immigration conversations occurring in Germany, and the fact that the refugees coming in are predominately Muslim, like the Turkish Gastarbeiter, has created even more worry and fear as to what the future implications of their arrival might mean for Germany.[5] The threat at hand is the threat of change to German culture and the German national identity but more specifically the threat of multiculturalism and ethnic diversity. The question will become who is and is not German and who can and cannot be German? With the precedent of the Turkish guest workers already in place, it would seem that integration and successful multiculturalism were not conceivable concepts in German society. However, the international stage of sports such as soccer provide a unique opportunity to display what the ideal successful multicultural and diverse society might look like if not for societal, cultural, and political restrictions and stereotypes placed on those who go against the ideal ›German‹ identity.

2 | Art. »Wirtschaftswunder.« In: Wikipedia. Wikimedia Foundation (5 May 2016), online https://en.wikipedia.org/wiki/Wirtschaftswunder.

3 | Ibid.

4 | Henning Hoff: Fifty Years After the Invite, Turks Are Still Outsiders in Germany. In: Turkish Forum Archive, (3 Nov. 2011), online www.turkishnews.com/en/content/2011/11/05/fifty-years-after-the-invite-turks-are-still-outsiders-in-germany.

5 | Matthew Karnitsching: Germany's Identity Crisis. As refugees keep coming, Germans ask ›Who are we?‹ In: politico Germanys Identity Crisis Comments (11 Oct. 2015), online www.politico.eu/article/german-identity-threat-refugees-migration-merkel.

Despite all of the negative implications of multiculturalism presented by those who oppose it and surmounting data that documents an increasing intolerance for multiculturalism and integration with immigrants and their families into the German population, this is disputed with the successful multiculturalism of the German Men's National Soccer team or *Die Mannschaft*. In the 2010 World Cup, Germany's roster saw the arrival of soccer stars such as Mesut Özil, Sami Khedira, Jerome Boateng, and many others. For the first time, Germany showed internationally visible signs of the ethnic diversity that had been growing in Germany.

That same year the team placed third in the tournament, forcing those who stood against anti-immigration to question their own thoughts and beliefs on the matter. With popular non-ethnically German players, the team helped to unite the country together on a national and international stage as the players, despite coming from different ethnic backgrounds, were able to succeed in one of the most popular sports and watched events in the world.[6] This seemingly flawed ideology of the supporters of anti-immigration policies was even further emphasized when the diverse German team won the World Cup in 2014. Once again *Die Mannschaft* had shown the world an image and national identity of Germany that was young, inclusive, successful, and diverse through their roles as representatives of their country.

While the diversification of the German national soccer team proved to be a success in showing the world a pursuit at inclusivity and multiculturalism, it did not work in all countries such as France. France's national soccer team also attempted to pursue a more diverse and accepting identity through their soccer team, however, they failed. In the case of the French national team, they were seemingly successful initially. In 1998, France took home the world cup, but what truly made that team and year special was not just their win but the fact that the French team had won with a team made up of players of varying cultural backgrounds as well as different backgrounds of socioeconomic status. Most importantly, however, was the fact that the team was led and orchestrated by Zinedine Zidane, a player of Algerian parents, and Lillian Thuram, who grew up in the banlieu (which is the equivalent of the ghetto or slums in America).[7] It seemed at the time that this team, who continued to increase the diversity of their racial and demographic makeup and also went on to win the Euro in

---

6 | Sunder Katwala: Football Patriotism Has Saved Modern Germany from Its Worries about National Identity (14 Jul. 2014), online www.newstatesman.com/staggers/2014/07/football-patriotism-has-saved-modern-germany-its-worries-about-national-identity.

7 | Robert Mackey: Germany, Not France, Delights in Multicultural World Cup Squad. In: The Lede Germany Not France Delights in Multicultural World Cup Squad Comments (24 Jun. 2010), online http://thelede.blogs.nytimes.com/2010/06/24/germany-not-france-delights-in-multicultural-world-cup-squad/?_r=0.

2000, was the signifier of the evolved identity of France as well as the proof of successful integration and inclusivity of foreigners and those of different racial or socioeconomic background.

However, with the failure and embarrassing performance of the French in the 2010 World Cup, some have claimed that »it [their terrible performance] seems to have undone all of the hopes for a new multicultural sense of national pride« that was ignited with the French 1998 World Cup team.[8] Their poor performance and attitudes led many to blame the »unruliness« of certain ethnic players, especially those who came from the banlieu. As one individual from a French report put it, »when the team wins, the players are French. When it loses, they are Africans with French citizenship«[9]. Clearly, the hoped for and desired change in identity proved to be a failure and was revealed as a shallow and a seemingly temporary fix to a much larger problem at hand.

While a successful and multicultural Germany seemed to be more effective than France's outcome with their national soccer team, *Die Mannschaft* eventually came upon some problems of its own. Although Germany appeared as if they were making great strides to change the »monotony« of their national and international identity through the diversification of *Die Mannschaft*, after both the 2010 and 2014 World Cups, anti-immigration rhetoric soon picked up again once more. For instance, shortly after the success and positive messages of diversity and multiculturalism in the 2010 World Cup, »a book that argued that Muslim immigrants, like Özil, are destroying Germany became a bestseller«.[10] After the 2014 World Cup, Germany soon found itself with the crisis that it is in now as refugees, especially Syrian refugees, realized that the violence in their country would not end as soon as expected. This step backwards only begs the question of what happened and how did the people forget the successful multiculturalism and diversification of *Die Mannschaft*?

Despite this, it is important to realize that though it might be tempting to connect the ultimate failure of multiculturalism within the French national team to the multiculturalism and diversity in *Die Mannschaft* that is arising now, it would not be an accurate comparison. The difference between Germany and France is that while both experienced multiculturalism among the players on their national soccer team, Germany's backlash was not nearly to the degree of France's. The success of the German team has continued as have the increased

---

8 | Haby Assevero: Black Blanc Beur: A French Story. In: E-Sports, 9 Nov. 2005, online www.e-sports.com/articles/959/1/Black-Blanc-Beur-A-French-story/Page1.html.

9 | Ibid.

10 | Jacqueline S. Gehring: How Diverse National Soccer Teams Challenge Anti-immigrant and Racialized Politics in France and Germany. In: The Washington Post, 3 Jul. 2014, online www.washingtonpost.com/news/monkey-cage/wp/2014/07/03/how-diverse-national-soccer-teams-challenge-anti-immigrant-and-racialized-politics-in-france-and-germany.

number of players with different ethnic and cultural backgrounds in contrast to the French team.

Also, how each country reacted to the initial success and multiculturalism of their national teams was different. In regards to France, the French saw the success with the multicultural World Cup team of 1998 as proof of the successful integration of foreigners into French society and culture.[11] On the other hand, the Germans saw the success of their newly diverse and successful team more as symbolism of what being German meant and the idea of who was allowed to be German and who could be considered German.[12] The increased multiculturalism of the makeup of *Die Mannschaft* gave Germany an opportunity to present themselves with an identity that defied international stereotypes that connected anything German back to World War II or the Nazi regime.

Undoubtedly, the fickleness of the German societal and political systems towards multiculturalism and diversity may be evident, but the continued emergence of diverse soccer players, especially Turkish and more importantly Muslim players, suggests something entirely different. The world of soccer seems to set itself apart from the narrow minded stereotypes and understandings of different ethnicities in comparison to the »traditional« German identity. It brings to light an even more intriguing question of whether or not soccer and sports foster a place where true diversity, inclusion, and multiculturalism could thrive? Indeed, soccer seems to be a stage where minorities, underrepresented groups, and different ethnicities can flourish and thrive in spite of political and societal views and expectations.[13] During these brief moments that have defined nations, Germany's National Men's team may very well »challenge ethno-racially exclusive« understandings of a nation.[14] After thorough analysis, it is evident that soccer is used as a transcendent tool in order to unite cultural, societal, and political differences that may be used to divide one another.

In addition to the increased diversity of *Die Mannschaft* on an ethnic front, the German Men's National team also faced an issue with the makeup of the players based on whether or not they came from East Germany or the former German Democratic Republic (GDR). It is important to note that although East Germans are still technically German and cannot completely be compared to the situation of the refugees, the prejudices and stereotypes against them as well as their unstable and fluctuating representation on the Men's National team make them a relevant perspective to analyze.

---

11 | Assevero, Black Blanc Beur.

12 | Brian Blickenstaff: Why Germany Wants to Look Like Its Soccer Team. In: Pacific Standard, 25 Jun. 2014, online https://psmag.com/why-germany-wants-to-look-like-its-soccer-team-6228fe3ae073#.llly93xpx.

13 | Gehring, How Diverse National Soccer Teams Challenge Anti-immigrant.

14 | Ibid.

After the end of World War II, Germany found itself divided by the Allies, and East Germany and West Germany were formed as two separate states that were under the control and occupation of the Soviets and the Western Allies, respectively. During the division, both states were controlled under differing ideologies based on their occupiers, therefore, East Germany struggled economically in comparison to the much more economically and financially successful West Germany. Once the wall came down in 1989 and then reunification eventually followed in 1990, the integration of the Eastern Germans into the now West German economy, society, and culture was not easy or without problems. There were many prejudices, stereotypes, and biases against Eastern Germans because they were coming from a communist society and economy and dropped into a world that thrived off of capitalism and focused more on the individual instead of the collective. It became very evident that there was an invisible divide between Germans who came from the West and those who came from the East, and that divide was not only seen in many parts of society and the economy but also in the sports world as well.

When the roster of the 2006 World Cup team came out, there were only four East Germans on the team.[15] Eight years earlier there were five East German players and then seven on the German national squad in 2002.[16] Surprisingly, however, there is only one East German on the current German Men's National team roster. Also, considering that »roughly 15 % of Germany's population lives in the former GDR,« it makes this sudden decrease even more problematic.[17] The different ethnicities and races of the national team continues to grow and expand, however, in the area of providing an accurate identity and representation of the entire country, *Die Mannschaft* fails in providing enough representation of East German players. The question now becomes »how can a part of the country, which, in the past, has produced between one-sixth and one-third of national team squads, suddenly be left with only one representative?«[18] At this moment the answer is unclear, but a possible conclusion could be drawn back to the still underdeveloped parts of East German since reunification. Nevertheless, despite the fact that their road to determining and forming their identity is still in progress, it seems quite evident that Germany has managed to accomplish and capture many remarkable representations of their identity through *Die Mannschaft*.

15 | Niklas Wildhagen: The Paradox of East German Representation in the National Team. In: Bundesliga Fanatic, 24 Jun. 2014, online http://bundesligafanatic.com/the-paradox-of-east-german-representation-in-the-national-team.

16 | Ibid.

17 | Ibid.

18 | Ibid.

Without question, it is clear that the issue of multiculturalism and the diversification of the German national identity will not be going away anytime soon. Considering that the refugee crisis is an ongoing issue, the importance of this discussion only increases as the anti-immigration sentiments continue to surmount as well. However, despite the inconsistent representation of East German players, an example and unique arena has been revealed in defense of multiculturalism through the successful inclusion and integration of numerous popular non-ethnically German soccer players of *Die Mannschaft* in the 2010 and 2014 World Cups. The success, prominence, and respect that this team has achieved not only in the eyes of Germany but also in the eyes of the entire world supports the idea of soccer as a space for ethnic minorities and underrepresented groups to emerge and function successfully within society. In the end, *Die Mannschaft* also stands as a representation of the positive possibilities and opportunities that successful multiculturalism could hold and how it could enhance and improve the national identity of Germany.

The New German Question

Challenges of Geopolitical, Economic, and Moral Leadership for a Reluctant Hegemon

Seung-Jae Oh

From the ashes of total destruction at *Stunde Null*, or the moment of the unconditional surrender that brought an end to the Nazi era on May 8th, 1945, Germany has made a remarkable recovery.[1] In just about every aspect – political, economic, social, intellectual, and moral – Germany has completed a thorough rehabilitation worthy of acclaim, having transformed itself into a state and society that upholds liberal democratic values and provides an exemplary model in historical reconciliation.[2] Its postwar trajectory has transitioned from an economic revival in the 1950s to a peaceful reunification in 1990, before emerging as the strongest economy within the European Union (EU) in the 21st century. Its reputation as the leading European economy and a social democracy par excellence is rooted in its extensive and effective social programs, such as a universal

1 | This article has been adopted from a term paper written in spring 2016. A 2016 graduate of the University of Notre Dame, Seung-Jae Oh is now assistant professor of Korean at the Defense Language Institute Foreign Language Center in Monterey (CA). The content of this article is the sole responsibility of the author and does not represent the official view of, nor has it been endorsed by, the U.S. Government or the Department of the Army.

2 | Greg Rienzi: Other nations could learn from Germany's efforts to reconcile after WWII. In: Johns Hopkins Magazine, Summer 2015, online http://hub.jhu.edu/magazine/2015/summer/germany-japan-reconciliation. Many South Koreans, in their criticism of Japan's uneasy relationship with its wartime past, often invoke the argument that postwar Germany offers an example to emulate for other nations with a history of past aggression and abuse. The continued Japanese reluctance to fully apologize for its colonization of Korea from 1910 to 1945, particularly regarding the controversial legacy of »comfort women,« or sexual exploitation and enslavement of Korean women by the Imperial Japanese Army, remains a thorn in the bush to this day in South Korea-Japan relations.

health care system and a tuition-free higher education that are astonishing by American standards.[3]

The self-confidence based on this reputation soared to new heights when Germany won the World Cup in 2014 – its first since reunification. It set off a palpable sense of exuberance throughout the country, marking a »new leap forward« for a country more accustomed to expressions of agony and angst over its wartime guilt.[4] This newfound sense of national pride was unprecedented and stunning even by the standards set during the 2006 World Cup hosted on its own soil, where the German national team advanced to the semifinals. In a sense, the soccer euphoria helped the Germans take another collective step towards *Vergangenheitsbewältigung*, or overcoming the heavy burden of their modern history. Having become the envy of the world in many aspects, Germany today could not be more different from its former self in the 1890s or the 1930s, because it no longer speaks of its place in the sun or of the need to assert its greatness.[5] This is not only because such a language has long been consigned to the dustbin of history. Today's Germany has no use for this rhetoric for reasons beyond its historical guilt and responsibility: it now enjoys a measure of prestige and respect that its imperial and totalitarian predecessors failed to attain by militarism and conquest.

From football to politics to the economy, Germany's ascendancy, in both absolute and relative terms, has turned it into the most powerful country in Europe, eliciting varied reactions from its neighbors near and afar, as well as its own people.[6] In marked contrast to the past, the extent to which it has come to dominate the Continent has been mostly met with muted complaints instead of alarmist rhetoric, as its gains are partially a consequence of others' retreat.[7] In fact, past animosities from the Nazi aggression and occupation, though back

3 | Sonali Kohli: Why you can get a free college education in Germany but not in California. In: The Los Angeles Times, 29 Oct. 2015, online www.latimes.com/local/education/community/la-me-edu-free-college-education-in-germany-but-not-in-california-20151029-htmlstory.html.

4 | Anthony Faiola/Anne Hull: A score for Germany patriotism. In: The Washington Post, 13 Jul. 2014, online www.washingtonpost.com/world/a-score-for-germany-patriotism/2014/07/13/0d2d2618-666a-4919-9b3b-1bbeec1d8645_story.html.

5 | Robert Wohl: A Place in the Sun – A German Need. In: The Great War and the Shaping of the 20th Century. Public Broadcasting Station, online www.pbs.org/greatwar/historian/hist_wohl_01_need.html.

6 | Europe's reluctant hegemon. In: The Economist, 15 Jun. 2013, online www.economist.com/news/special-report/21579140-germany-now-dominant-country-europe-needs-rethink-way-it-sees-itself-and.

7 | In Germany's shadow. In: The Economist, 28 Mar. 2015, online www.economist.com/news/europe/21647363-germany-coming-terms-messy-world-germanys-shadow.

in vogue in countries like Greece,[8] have been largely replaced by a new kind of discontent based on a perception of German inaction on security issues.[9] Persistent criticisms have come from Berlin's allies and partners that its economic heft has not translated into a proportional foreign policy, as a series of crises in recent years have exposed a rift between Germany and others. Despite all the talk of Germany's world-class status, the idea of leadership on the world stage still prompts an ingrained sense of reluctance and discomfort, rather than excitement or eagerness to rise to the occasion. Whether it likes it or not, Berlin now stands at a crossroads, as it increasingly faces the calls for its leadership within and for Europe in a world that has come to expect more from Germany.

Circumstances, instead of intent, have propelled Germany to the top of international politics, as it now »dominates Europe to a degree unimaginable even 15 years ago«[10]. Yet Berlin's stewardship of its new power has invited characterization of Germany as a »reluctant hegemon,« as the country approaches a turning point in its postwar history with a profound uncertainty.[11] It has been down this path before, as the problem with which it must now wrestle once again is the age-old question »about the role of a country too big for Europe and too small for the world,« as Henry Kissinger once famously put it.[12] To be sure, the resurfacing of the so-called German question, which harkens back to the late 19th century that witnessed the emergence of Germany as a modern nation-state, has a fundamentally different feel to it this time. German power no longer gives rise to fear in a manner reminiscent of the interwar period, as there's no doubt regarding the Federal Republic of Germany's commitment to its policy of permanent renunciation of war »as an instrument of its foreign policy«[13].

---

8 | James England: Punctuating the Powerful. In: History Today, 18 Sept. 2015, online www.historytoday.com/james-england/puncturing-powerful. – The Greek antagonism toward Germany, manifested in comparisons of German Chancellor Angela Merkel to Hitler as well as demands for reparations based on the Nazi occupation of Greece from June 1941 to October 1944, stems from the recent European debt crisis. Greece was forced to adopt painful structural reforms to its economy as a consequence of receiving multiple bailout loans from the European Central Bank, where Germany dominates the agenda and decision-making.

9 | Michael Rühle: Security Policy as Symbolism. In: Berlin Policy Journal, 11 Feb. 2016, online http://berlinpolicyjournal.com/security-policy-as-symbolism.

10 | Roger Cohen: The German Question Redux. In: The New York Times, 13 Jul. 2015, online www.nytimes.com/2015/07/14/opinion/roger-cohen-the-german-question-redux.html.

11 | Europe's reluctant hegemon.

12 | Ibid.

13 | Spencer Kimball: Germany's struggle with military power in a changing world. In: Deutsche Welle, 28 Dec. 2010, online www.dw.com/en/germanys-struggle-with-military-power-in-a-changing-world/a-6308457.

On the contrary, this long-established legacy of the Second World War, a principle of non-intervention abroad using force, is coming under increasing pressure against the backdrop of Europe's changing realities. The center of gravity in European affairs has shifted to Berlin, as Germany finds itself as a first among equals – or, rather, a predominant power without equals. In a way it has no real partners, as its traditional counterparts on the Continent – a politically paralyzed France, an increasingly Eurosceptic Britain, and an over-indebted Italy – have become too constrained by their domestic circumstances to exercise leadership for the EU as a whole, especially on matters of diplomacy and security.[14] It was in this context that they welcomed German President Joachim Gauck's speech at the Munich Security Conference in January 2014, where he exhorted his countrymen to shoulder more responsibility in solving global issues.[15] In his speech, Germany's European neighbors saw for the first time a harbinger of change in a country that had been content to farm out its foreign policy to the United States and its security to North Atlantic Treaty Organization (NATO).[16]

Germany has thus shown that it recognizes the need to rethink its foreign policy – and, by extension, its role in the world. This recognition, however, faces long hurdles in translating the vision for a new German foreign policy into reality. For a start, the long shadow of Germany's modern history has created a culture of policy-making with distinctive features that are »mostly legacies of a culture of atonement«[17]. Generally speaking, the country has always pursued a modest foreign policy since 1945, aiming to avoid entanglements in politico-military affairs abroad in the name of pacifism that is almost categorical in its nature. In addition, Germany's attitudes toward Europe and leadership within it »run deeper than party politics« at home for a number of reasons. First, the country lacks historical experience of success in international leadership – thus the attendant lack of a tradition of strategic thinking. Second, its belief in European integration, mirroring its faith in a federal system of governance, makes it loath to claim leadership, at least in a rhetorical sense, within a pan-European system designed for decentralization of power. Third, its preference for stability through institutionalization and consensus, particularly in monetary policy,

14 | Alone at the top. In: The Economist, 26 Jul. 2014, online www.economist.com/news/europe/21608772-germany-has-done-much-atone-past-now-it-faces-leadership-greater-burden-alone.

15 | Hans Kundnani: Germany Rethinks Its Role in the World. In: Current History 114 (2015), No. 770, p. 115.

16 | No more shirking. In: The Economist, 8 Feb. 2014, online www.economist.com/news/europe/21595956-germany-ready-have-foreign-policy-proportionate-its-weight-no-more-shirking.

17 | A lurch onto the world stage. In: The Economist, 28 Feb. 2015, online www.economist.com/news/europe/21645223-germany-emerging-faster-it-wanted-global-diplomatic-force-lurch-world.

renders it susceptible to a desire to stay the course.[18] Fourth, the painful legacy of National Socialism, more commonly known as Nazism, has resulted in an ingrained hesitation in exercising power abroad. Fifth, the same legacy has imbued the neighboring countries with suspicions of German aspirations based on historical memory.[19]

For these reasons, German power, as pointed out by British academic Hans Kundnani, is afflicted with a paradox that renders it unique among the world's great powers – perhaps even admirable precisely for these reason.[20] But this is also problematic in the practical realm, as evidenced by the German reaction to the watershed events in Europe in the last few years, such as the politico-economic crisis in the Eurozone and the foreign policy crisis in Ukraine. Both occasions have proved to be particularly challenging for a country that must engage with its internal forces – »reluctance to lead, desire for European integration and fear of instability« – while it also deals with the needs of the EU.[21] Such historical forces have constrained its ability to act quickly and decisively, as it seeks to achieve too many disparate goals simultaneously: preventing escalation of crisis into a financial meltdown or a full-fledged war; a moral clarity in its response; defending the international system of rules; and keeping the EU, NATO and the West together.[22] Despite various statements by its political leaders, Germany has been seemingly contradictory in its response to these challenges, as it has appeared as decisive yet risk-averse, determined yet uncertain – and, perhaps, unsure of itself – in different moments. As a result, a new German question has surfaced in Europe, where Germany's neighbors may »have every reason to fear its ambitions – for their smallness«[23].

Given Germany's investment in the creation and maintenance of the European order, violations of its integrity by Greece's bad-faith defiance of German-imposed austerity and Russia's revanchism demands a response that signals Berlin's new understanding and acceptance of its burden in preserving the existing order.[24] Particularly regarding the Euro crisis, however, Berlin desperately

18 | Europe's reluctant hegemon.

19 | This author wishes to thank Prof. Lörke for his suggestion for the fourth and fifth reasons for the paradox of German power.

20 | For more information, see his recent book *The Paradox of German Power* (New York 2015).

21 | Europe's reluctant hegemon.

22 | A lurch onto the world stage.

23 | Yascha Mounk: A Sheep in Wolf's Clothes. In: The Wall Street Journal, 10 Mar. 2015, online www.wsj.com/articles/book-review-the-paradox-of-german-power-by-hans-kundnani-1426028861. The article is a review of Kundnani's book.

24 | Power v piffle. Germans face a wrenching debate about what their diplomats and soldiers may do abroad. In: The Economist, 20 Nov. 2014, online www.economist.com/news/21631821-germans-face-wrenching-debate-about-what-their-diplomats-and-soldiers-may-do-abroad-power-v-piffle.

needs a willingness to rethink the roots of the problem by reconsidering its policy in a broader context. The German response to the Euro crisis has exposed the European system's structural weakness of allowing the divergence between rights and responsibilities to the detriment of the system – and also to Germany's leadership. Currently, the EU as a political union is not linked to the Eurozone as a fiscal union, which poses no threat to the former as long as the latter is stable. However, this arrangement allows a fiscal crisis to become a larger political crisis and subsequently damage the integrity of the entire system, as such a lack of linkage allows member states to prioritize national interests over pan-European interests. Especially in a debt crisis, the absence of debt mutualization, which creates the politico-economic linkage, leads crisis-afflicted member states, now deprived of their own currencies and thus their ability to manipulate them to defend their national economies, to question the wisdom of political integration without economic integration. In other words, a debt crisis can doom the debtor state and its economic fate if its creditor states insist on austerity measures without regard for economic recovery through growth.[25] The human misery that results from this folly can ultimately break the unity of the political union, thereby risking the failure and disintegration of the European project in its entirety as a direct response to the horrors of the first half of the 20th century.[26]

Germany's response to this crisis as the biggest economy in Europe has left much to be desired. At the fundamental level, the crisis is a sovereign debt crisis caused by fiscal irresponsibility by certain EU member states, of which Greece was the most egregious culprit.[27] Despite having already defaulted on its debt once in June 2015, Athens still has access to the credit market thanks to the EU's political resolve, with Germany's economic weight behind it, in keeping Greece

---

25 | Paul Krugman: Austerity and Growth. In: New York Times, 18 Feb. 2012, online http://krugman.blogs.nytimes.com/2012/02/18/austerity-and-growth. – Krugman, an economist at Princeton University and a Noble Prize laureate, has argued for years that the problem with insisting on austerity measures for a depressed economy with a debt problem is that such measures prevent the economy from growing again, thus ultimately condemning it to a destructive cycle of debt, austerity, depression, no growth, and more debt. His argument in a nutshell is that only the Keynesian proposition, which prescribes fiscal stimulus to restore growth before tackling debt, can be the solution. For more information on this argument, see his book *End This Depression Now!* (New York 2012).

26 | The euro and Greece: Europe's future in Greece's hands. Whatever its outcome, the Greek crisis will change the EU for ever. In: The Economist, 4 Jul. 2015, online www.economist.com/news/leaders/21656662-whatever-its-outcome-greek-crisis-will-change-eu-ever-europes-future-greeces.

27 | Hans Kundnani: How Europe's Refugee and Euro Crises are Linked. In: The German Marshall Fund of the United States, 16 Feb. 2016, online www.gmfus.org/blog/2016/02/16/how-europe%E2%80%99s-refugee-and-euro-crises-are-linked.

in the Eurozone for stability's sake. At the same time, however, Berlin's dealings with Athens has revealed a style of leadership that maximizes national interests without regard for the health and stability of the overall union, whose existence benefits it more than any other member.[28] Berlin's refusal to mutualize debt, preferring not to further sacrifice its national wealth for the benefit of the Eurozone, has won Merkel approval at home. Within Europe, however, resentment and polarization have sharply risen in recent years due to high unemployment and continued depression in its peripheral economies, which is blamed on the Eurozone's austerity policy that Germany helped establish.[29] The international impression of Germany since the beginning of the Euro crisis in 2008 as rigid, uncompromising, and self-interested suggests trouble for its economic leadership by virtue of its size.[30]

Against this overall backdrop, the emergence of the refugee crisis as the mother of all crises, though seemingly disconnected from the euro crisis, is an even more daunting challenge for Germany's reluctant leadership, pulling it in contradictory directions. In a »sudden and surprising departure from her usual pragmatism,« Chancellor Merkel opened her country's doors to a huddle mass of more than one million refugees in last year alone. In the process, she evinced a moral leadership that has galvanized the Left, earning her new admirers and greatly improving Germany's image abroad.[31] Yet at the same time, she has exposed her considerable political capital, which emanates from »an extraordinary consensus in German politics« that she has built, to a political backlash potentially even greater.[32] Her unexpected display of *Willkommenskultur* has now

28 | Floyd Norris: Euro benefits Germany More Than Others in Zone. The Continent's most powerful country is grappling with its leadership role – and other nations are, too. In: New York Times, 22 Apr. 2011, online www.nytimes.com/2011/04/23/business/global/23charts.html.

29 | Anton Troianovski: Greek Crisis Shows How Germany's Power Polarizes Europe. In: The Wall Street Journal, 6 Jul. 2015, online www.wsj.com/articles/germanys-power-polarizes-europe-1436231408.

30 | Hans Kundnani: The return of the German question: why conflict between creditor and debtor states is now the defining feature of European politics. In: European Politics and Policy Blog. The London School of Economics and Political Science, 26 Jan. 2015, online http://blogs.lse.ac.uk/europpblog/2015/01/26/the-return-of-the-german-question-why-conflict-between-creditor-and-debtor-countries-is-now-the-defining-feature-of-european-politics.

31 | Fareed Zakaria: Germany's road to redemption shines amid Europe's refugee debate. In: The Washington Post, 10 Sept. 2015, online www.washingtonpost.com/opinions/germanys-road-to-redemption-shines-amid-europes-refugee-debate/2015/09/10/00955630-57f0-11e5-8bb1-b488d231bba2_story.html.

32 | Hands Kundnani: Angela Merkel: Enigmatic leader of a divided land. Only recently, the most powerful woman in Europe seemed unassailable. Now, with crucial elections today, the German chancellor faces a growing reaction to her policies as the

embroiled Germany in a much-needed yet haphazardly framed and increasingly polarizing debate over its identity and its obligations toward the world in light of its history.[33] The refugee crisis has already resulted in a significant change in the political landscape by fueling the rise of *Alternative für Deutschland*, a far-right party.[34]

Outside of the country, Merkel's enthusiastic embrace of refugees has also created newfound friction within the EU, injecting a new source of discontent and instability into a system already battered from the euro crisis. Additionally, the deepening civil war in Syria as the origin of the refugee crisis has even inspired cautious talks of treating the cause, rather than the symptom, of the war. Still, it remains to be seen whether Germany and the EU can reach a consensus on whether a European intervention is justified and how it should be carried out.

For the time being, such a scenario is unlikely in the near future, given Germany's well-known reluctance to contribute militarily to international missions, let alone take the lead.[35] Thus, attention must now shift to how the refugee crisis has already merged with the Euro crisis in unexpected ways to produce further complications in EU politics. The overwhelming nature of the former has forced Berlin into an ironic reversal of previous rhetorical emphasis. It has shifted from member states' individual responsibility, as had been the case with the euro crisis, to collective responsibility, as Berlin now wants the refugee population to be re-distributed within the EU.[36] Already, this split has prompted fierce opposition from other member states, creating poisoned dynamics in their relations with Germany.

This stands as a lost opportunity for all of Europe, as it is furthering the divide between Germany and the southern European countries. It could have

---

refugee crisis fuels an angry radicalization. In: The Guardian, 12 Mar. 2016, online www.theguardian.com/world/2016/mar/13/profile-angela-merkel.

33 | Hans Kundnani: Angela Merkel will survive – but will the soul of post-war Germany? The migrant crisis is testing the country's idea of itself. In: The Spectator, 29 Oct. 2015, online www.spectator.co.uk/2015/10/angela-merkel-will-survive-but-will-the-soul-of-post-war-germany.

34 | Hans Kundnani: Germany turns right. In: The World Today. Chatham House, the Royal Institute of International Affairs, April/May 2016, online https://www.chathamhouse.org/publications/twt/germany-turns-right.

35 | When the United Nations Security Council voted on a resolution that established a no-fly zone over Libya at the height of the country's civil war in early 2011, Germany, along with China and Russia, abstained, frustrating the coalition of the willing that was composed of the US, France, and the United Kingdom. See Security Council Abstention: Germany Hesitates as UN Authorizes Action against Libya (in: Der Spiegel, 18 Mar. 2011, online www.spiegel.de/international/world/security-council-abstention-germany-hesitates-as-un-authorizes-action-against-libya-a-751763.html).

36 | Kundnani: How Europe's Refugee and Euro Crises are Linked.

been a teachable moment for the former to »understand how it feels to need help« from its EU partners, and this newfound empathy could have perhaps softened Berlin's hardline position on the Greek sovereign debt. Instead, the Germans have only become more resentful of the EU, as they have been led to believe that their solidarity with countries like Greece during the euro crisis has only resulted in a lack of solidarity in return within the EU on the issue of refugee redistribution.[37] Thus, the German finance minister Wolfgang Schäuble has already ruled out the possibility of instrumentalizing the refugee crisis in debates over fiscal matters within the EU. However, for Germany to convince its EU partners to take in refugees, it will need to accept the inevitability of the linkage between the euro and refugee crises in the EU politics.

Rather unexpectedly, the paradoxical nature of the German power is evidenced in the dichotomy between its exceptional hospitality to refugees and its uncompromising approach to the debt crisis that has now become a new Greek tragedy. In both cases, the circumstances have forced Germany to confront the challenges of graduating from a »geo-economic power« to a geopolitical power sooner than it would have liked.[38] Therefore, the convergence of these disparate but equally explosive crises hangs a profound uncertainty over Germany's capacity in terms of moral leadership as well as economic leadership. In a recent statement, Schäuble argued that his government's refugee policy was driven not by »Germany's desire to free itself of its history« or »moral imperialism,« but to »save Europe's honor.«[39] Can the same logic behind this thinking help Germany accept the necessity of the »mutualization of debt as well as refugees«[40]? Therein lies the immediate challenge of the German leadership as a reluctant hegemon.

---

37 | Ibid.

38 | The term »geo-economic power« was coined by Kundnani to explain Germany's tendency to use economic means, rather than military means, to advance its interests abroad. See his article *Germany as a Geo-economic Power* (in: The Washington Quarterly 34 [2011], No. 3, p. 31–45).

39 | Germany's refugee response not guilt-driven, says Wolfgang Schäuble. In: The Guardian, 3 Mar. 2016, online www.theguardian.com/world/2016/mar/04/germanys-refugee-response-not-guilt-driven-says-wolfgang-schauble.

40 | Kundnani: How Europe's Refugee and Euro Crises are Linked.

Academic Notes
Akademische Beiträge

Books and Roses

Karl and Luzie Krolow remembered

Vera Profit

Until recently the evidence of a rather extensive correspondence lay scattered on my desk. Karl Krolow (11 March 1915 – 21 June 1999), his wife, Luzie, (10 December 1917 – 11 February 2009) and I wrote to each other during their last years. The first letter to Karl Krolow was dated January 1992, the final one to his widow, Luzie, December 2008. The over one hundred letters, appended photographs, newspaper clippings, books, complete with dedications, mementos of various sorts, all bear witness to a relationship, which began on such a cordial and affirming note that it could only have evolved into the warmest of friendships. If one paused long enough to reflect upon the essence of our association, it was obvious that we simply got along and did so from the outset. We reached out to each other frequently and without hesitation, as if we had known each other for decades and lived just down the street. Of course, we hadn't known each other for decades and didn't live just down the street. Karl Krolow would repeatedly marvel at the considerable distance between Darmstadt and Indiana. And yet he would add: »Wir haben Sie so deutlich vor Augen: Oh, ja, Sie sind anwesend, da!!« This utter sense of immediacy conveys so accurately the nature of the relationship that was ours.

Perennially interested in comparative literature, I had studied the Georg Büchner Prize winner's earliest poetry for years. 1991 marked the release of *Ein Porträt meiner Selbst: Karl Krolow's Autobiographical Poems (1945–1958) and Their French Sources.*[1] During January of the following year, I finally mustered the courage to send him a copy and enclosed a brief letter. There seemed little point in bothering with a longer one, as I seriously doubted an answer would be forthcoming. Besides if I managed to misunderstand his poetry, his autobiographical poetry no less, perhaps I preferred never learning of his disapproval, his disappointment. Karl Krolow's overwhelmingly positive response as well as an invitation to visit him in Darmstadt arrived by return mail. In July of 1992, I met both Karl and Luzie Krolow for the first time. More visits followed: the second

---

1 | Vera B. Profit: Ein Porträt meiner Selbst: Karl Krolow's Autobiographical Poems (1945–1958) and Their French Sources. Bern/New York 1991 (American University Studies. Series I Germanic Languages and Literature 74).

in March 1993 and the third June 1995. As would befit someone who dedicated his earliest endeavors to nature poetry, Krolow died on the first day of summer: June 21st,1999. More than a year later during August 2000, I looked up Luzie Krolow in her home one last time. Each meeting only served to confirm the impressions the letters made; each letter only reflected the impressions gleaned from those visits. Each mode of contact reinforced the other and effortlessly so.

Perhaps more often than not, the intrinsic value of a particular moment can only be fully recognized and consequently appreciated much after the fact. However in this instance, I realized even then that associating with the Krolows represented an unparalleled experience. As individuals and as a couple they proved nothing short of remarkable: unfailingly thoughtful, generous, appreciative. Above all else, I remember both of them as direct, as genuine.

Each time I arrived in Darmstadt, flowers from Luzie Krolow's garden and her hand-written greeting welcomed me in the hotel room. I would have appreciated this sign of her thoughtfulness at any time, but after an arduous and undeniably lengthy journey, I did so even more. During my final visit to Darmstadt in late August of 2000, Luzie Krolow's caring attitude became apparent yet again. Before leaving for the Frankfurt airport, naturally I asked to settle the hotel bill. The receptionist replied simply: that's been taken care of for you. I was stunned. I should not have been. Once more Luzie Krolow's unparalleled sense of hospitality far exceeded the usual parameters.

As it had so often during the meals she prepared. The moment she realized I hailed from Vienna, Luzie Krolow baked a *Sachertorte*. To add this legendary Austrian confection to the already select menu struck me as all the more astonishing, as her diabetic husband could not partake of such or any similar offering no matter how well that time-honored recipe had been followed. We also feasted on quails' eggs and superb wines, *Tafelspitz*, raspberry tarts and excellent coffee, to name just some of the culinary delights.[2] Before we parted at the conclusion of each visit, Luzie Krolow offered me a package of coffee beans and some chocolates. At Christmas time, she would send her traditional poppy seed cake as well as her *Liegnitzer Bomben*, complete with a sprig of mistletoe. Despite her justified misgivings, her desserts always arrived in excellent condition and consequently lent her unmistakable touch to Christmas dinner.

Whenever I remembered them with a token or two, neither Karl nor Luzie Krolow ever tired of showing their appreciation. It goes without saying that the many sets of botanical notecards, the cushion, quilt, towels, whatever it was,

---

2 | Unfortunately we've all experienced the host and/or hostess who, while urging us to sample this or that dish, make us painfully aware that we should feel beholden, we should recognize the efforts being put forth on our behalf. Not for a moment, not once did I feel that way in the presence of the Krolows. No matter how elaborate the preparations and they qualified as elaborate, their signature graciousness seemed as natural to them as breathing.

these were acknowledged in a letter or phone call, but more often than not, the occasional tablecloth and runner were photographed and subsequently the exact event when they had served their purpose was described in exquisite detail.

As for our exchanges whether at the dining table, in Karl Krolow's studio or elsewhere, they ranged far afield and afforded a closer look into their professional as well as personal lives. Both Karl and Luzie Krolow would comment on the current literary scene (the intricacies of working with the Suhrkamp Verlag) or recall that of decades ago. They mentioned the enthralling stories Friedrich Dürrenmatt would tell or how, despite his diabetes, he never adhered to a diet, how Paul Celan managed to stay with them, and consequently on German soil, for but a single night and then insisted on leaving. They spoke lovingly of their family: the two granddaughters, their son, Peter, and daughter-in-law, their new house in Burgundy. They never neglected to inquire about my family and my work at the university.

During the interview, which evolved in the course of the three visits, (later published as *Menschlich: Gespräche mit Karl Krolow*)[3] Karl Krolow answered every question and, despite his precarious health, dutifully read the transcriptions as quickly as they reached him. In the evenings or early afternoons, we relaxed on the terrace, ambled through Luzie Krolow's exemplary garden with its vast collection of exotic plantings or strolled around the impressive floral displays of the *Rosenhöhe.* While doing so, she elucidated the diverse characteristics of the assorted trees, shrubs, flowers, and herbs with a wealth of detail only a master gardener would command. I knew that I would only remember a fraction thereof, but would forget neither the visual splendor nor the intoxicating fragrance of such prized roses, as Sutter's Gold or Fragrant Cloud. Though I must confess I'll never understand, why both of them fancied the araucaria or monkey-puzzle tree, ultimately stolen from their property in the dead of night. Be that as it may, their outrage at its loss was palpable. In his *Epitaph für einen geraubten Baum* dated October 10, 1996 and penned shortly after its disappearance, Karl Krolow concluded his lament with »du reißt Wunden.«[4] And in her lines of October 27, Luzie Krolow noted: »Ein Raub und Mord, denn die geht nicht wieder an. Wir sind ganz traurig. Es gibt sie nur noch im Buch.«[5] Clearly Luzie Krolow tended

3 | Vera B. Profit: Menschlich: Gespräche mit Karl Krolow. Bern/New York 1996 (Studies in Modern German Literature 78).

4 | Anton G. Leitner: Abschied von Karl Krolow. Der Wortschatz einer poetischen Jahrhundertbiographie: Von den Nebenwirkungen und Folgen der Gedichte Karl Krolows. In: Das Gedicht. Zeitschrift für Lyrik, Essay und Kritik 1999, H. 7, p. 14. – In early October of 1994, Leitner interviewed Krolow; the transcription of the conversation can be found in Anton G. Leitner: »Existenz im Konjunktiv«. Gespräch mit Karl Krolow. In: Das Gedicht 1995, H. 3: Drei-Länder-Ausgabe, [2]1998, p. 121–129.

5 | Luzie Krolow: Gartenzauber: 32 Blumen- und Kräuterminiaturen. Mit farbigen Fotografien. Frankfurt am Main 1995; idem: Das Jahr meines Gartens. Mit farbigen Foto-

her garden with both love and an enviable level of expertise, devoted to its care as she was to her husband's. She stated quite frankly that as his mind was always and solely focused on his poetry (and the professional obligations it engendered) without her unwavering sense of the practical and her steadfast commitment to his welfare, she doubted he would have lived as long as he did. I cannot imagine that anyone, who associated with the Krolows on a regular basis, would challenge her belief. By the same token, she also wondered, whether their marriage would have lasted, had their earliest years during the war not been so fraught with difficulty.

Two more considerations. They served as the undercurrents, the palimpsests of the letters, of the appended materials as well as the visits. They presented themselves at the beginning of the entire relationship and remained interwoven throughout its duration. As stated much earlier, both Karl Krolow and his wife were in their latter years, when we met. For decades, he had suffered with diabetes of the hard to control brittle variety, developed cancer and had submitted to surgery and consequently an extended hospital stay just prior to my first visit. On a markedly slender individual like Krolow, these physical exigencies took their toll and didn't affect only him. »Uns geht es beiden nicht gut. Es fällt schwer zu leben.« »Und auch meine Frau merkt inzwischen, dass wir alte Leute sind!!« Though admittedly more robust than her husband, Luzie Krolow contended with cardiac issues, advancing macular degeneration as well as incessant bouts of Lyme disease. For a passionate gardener like herself, those ticks spelled unadulterated misery. Despite these ever increasing hardships, Karl as well as Luzie Krolow made a concerted effort to maintain the almost torrid pace of the correspondence and during my visits I lacked for nothing. Whenever I showed even the slightest interest in a photograph or a recording, for instance, no effort was spared in making it available. (In fact, a tape of Paul Celan reading *Todesfuge* had to be rerecorded in a sound studio and mailed a second time; while in transit the first one had been lifted from the package.)

In the course of his first letters and in many throughout the years, Karl Krolow would ask, if I would have time, would have the inclination to reply. The fact that he would pose such questions left me incredulous. Who wouldn't wish to answer him or visit him, for that matter? In another letter, he attempted to disabuse me of the notion that he, and not my relatives in Vienna, would occasion the next European sojourn. Of course, any travel plans would first and foremost revolve around his schedule, so often dictated by his declining health, and all else came thereafter. How often did he encourage me to come just once more! Why Vienna seemed just around the corner from Darmstadt. The signs of friendship were everywhere. Such phrases appeared over and over again: we eagerly await your arrival, we can only hope that our visit will materialize de-

grafien von Luzie und Peter Krolow. Frankfurt am Main 1990. Both of the above feature photos of the beloved araucaria.

spite the odds, when I recall our conversations, it was like a film, a wonderful, wonderful film, if at all possible, please, come again, come again, you may be far away and we know you have your work at the university, but you seem so close to us. »Immer, immer denke ich an die Stunden, Tage unserer Gespräche. So sind Sie bei uns in Darmstadt *immer* geblieben.« Yes, he was aware of his stature, but he never allowed that to get in his way of being Karl Krolow. He had no need of artifice. A sense of deference, of innate, of unmistakable shyness, these always made themselves felt and made him so dear. Their warmth, their spontaneity made them so dear.

ADDENDUM

The entire aforementioned correspondence now belongs to the German Literary Archive in Marbach and scholars will be able to access the materials on site. To facilitate this process, transcriptions accompany all the handwritten letters, whether these originated with Karl or Luzie Krolow. The contents of the letters, supported by the ancillary materials, encompass several large categories: 1. literary issues: the situation that young poets faced immediately after World War II, Krolow's role in Germany's literary life throughout the decades, working with the editorial staff of the Suhrkamp Verlag, (e.g., S. Unseld, E. Borchers), preparations for his 80th birthday celebration, its scheduling difficulties, his forthcoming publications, thoroughly nuanced responses to both my books about him, 2. recurring health concerns: diabetes, cancer, hospital stays, the frustrations of growing older exacerbated by failing eyesight, Lyme disease, vertigo, etc., the illness and death of the immediate as well as extended family members, 3. proposals regarding the feasibility of various travel arrangements, inevitably contingent upon health matters, 4. from both an emotional and intellectual perspective, their recollections of my first as well as all subsequent visits, 5. detailed acknowledgements of various gifts, greetings, phone calls, 6. descriptions of family and seasonal celebrations, challenges of daily life before and after Karl Krolow's death, coping with widowhood, 7. gardening successes and travails, Luzie Krolow's joy in contributing a bi-weekly column to the FAZ, the promise and eventual publication of her second book, concerning her legendary garden: *Gartenzauber*.

Die Authentizität der Fiktion

Konstruktionen der Realität in den Hörspielen von Andreas Ammer und FM Einheit

Kyra Palberg

Konstitutiv für Hörspiele ist, dass sie durch den Rückgriff auf O-Töne in vielfältiger Weise mit Übergängen an der Grenze zwischen Fiktion und Authentizität arbeiten. Gerade in der Mischung von dokumentarisch-realistischen und fiktionalen Elementen können Hörspiele aber auch zur partizipierenden Anteilnahme an realen Ereignissen bewegen. Wie die Realismuseffekte und die Emotionssteuerung zusammenspielen, wird im Folgenden am Beispiel von *Crashing Aeroplanes – Fasten your seat belts* gezeigt, einem Originaltonhörspiel von Andreas Ammer, Autor und Journalist, sowie FM Einheit, Komponist und Musiker. *Crashing Aeroplanes* rekonstruiert mehrere Flugzeugabstürze mithilfe der Aufnahmen des Voicerekorders im Cockpit, der die letzten 30 Minuten eines Flugzeugabsturzes aufzeichnet. Neben den Originalaufnahmen aus dem Cockpit nutzen Ammer und Einheit Berichte von Journalisten und Augenzeugen, Musik und eingesprochene Töne. Da das Hörspiel also dokumentarische (oder zumindest dokumentarisch intendierte) und fiktionale Elemente vereint, drängt sich die Frage nach dem künstlerischen Umgang mit Originaltönen geradezu auf.

Vorweg ist anzumerken, dass von *Realität* und *Fiktionalität* hier als graduellen Begriffen die Rede ist, und zwar im Sinne von *stärker am Pol Realität orientiert* bzw. *stärker am Pol Fiktionalität orientiert.* Denn fest steht, dass sowohl Original- als auch Studioaufnahmen durch ihre Einbindung in das Hörspiel künstlerisch bearbeitet werden, sodass man es auch bei den *Realität* evozierenden Elementen mit Fiktionalisierungen zu tun hat.

Im Folgenden sollen daher vor allem die Übergänge zwischen Fiktion und Authentizität untersucht und es soll gefragt werden, inwiefern eine künstlerische Produktion zur Anteilnahme an einem realen Ereignis bewegen kann und wie Emotionen im Medium Hörspiel durch die Mischung von eher dokumentarisch-realistischen und eher fiktionalen Elementen ausgelöst werden können. Denn dass vor allem die akustische Gestaltung zur Entfaltung von Empathie beitragen kann, hat bereits Aristoteles in seiner *Poetik* beschrieben, in der es heißt, dass »die Handlung [...] so zusammengefügt sein« muss, »daß jemand, der nur hört und nicht auch sieht, wie die Geschehnisse sich vollziehen, bei den Vorfällen Schaudern und Jammern empfindet.«[1] Die akustische Gestaltung eines Inhalts ist also maßgeblich an der Wahrnehmung einer medialen Inszenierung beteiligt. Die Wahrnehmung von Personen, Objekten und Räumen wird meist unbewusst von akustischen Reizen gelenkt.[2]

Die Produktion von *Crashing Aeroplanes – Fasten your seat belts* ist ein europäisches Gemeinschaftsprojekt. Es handelt sich um eine Auftragsproduktion für die European Broadcast Union mit dem Ziel, in ganz Europa verständlich zu sein.[3] Am 18. Juni 2001 wurde es im Dritten Programm des Westdeutschen Rundfunks (WDR) in einer Gesamtlänge von 50:44 Minuten urgesendet. In *Crashing Aeroplanes* werden Originaltöne in etwa 26 Sprachen verwendet. Das Werk sollte für ein internationales Publikum verständlich sein. Mehrsprachigkeit gilt als generelles Arbeitsprinzip der Hörspiele von Ammer und Einheit.[4]

Um die verschiedenen Elemente zu verbinden, nutzen die Autoren das Montageverfahren. Sie fügen Originaltöne und Studioaufnahmen zu einem Hörspiel zusammen und produzieren somit Collagen aus Originaltönen. Montage bedeutet ursprünglich, »einfach etwas in Verbindung bringen«.[5] Seit dem 19. Jahrhundert bezeichnet der Begriff den Auf- oder Zusammenbau einer Maschine oder eines Maschinensystems. Es handelt sich also um eine industrielle Verfahrensweise, innerhalb derer Teileinheiten zu einem Ganzen zusammengefügt werden. Heute besitzt der Begriff »Montage« eine Vielfalt von Bedeutungsnuancen. Diese entspringen vor allem seinen unterschiedlichen Verwendungsarten in der modernen Ästhetik, so wird die Montage als Verfahrensweise in Fotografie, Malerei, Literatur, Musik, Theater und Hörspiel verwendet.[6]

Nach Antje Vowinckel kann ein Originaltonhörspiel verstanden werden als »ein Hörspiel, in dem die Tonbandaufzeichnung akustischer Materialien der schriftlichen Notierung vorausgeht«[7]. Allerdings müsste ergänzt werden, dass

1 | Aristoteles: Poetik. Griechisch/Deutsch. Übers. v. Manfred Fuhrmann. Stuttgart 2008, S. 41-43.

2 | Vgl. Kathrin Fahlenbrach: Audiovisuelle Metaphern und Emotionen im Sounddesign. In: Anna Bartsch/Jens Eder/dies. (Hg.): Audiovisuelle Emotionen. Emotionsdarstellung und Emotionsvermittlung durch audiovisuelle Medienangebote. Köln 2007, S. 330.

3 | Vgl. Hans-Jürgen Krug: Kleine Geschichte des Hörspiels. Konstanz 2008, S. 157.

4 | Vgl. Sabine Sölbeck: Die Geschichte des modernen Hörspiels. Das Hörspiel im Wandel der Zeit. Norderstedt 2011, S. 131.

5 | Vgl. Ralf Schnell: Medienästhetik. Zu Geschichte und Theorie audiovisueller Wahrnehmungsformen. Stuttgart/Weimar 2000, S. 51.

6 | Vgl. ebd., S. 51 f.

7 | WDR-Programm-Heft 2 (1972), S. 72, zit. n. Antje Vowinckel: Collagen im Hörspiel. Die Entwicklung einer radiophonen Kunst. Würzburg 1995 (Epistemata. Würzburger wissenschaftliche Schriften. Reihe Literaturwissenschaft 146), S. 199.

diese akustischen Materialien auch auf schriftlichen Vorlagen beruhen können, die dann in akustisches Material überführt werden.[8]

Innerhalb der journalistischen Berichterstattung dokumentieren Originaltöne reale Ereignisse und evozieren somit Authentizitätseffekte. In der Dokumentation oder Reportage soll der Originalton zumeist eine Meinung explizieren oder einen realen Sachverhalt verdeutlichen. Im Hörspiel ist das anders. Der Originalton entsteht im Normalfall nicht im Rahmen der Kunstproduktion und hat somit immer schon einen herausgehobenen Stellenwert. So kann er dazu dienen, bewusst Brüche herzustellen, inhaltliche Kontrapunkte zu setzen oder Aussagen und Fragmente in einen anderen – beispielsweise ironischen – Kontext zu setzen.[9]

Die Artifizialität der Stimmen entsteht erst später über die nachträgliche Weiterverwendung. Laut Pinto ist in *Crashing Aeroplanes* »v. a. die Fiktionalisierung nichtfiktionaler Stimmen prominent«.[10] Hirschenhuber bezeichnet diese Verfahrensweise als »Quasi Authentizität«, die mit dramaturgischen Mitteln erreicht wird.[11] Da der O-Ton selbst vor dem Kontext entsteht, ist er innerhalb des Hörspiels schließlich immer manipulierbar und höchstens scheinbar authentisch.[12] Er verliert seinen authentischen Status, da er entweder mit Musik oder mit narrativen Elementen kombiniert und somit aus seinem ursprünglichen Zusammenhang gerissen wird. Indem der O-Ton also in einen neuen Kontext überführt wird, wird er automatisch fiktionalisiert.[13]

Koethen allerdings sieht gerade in dieser Fiktionalisierung über die Verortung von ursprünglichem Material innerhalb eines Kunstwerks einen Weg zur Erzeugung von Authentizität. Für sie ist Authentizität immer nur zwischen Material und Konstruktion aufzufinden bzw. im Verhältnis der Komponenten zueinander. Die Untersuchung der Konstruktivität des Authentischen steht demnach also immer in enger Verbindung zu ihrer Materialität. Nach Koethen bedeutet der Anspruch auf Authentizität somit auch, dass der Künstler die Wirklichkeit des Materials ernst nimmt und die künstlerischen Konstruktionen an Erfahrungsräume rückgekoppelt werden.[14] Genau dieser hier beschriebene Umgang mit Originaltönen spielt in den Hörspielen von Ammer und Einheit

8 | Vgl. ebd., S. 199.

9 | Vgl. Vito Pinto: Stimmen auf der Spur. Zur technischen Realisierung der Stimme in Theater, Hörspiel und Film. Bielefeld 2012, S. 253.

10 | Vgl. Pinto: Stimmen auf der Spur, S. 259.

11 | Heinz Hirschenhuber: Gesellschaftsbilder im deutschsprachigen Hörspiel seit 1968. Wien 1985 (Diss. Univ. Wien 170), S. 288.

12 | Vgl. Pinto: Stimmen auf der Spur, S. 253 f.

13 | Vgl. ebd., S. 254.

14 | Vgl. Eva Koethen: Der künstlerische Raum. Zwischen Echtheitsanspruch und Stimmigkeit der Erfahrung. In: Wolfgang Funk/Lucia Krämer (Hg.): Fiktionen von Wirklichkeit. Authentizität zwischen Materialität und Konstruktion. Bielefeld 2011, S. 127.

eine besondere Rolle. Ammer beschreibt den Cockpit-Voicerekorder als idealen Hörspielapparat:

Wenn man diese drei Grundvoraussetzungen des idealen Hörspiels addiert, gibt es eigentlich nur einen einzigen Apparat, der diese Voraussetzungen idealtypisch in sich vereint. Der Cockpit Voice Recorder von Flugzeugen, der die letzten Minuten vor dem Absturz einer Maschine aufzeichnet. Seine Aufzeichnungen existieren nur als akustisches Ereignis. Er handelt vom Tod, und er ist der Inbegriff eines Mediums – eine kleine zeitliche Prothese, die die Stimme der Piloten überleben lässt, wenn sie schon längst gestorben sind.

Der Cockpit Voice Recorder, eigentlich nur eine leicht perverse Erfindung von neugierigen Ingenieuren, lässt uns akustisch an einem Ereignis teilnehmen, das wir nicht überlebt hätten, wenn wir dabei gewesen wären. Ingenieure beweisen mit ihm ihre Unschuld (nicht das Flugzeug ist schuld, sondern die Piloten), Fernsehsender befriedigen voyeuristisches Interesse, wenn sie ihre Computersimulationen von Flugzeugabstürzen mit den Geräuschen aus dem Voice Recorder unterlegen. Juristen führen mit seinem Material Prozesse in Millionenhöhe.

Nur künstlerisch war dieser Apparat ungenutzt. Dabei gibt er die Chance, an Heiliges zu rühren. Er lässt uns einen Blick an den Rand des Todes werfen. Der Cockpit Voice Recorder ist der ideale Hörspielautor: Er ist authentisch wie eine Live-Reportage, beschränkt sich – wie die Hitparade – auf die intensivsten Momente, und er handelt ausschließlich vom Tod (wie jede gute Oper). Der Cockpit Voice Recorder ist zugleich ein Sieg der Technik über den Tod.[15]

Crashing Aeroplanes thematisiert die Herkunft der O-Töne explizit. In der einleitenden Sequenz *Check in Ikarus* heißt es:

m²: Der Cockpit Voice-Recorder befindet sich an Bord jedes Flugzeuges.

[...]

m²: Der Cockpit Voice-Recorder nimmt die Stimmen der Crew sowie andere Geräusche innerhalb des Cockpits auf.

[...]

m²: Der Cockpit Voice-Recorder besteht aus einem 30minütigen Endlosband, das die jeweils letzten 30 Minuten im Cockpit aufzeichnet.

[...]

m²: Der Cockpit Voice-Recorder übersteht – anders als die Piloten – jeden Flugzeugabsturz.[16]

15 | Andreas Ammer: Der Luxus der Intensität. Dankesrede zur Verleihung des 51. Hörspielpreises der Kriegsblinden am 10. Juni 2002 an Andreas Ammer und FM Einheit. In: www.br.de/radio/bayern2/sendungen/hoerspiel-und-medienkunst/hoerspiel preis-der-kriegsblinden-1995-dankesrede-andreas-ammer-100.html.

16 | Andreas Ammer/FM Einheit: Crashing Aeroplanes. Fasten your seat belts. Hörspielmanuskript. Archiv des Westdeutschen Rundfunks, Archivnummer: 6057044101, S. 4.

Auch im weiteren Verlauf des Hörspiels wird der Cockpit-Voicerekorder als Medium beschrieben. In der Sequenz *JAL 123 am Mount Osutaka* heißt es:

F: Es ist 18 Uhr 56 und 30 Sekunden. Der Cockpit Voice-Recorder wird noch zwei Sekunden arbeiten.[17]

Pinto hat sich in Bezug auf *Crashing Aeroplanes* vor allem mit der Frage auseinandergesetzt, inwiefern die realen Stimmen – die Originaltöne – im Vergleich mit denen der Schauspielerinnen und Schauspieler auf die Rezipientinnen und Rezipienten wirken.[18] Als Fokus seiner Analyse wählt er die Sequenz *JAL 123 at Mount Osutaka* aus. Diese Sequenz umfasst die Kombination aus japanischen Sicherheitshinweisen in Flugzeugen, den Originaltönen der Piloten und dessen nachgesprochenen und übersetzten Dialogen sowie die Stimme Rica Blucks, die die Fakten des Absturzes begleitend hinzufügt. Dabei wird in *JAL 123 at Mount Osutaka* hauptsächlich mit starken Kontrasten gearbeitet. Die Bandaufnahmen der Sicherheitshinweise und die distanzierten Übersetzungen stehen in hartem Gegensatz zu den realen Stimmen der Piloten.

Die Sequenz beginnt mit einer Collage aus japanischen Sicherheitshinweisen und japanischen Flughafengeräuschen, die Pinto als »amüsant und gewissermaßen vertraut« wahrnimmt.[19] Sölbeck ordnet eben dieser Collage die Aufgabe zu, »eine Pause zu machen und dem Chor Gehör zu verschaffen«.[20] Darauf folgt ein Dialog, der die CVR-Aufzeichnungen in Form eines Dialogs zwischen dem Piloten (m1/Martin Wuttke) und dem Kopiloten (m2/Michael Tregor) übersetzt. Pinto beschreibt, dass beide Elemente zu diesem Zeitpunkt noch als fiktional angesehen werden können: »Die Stimmen vom Band einerseits thematisieren die potenzielle Möglichkeit eines Flugzeugabsturzes. Die Schauspieler andererseits sprechen zwar einen Dialog nach, der sich *real* ereignet hat, die gesprochenen Worte wären jedoch auch im Rahmen einer rein fiktionalen Narration denkbar«.[21] Demnach würde im Laufe des Hörspiels deutlich, dass es sich eben nicht um eine reine Fiktion handele, sondern dass die Dialoge in eine »semi-dokumentarische[] Erzählung«[22] eingebettet seien. Pinto versteht den Dialog zwischen den Piloten also durchaus als dokumentarisch und sieht das narrative Element lediglich in der faktenbringenden, unpathetischen Frauenstimme (F/Rica Blunck).[23] Die Fiktionalisierung, die den Stimmen der Piloten einerseits durch die Anordnung der Collage und die songartige Ver-

17 | Ebd., S. 22.

18 | Vgl. Pinto: Stimmen auf der Spur, S. 260.

19 | Vgl. ebd.

20 | Sölbeck: Die Geschichte des modernen Hörspiels, S. 132.

21 | Pinto: Stimmen auf der Spur, S. 260.

22 | Ebd., S. 261.

23 | Vgl. ebd.

knüpfung mit dem Musikbett widerfährt, sich andererseits in der auffälligen Nüchternheit der Stimmen niederschlägt, lässt er außer Acht.

Eine so klare Differenzierung zwischen fiktionalen und nichtfiktionalen Elementen kann in der Rezeptionssituation nicht getroffen werden. Vielmehr – so müsste man sagen – fiktionalisieren sich die einzelnen Elemente gegenseitig, indem sie sich kontrastieren. Die Nüchternheit der nachgesprochenen Dialoge ermöglicht den Rezipientinnen und Rezipienten eine Distanz zum Gehörten. Umso stärker sehen sie sich allerdings mit der ›Echtheit‹ der Originalaufnahmen konfrontiert, die gegen Ende der Sequenz für etwa eine Minute freistehen, nicht mehr übersetzt, sondern lediglich durch die Frauenstimme den Geschehnissen zugeordnet werden. Das Aufprallen wird von ihr (als tendenziell fiktionales, hinzugefügtes Element) angekündigt und unmittelbar danach (als quasidokumentarisches Element) hörbar:

F: Es ist 18 Uhr 56. Das Flugzeug schlägt auf einen Bergkamm auf ... und fliegt weiter.

Crash

F: 3 Sekunden noch bis zum nächsten Bergkamm Mount Osutaka. Höhe 1 500 Meter.

Crash

F: Es ist 18 Uhr 56 und 30 Sekunden. Der Cockpit Voice-Recorder wird noch 2 Sekunden arbeiten. 420 von 424 Passagieren sind tot.
Bei ihnen finden sich Abschiedsbriefe.
In Reihe 54 gibt es 4 Überlebende
Eine Stewardess, ein Junge,
ein Mädchen und ihre Mutter.
Sie wurden 15 Stunden später
von eintreffenden Rettungsmannschaften geborgen.[24]

So endet die Sequenz. Die weibliche Stimme wird laut Hörspielmanuskript »via Sprechfunk« eingeblendet, ist technisch stark verzerrt und wirkt mechanisch. Gepaart mit der Nüchternheit ihrer Sprechweise, steht sie im deutlichen Gegensatz zu den verzweifelten Schreien der Piloten.

Die Zurückgenommenheit der Sprecherinnen und Sprecher, die auf die Rezipientinnen und Rezipienten im ersten Moment vielleicht unangemessen wirkt, schafft erst den Raum für die Aufmerksamkeit der Hörerinnen und Hörer. Pinto geht davon aus, dass die Stimmen, die die übersetzten Dialoge nachsprechen, so hauptsächlich als Medien fungieren, »sie lenken die Aufmerksam-

24 | Ammer/Einheit: Crashing Aeroplanes, S. 22.

keit nicht auf die Materialität, sondern versuchen im meist zurückgenommenen Ton, dem Zuhörer das Gesagte, das *Was* zu vergegenwärtigen«[25].

Ein wichtiger Punkt innerhalb der Ästhetik in den Werken Ammers und Einheits ist, dass ihre Werke konstruiert, geformt und geordnet sind. So folgen die Collagen in *Crashing Aeroplanes* nicht nur bestimmten Mustern, sondern sind sogar songartig angeordnet und in Strophen und Refrains aufgeteilt. Nach Schweppenhäuser bewegt sich alles Seiende auf einer imaginären Bandbreite von Geformtheit. Auf dieser Skala stünde an dem einen Endpunkt die Formlosigkeit – also das Chaos – und an dem anderen Endpunkt die Wohlgeformtheit – also die Schönheit.[26] Durch die Konfrontation wohlgeformter musikalischer Klänge und distanziert eingesprochener Übersetzungen – wie in *Japan Airlines 123 am Mount Osutaka* – mit (scheinbar) chaotischen Originalaufnahmen entstehen in den Werken Ammers und Einheits harte Brüche, die die Konsumierbarkeit des Stücks unterbrechen und bei den Rezipientinnen und Rezipienten Reaktionen wie Erschrecken und Schock auslösen. Die Originaltöne liegen deshalb außerhalb der Form, weil Form und Funktion zwar immer in Zusammenhang mit natürlichen Gesetzmäßigkeiten stehen, aber eben keine Naturgegebenheiten sind, denn »Entwerfen, Konstruieren und Gestalten sind kulturelle Tätigkeiten«.[27]

Wenn in *Japan Airlines 123 am Mount Osutaka* der nachgesprochene Dialog von den Originalaufnahmen des Absturzes abgelöst wird, wird dies von den Hörerinnen und Hörern als »Einbruch des Realen in die Fiktion« wahrgenommen.[28] So wird hier ein Montageverfahren verwendet, welches innerhalb der Kunst meistens das Ziel birgt, die Konsistenz und die Kontinuität eines Werks zu zerschlagen.[29] Sölbeck sieht in eben diesem Prozess die schockierende Wirkung des Hörstücks. So beschreibt sie die 8. Sequenz *E1 A1 1862 über Amsterdam* als einen »dramatischen Höhepunkt« innerhalb des Werks: »Der Moment des Absturzes wird kühl erzählt, der O-Ton bis zum Crash ausgehalten. Die Nähe zur Angst der Piloten ist kaum auszuhalten. Schockierend die konterkarierenden kühlen Stimmen.«[30]

Diese Kontrastierung wird innerhalb von *Crashing Aeroplanes* allerdings nicht nur auf dem Weg der Gegenüberstellung von Originalaufnahmen und nüchternen Übersetzungen und Informationen erzeugt. Zugleich erfolgt eine inhaltliche Kontrastierung, die die anscheinend nüchternen Beschreibungen des Unglücks durch private Informationen über die Passagiere aufbricht:

25 | Pinto: Stimmen auf der Spur, S. 262.

26 | Vgl. Gerd Schweppenhäuser: Ästhetik. Philosophische Grundlagen und Schlüsselbegriffe. Frankfurt am Main 2007, S. 229.

27 | Ebd., S. 231.

28 | Vgl. Pinto: Stimmen auf der Spur, S. 263.

29 | Vgl. Schnell: Medienästhetik, S. 52.

30 | Sölbeck: Die Geschichte des modernen Hörspiels, S. 139 f.

F: London Heathrow 21.12., 17 Uhr, Terminal 3, Pan American Airways teilt seinen Fluggästen mit: Flug 103 nach JFK wird eine halbe Stunde Verspätung haben.
M2: Gwyneth Yvonne O. fliegt mit ihrer Tochter Bryony Elise.
F: 20 Monate alt.
M2: Sergeant Edgar E. fliegt zu seiner Mutter.
F: Sie liegt im Sterben.
M2: Gwyneth Yvonne ist im 4. Monat schwanger.
F: Schon wieder.
M2: Sie will nach Boston.
F: Schon wieder ein neuer Freund.[31]

Sölbeck beschreibt diese Kontrastierung als dramatische Steigerung. Die Distanz zu den Passagieren des Flugzeugs würde in dieser Szene völlig aufgehoben, »aus den abstrakten Körpern von Unbekannten werden Menschen mit einer Geschichte, Menschen wie du und ich«.[32]

Die Zielsetzung von *Crashing Aeroplanes* ist nach Sölbeck die eines »idealen Hörspiels«: »[D]as Werk muss den Hörer (nach Definition Ammers) packen, möglichst nah an die letzten Dinge, an die heiligen Bereiche des Lebens sowie des Todes dringen«.[33]

Ammer und Einheit haben die Originaltöne der Black Boxes und die nachgesprochenen Texte der Originaltonpassagen »kompromisslos und schockartig« miteinander konfrontiert. Nach Pinto zwingt die »somit generierte spezifische Wirksamkeit durch die jeweiligen Stimmen den Zuhörer geradezu, sich dazu zu positionieren und ›Anteil‹ zu nehmen«.[34] Diesen Erfahrungsprozess der Anteilnahme an Ereignissen über eine künstlerische Aufarbeitung beschreibt Jacob Burckhardt bereits in der zweiten Hälfte des 19. Jahrhunderts. Er weist darauf hin, dass sich in Kunstwerken häufig mehr Wahrhaftiges finden ließe als in historischen Ereignissen. Kunstwerke böten »die unvergleichliche Möglichkeit, direkt zu erfahren, was damals gewesen sei, indem sie durch Anschauung unsere Teilnahme weckten, sei es durch Affinität oder Kontrastierung«.[35] Es entstehen also Rekonstruktionen von Realem, die allerdings nicht mit Ursprüngen gleichzusetzen sind. Vielmehr geht es darum, »in Spuren, Rudimenten und Erinnerungen veränderte Konstellationen zu erschaffen«:[36] Hier wird eine Differenzierung von Authentizität und Wirklichkeit notwendig. Die Wirklichkeit entsteht nach Koethen in dem Zwischenspiel von authentischem Material

31 | Ammer/Einheit: Crashing Aeroplanes, S. 24.
32 | Sölbeck: Die Geschichte des modernen Hörspiels, S. 141.
33 | Ebd., S. 127.
34 | Pinto: Stimmen auf der Spur, S. 256.
35 | Koethen: Der künstlerische Raum, S. 129.
36 | Ebd., S. 127 f.

und künstlerischer Konstruktion.[37] Ammer selbst beschreibt diese Kraft seines Werks auf der Verleihung des Hörspielpreises der Kriegsblinden. Er thematisiert die Anschläge auf das World Trade Center:

> Mit dem Satz »Es gibt Momente, in denen die Kunst den realen Schrecken der Welt nicht mehr standhalten kann«, haben wir damals das Erscheinen der CD um vier Monate verschoben. Heute wissen wir, dass unsere spontane Pietät ein Fehler war. Wir wussten es in dem Moment, als wir zwei oder drei Tage nach dem 11. September eine Radiosendung hörten, in der der DJ sich weigerte, nach einer solchen Katastrophe seine normale Musiksendung zu machen, sondern stattdessen seine Sendung mit unserer Produktion Crashing Aeroplanes füllte. Weil man mit ihr – wie es eigentlich Aufgabe der Kunst ist – dem realen Schrecken näher kam als mit all den glatten, perversen und nur scheinbar authentischen Fernsehbildern.[38]

Durch eben dieses direkte Erfahren eines Kunstwerks wird nach Burckhardt eine lebendige Konfrontation mit einem realen Ereignis möglich. Diese konstruierte Wirklichkeit stellt die Flugzeugabstürze in *Crashing Aeroplanes* zwar authentisch dar, Ammer und Einheit dämonisieren sie aber nicht, sondern entlocken ihnen »eine spezifische Sprache, einen spezifischen Rhythmus«.[39]

Das Wort *ästhetisch* steht in unserer Alltagssprache für die äußere Erscheinung von etwas, für das *Schöne*.[40] Eben diese von Schweppenhäuser benannte »sinnlich angenehme Form« ist als Definition für die Ästhetik der Hörspiele Ammers und Einheits von besonderer Bedeutung, denn »sinnlich angenehm« bedeutet auch, dass etwas einen unkomplizierten Zugang bietet und somit leicht konsumierbar ist. Mit dieser Konsumierbarkeit spielen Ammer und Einheit, indem sie musikalische und popkulturelle Elemente in ihre Hörspiele einbringen und sie somit für die Hörerinnen und Hörer auf der rein akustischen Ebene zugänglich machen.

Nach Schweppenhäuser sind ästhetische Erfahrungen dann möglich, wenn Objekte unserer Anschauung eine ästhetische Funktion haben. Diese ästhetische Funktion besteht schlicht darin, dass die Form einer Aussage, einer Mitteilung oder einer gestalteten Präsentation im Vordergrund steht und nicht ihr Inhalt.[41]

Laut Hickethier spielen Emotionen innerhalb der Unterhaltungsmedien deshalb eine so große Rolle, weil eine Bindung der Emotionen an die Medien erfolgen sollte und diese so in den Privatbereich abgeschoben und der Öffentlichkeit entzogen werden konnten. »Der enorme gestalterische Aufwand in der In-

---

37 | Vgl. ebd., S. 128.

38 | Zit. n. Krug: Kleine Geschichte des Hörspiels, S. 157.

39 | Sölbeck: Die Geschichte des modernen Hörspiels, S. 128.

40 | Vgl. Schweppenhäuser: Ästhetik, S. 10.

41 | Vgl. ebd., S. 33.

szenierung von Emotionen dient dazu, sie zu medialen Ereignissen zu machen und sie darauf zu konzentrieren, damit auch deren Konsum zu befristen.«[42]

Diese Auslagerung der Emotion ist ein Phänomen, das Ammer und Einheit in ihren Hörspielen zunehmend aufbrechen. Insbesondere in *Crashing Aeroplanes* werden nachrichtenähnliche Elemente verwendet, die in ihrer überspannten Darstellung polemisch und schockierend wirken. Das Musikbett, das die einzelnen Sequenzen begleitet, sorgt dafür, dass die letzten Minuten im Leben der Passagiere und die letzten Worte der Piloten akustisch zugänglich gemacht und in gewisser Weise ästhetisiert werden. Der Bruch zwischen dem inhaltlichen Schrecken und der äußeren Ästhetik emotionalisiert die Hörerinnen und Hörer, sodass eine Ästhetisierung des Schreckens als unangebracht empfunden wird. Das ist insofern ein interessanter Effekt, als dass Ammer und Einheit hier mit den Mitteln von Radiosendern arbeiten. Nachrichten werden musikalisch unterlegt und so konsumierbar gemacht. Eine andere Anspielung auf die mediale Verbreitung von Schreckensnachrichten ist die fortwährende Wiederholung einzelner Schlagworte oder Bilder, die in den audiovisuellen Nachrichten gezeigt werden. Ammer und Einheit wiederholen den Schrecken bis zur Unerträglichkeit und schaffen es somit, den Rezipientinnen und Rezipienten eine Empathie für das Gehörte und eine weitaus größere Emotionalisierung für die realen Ereignisse abzugewinnen, als eine authentische Berichterstattung es je könnte. Sie kritisieren die mediale Aufarbeitung von Schreckensnachrichten also mit der überspitzten Nutzung ihrer eigenen Mittel und schaffen es somit, die Abgestumpftheit der Rezipientinnen und Rezipienten zu durchbrechen. Mit der Artifizierung und Fiktionalisierung realer Begebenheiten schaffen sie somit ein Stück emotionale Authentizität, die den Rezipientinnen und Rezipienten sonst verborgen bleibt.

Ammer und Einheit stellen die Flugzeugabstürze in *Crashing Aeroplanes* zwar authentisch dar, dämonisieren sie aber nicht, sondern entlocken ihnen »eine spezifische Sprache, einen spezifischen Rhythmus«.[43]

In der Begründung der Jury heißt es:

> Das Stück thematisiert ein Phänomen, das so kühn wie alltäglich, so mythisch wie technisch beherrschbar ist und bei dem dennoch eintretendes technisches Versagen als extrem katastrophal, bedrohlich und wie eine Strafe für Hybris erlebt wird. Die Autoren erliegen aber nicht der Versuchung, Fliegen, Flugangst und Abstürze zu dämonisieren, sondern beziehen sich eher auf das Serielle, das Strukturelle von Flugzeugabstürzen, deren Hergang und Gründe immer dem Cockpit Voice Recorder zu entnehmen versucht wird.[44]

---

42 | Knut Hickethier: Die kulturelle Bedeutung medialer Emotionserzeugung. In: Bartsch/Eder/Fahlenbrach: Audiovisuelle Emotionen, S. 114.

43 | Sölbeck: Die Geschichte des modernen Hörspiels, S. 128.

44 | Zit. n. Sölbeck: Die Geschichte des modernen Hörspiels, S. 129.

Bezüglich des Ikarus-Mythos gibt es eine auffällige Diskrepanz: Während die Literatur häufig auf ihn verweist, wird er in einschlägigen Lexika meistens nicht als eigenständiger Mythos aufgeführt, sondern unter »Dädalus« verzeichnet.[45] Die Einbettung des Stücks in den Ikarus-Mythos lässt die Flugzeugabstürze als eine Strafe für Hybris erscheinen. Interessant ist, dass Ovid für den Ikarus-Mythos zwei konkurrierende Versionen liefert. Indem er den Mythos innerhalb seiner *Metamorphosen* in eine Rahmenhandlung einbettet, scheint sich die Schuldfrage zu verlagern. Während in der *Ars amatoria* die Schuld für den Absturz allein auf Ikarus lastet, der aus Übermut zu nah an die Sonne flog, findet in den Metamorphosen insofern ein Ausgleich statt, als dass Dädalus zuvor seinen Neffen aus Neid von der Akropolis stieß.[46] Bei Ammer und Einheit wird der Ikarus-Mythos in lateinischer Sprache in eine Collage mit Flughafengeräuschen und der Erläuterung zur Funktion des Cockpit-Voicerekorders eingebettet.

Fahlenbrach beschreibt, dass die körperlichen Wirkungsmechanismen emotionaler Metaphern in audiovisuellen Medien noch deutlicher zum Vorschein kommen als in der Sprache. Dies funktioniert u. a., »indem sie kognitive und emotionale Metaphern formal-ästhetisch in Szene setzen und den diesen zugrunde liegenden Konzepten und ihrer körperlichen Tiefensemantik eine audiovisuelle bzw. sensorische Gestalt geben, die auch physisch erlebt werden kann.«[47]

Dass die Werke Ammers und Einheits auf ihre Rezipientinnen und Rezipienten häufig sehr emotionalisierend und ergreifend wirken, liegt unter anderem daran, dass Hören und Zuhören zentripetale Prozesse sind: »wenn wir uns dem Hörsinn hingeben [...], so scheinen die Schallwellen direkt in unseren Körper einzudringen«.[48] Das bedeutet, dass wir uns als Zentrum der Gehörten wahrnehmen. Das kann infolgedessen so weit führen, dass wir beim Hören von Musik teilweise gar nicht mehr zwischen uns als Subjekten der Wahrnehmung und der Musik als wahrgenommenem Objekt differenzieren können.[49] Eben deshalb erleben die Rezipientinnen und Rezipienten von *Crashing Aeroplanes* die Abstürze so intensiv und sind sehr viel betroffener, als wenn sie beispielsweise eine filmische Auseinandersetzung mit Originalbildern sähen. Der Sehsinn ist schließlich ein Distanzsinn, während der Hörsinn ein involvierender Sinn ist, sodass beim Zuhören immer eine Identifikation mit dem Gehörten

45 | Vgl. Anke Detken: Fliegen ist schwer. In: Ulrich Raulff (Hg.): Jahrbuch der Deutschen Schillergesellschaft. Bd. LI (2007), S. 341.

46 | Vgl. ebd., S. 342.

47 | Vgl. Fahlenbrach: Audiovisuelle Metaphern und Emotionen im Sounddesign, S. 330.

48 | Ursula Brandstätter: Grundfragen der Ästhetik. Bild – Musik – Sprache – Körper. Köln 2008, S. 136.

49 | Vgl. ebd.

stattfindet.[50] Teilweise überschneidet sich diese Wirkung mit der Idee des Immateriellen im Hörspiel, die vor allem auf Kolb und Schwitzke zurückgeht. Nach Bachmann findet eine Übertragung in die Seele statt und das gesprochene Wort im Hörspiel wird einer Eingebung der Hörerinnen und Hörer gleich.[51] Diese Identifikation führt zu einer intensiven Beziehung zwischen hörendem Subjekt und gehörtem Objekt, sodass sich die Grenzen zwischen Objekt und Subjekt aufzulösen scheinen.[52]

Die Experimente von Friedrich Knilli unterstreichen diese Emotionsgenerierung über den Hörsinn. Knilli hat Hörspiele Versuchsgruppen vorgespielt und diese danach über die Inhalte befragt. Unmittelbar nach dem Hören standen bei den Rezipientinnen und Rezipienten Gefühlszustände im Vordergrund, Inhalte wurden im Vergleich sehr viel weniger erinnert.[53] Teilweise wurden sogar ausschließlich emotionale Aspekte, wie eine »durchgehende Stimmung« oder ein »Grundgefühl«, erinnert.[54] Mit ihrer Komposition aus Originalaufnahmen und musikalischen Elementen erzielen die Hörspiele von Ammer und Einheit einen emotionalen Eindruck bei den Hörerinnen und Hörern, der auch losgelöst vom Inhalt erreicht wird.

Hickethier beschreibt, wie die Medien zunehmend generationsprägende Emotionsangebote erzeugten. Auch erklärt er, dass im Rahmen dieser abrufbaren Emotionserzeugung vor allem Musik eine große Rolle spielt:[55] Musik und Geräusche nehmen in *Crashing Aeroplanes* einen zentralen Stellenwert ein und werden kaum durch Pausen unterbrochen. Somit ist das Stück auf akustischer Ebene als Gesamtkomposition zu werten. In der Begründung der Jury des Hörspielpreises der Kriegsblinden heißt es:

> Die anonymen und dennoch menschlich so bewegenden Stimmen der Piloten zusammen mit anderen Originaltönen, von Routine-Aussagen bis zu technischen Geräuschen, werden von den Autoren zu einer so episodischen wie musikalischen Komposition verwoben: *Crashing Aeroplanes* ist einerseits ein Dokumentar- und Originaltonhörspiel, andererseits aber zugleich eine fast musikalisch zu nennende Komposition, die Tonmaterial verschiedenster Herkunft zu einem technoiden Oratorium kombiniert.[56]

50 | Vgl. ebd.

51 | Vgl. Michael Bachmann: Ein Aufnahmezustand. Klang/Körper und Ideologiekritik im Neuen Hörspiel. In: Friedmann Kreuder/Michael Bachmann (Hg.): Politik mit dem eigenen Körper. Performative Praktiken in Theater, Medien und Alltagskultur seit 1968. Bielefeld 2009 (Theater 14), S. 201.

52 | Vgl. Brandstätter: Grundfragen der Ästhetik, S. 137.

53 | Vgl. Friedrich Knilli: Das Hörspiel in der Vorstellung der Hörer. Selbstbeobachtungen. Frankfurt am Main 2009, S. 38.

54 | Vgl. ebd., S. 41.

55 | Hickethier: Die kulturelle Bedeutung medialer Emotionserzeugung, S. 115.

56 | Zit. n. Sölbeck: Die Geschichte des modernen Hörspiels, S. 129.

Die rhythmische Musik in *Crashing Aeroplanes* könnte nach Sölbeck »technoider Pop genannt werden, weil sie Elemente von Pop, Techno und Ambient Music aufgreift«.[57] Anhand dieser Beschreibung wird deutlich, dass Musik, Geräusche, aber auch Sprache innerhalb der Hörspiele auf eine Soundebene reduziert werden. »Die Geräusche werden teilweise stark verfremdet und als Sound benutzt, d.h. die Wiederholung eines gesampelten O-Tons erhält eine Rhythmisierung, die zu einer Abkopplung vom Inhalt führt.«[58] Nach Kapfer traten Pop und Avantgarde im Neuen Hörspiel gleichzeitig auf und veränderten das deutsche Hörspiel nachhaltig.[59] Bachmann sieht es als einen wichtigen Aspekt des Neuen Hörspiels an, dass es gerade die materielle Seite und den Klang von Wörtern sowie das »Handeln« der Sprache selbst in den Vordergrund rückt: »Die eigene Wirklichkeit – die Materialität – des Sprachkörpers wird gegenüber einer zu bedeutenden Wirklichkeit aufgewertet.«[60] Nach Vowinckel allerdings findet sich diese Art des Umgangs mit Sprache vorwiegend in Originaltonhörspielen aus Umweltklängen. Da der Klangaspekt innerhalb dieser Stücke im Vordergrund steht, werden auch die sprachlichen Elemente häufig auf ihren Geräuschcharakter reduziert. Hintergrund dieses Verfahrens ist die Idee, dass alle Klänge gleichberechtigt behandelt werden.[61]

Wichtig ist es auch, dass in *Crashing Aeroplanes* viele der Geräusche für die Hörerinnen und Hörer nicht identifizierbar sind oder eingeordnet werden können. Das Hörspiel beginnt mit dem Rauschen eines abstürzenden Flugzeugs. Nach Sölbeck suggeriere dieser Einstieg Authentizität und es entstehe eine ›beunruhigende‹ Atmosphäre: »Hektische Stimmen rufen in Gefahr und Angst. Der rasante Einstieg sichert Aufmerksamkeit und Spannung des Hörers«.[62] Diese Einschätzung Sölbecks ist insofern nicht nachvollziehbar, als dass sie in ihrem Werk selbst angibt, dass der Ton des Absturzes erst über die vorliegende Verschriftlichung identifizierbar wird. Für die Hörerinnen und Hörer ist die Akustik zu diesem Zeitpunkt kaum als Geräusch eines abstürzenden Flugzeugs wahrnehmbar.

Sölbeck beschreibt die Montage aus sprachlichen und musikalischen Elementen als ein Charakteristikum des Pop-Hörspiels.[63] »Er [Ammer] bekennt sich, ein Anhänger des Pop-Gedankens zu sein und verschweigt nicht die star-

57 | Ebd., S. 131.

58 | Ebd.

59 | Vgl. Herbert Kapfer: Harte Schnitte, ungezähmte Worte, Stimmen hört jeder. Pop im Hörspiel. Ein Essay. In: Institut für Neuere deutsche Literatur und Medien im Fachbereich 09 der Philipps-Universität Marburg (Hg.): Radioästhetik – Hörspielästhetik. Marburg 1997 (Augen-Blick 26), S. 45.

60 | Bachmann: Ein Aufnahmezustand, S. 193.

61 | Vgl. Vowinckel: Collagen im Hörspiel, S. 239.

62 | Sölbeck: Die Geschichte des modernen Hörspiels, S. 132.

63 | Vgl. ebd., S. 131.

ken Einflüsse der Pop-Kultur auf seine Kunst.«[64] Ihre Definition passt zu der Einschätzung Kapfers, der nach einer Definition des Pop-Hörspiels sucht und fragt:

> Geht es um Stücke, in denen Pop-Musik einen wesentlichen Anteil hat? Geht es um literarische und musikalische Techniken des Pop oder die Art und Weise, wie Pop mit diesen Techniken spielt: Collage, Montage, Zitat, non-ideologischer Gebrauch von Geräusch-, Sprach- und Musikmaterial? Welche Elemente sind pop-typisch? Gibt es eine Ästhetik des Pop? Gibt es spezielle Produktionsformen? Oder geht es um Stücke von Pop-Künstlern, Literaten und Musikern, die ein Pop-Selbstverständnis haben?[65]

Die Loslösung der verfremdeten sprachlichen Elemente von ihrem Inhalt nimmt Sölbeck als »Pause« wahr: »Mit dem Thema Flugzeugabsturz ist der Hörer ebenso gebannt wie schockiert. Es bedarf einer Erholungspause des innerlich Aufgewühltseins«.[66] Die Komposition aus Wiederholung und Rhythmik ließe die Hörerinnen und Hörer somit neue Aufmerksamkeit tanken. Viel wahrscheinlicher ist es jedoch, dass die musikalische Untermalung den Rezipientinnen und Rezipienten eben keine Pause gewährt, sondern gerade pausenlos in die nächste Sequenz überführt. Da insbesondere die Musik die Gefühlsgenerierung der Hörerinnen und Hörer vorantreibt und zu einer Manifestierung des Gehörten führt, ist ihre Rolle also gegenteilig zu bewerten.

Crashing Aeroplanes ist von klaren Strukturen geformt, die einzelnen Sequenzen sind liedartig aufgebaut und mit sich wiederholenden refrainähnlichen Textpassagen ausgestattet. Dieses Ordnungsprinzip schlägt sich in der Rezeption auf unterschiedliche Weise nieder. Zum einen wird das Hörspiel auf akustischer Ebene ästhetisiert und somit leicht konsumierbar. Zum anderen entsteht ein deutlicher Kontrast zwischen der akustischen Zugänglichkeit des Hörstücks und dem inhaltlich dargestellten Schrecken. Eben dieser Kontrast wird von den Rezipientinnen und Rezipienten als unangebracht empfunden und ruft Empörung hervor. In dieser dargestellten Konsumierbarkeit von Schreckensnachrichten schwingt eine deutliche Medienkritik mit. Innerhalb der medialen Berichterstattung werden Schreckensnachrichten häufig in die programmlichen Strukturen eingebettet, mit Musik untermalt und somit zugänglich gemacht.

Die Kontrastierungen innerhalb des Stücks bewirken, dass die einzelnen Passagen sich gegenseitig intensivieren. Die akustischen und inhaltlichen Brüche rufen bei den Hörerinnen und Hörern Schock und (Er-)Schrecken hervor. So löst *Crashing Aeroplanes* Anteilnahme in den Rezipientinnen und Rezipienten aus. Neben der vermittelten Authentizität ist dies auf das Hörspiel als

64 | Ebd., S. 126.

65 | Kapfer: Pop im Hörspiel, S. 54.

66 | Sölbeck: Die Geschichte des modernen Hörspiels, S. 131.

Medium zurückzuführen. Da Hören ein zentripetaler Prozess ist, können die Rezipientinnen und Rezipienten teilweise nicht mehr zwischen sich als Subjekt der Wahrnehmung und dem Gehörten als wahrgenommenem Objekt differenzieren. So entsteht – insbesondere über den Einsatz von Musik – eine Identifikation mit dem Gehörten, die den Rezipientinnen und Rezipienten eine Annäherung an den thematisierten Schrecken ermöglicht. Über die durchgängige musikalische Untermalung wird *Crashing Aeroplanes* nicht nur zur Gesamtkomposition, sondern unterstützt zugleich die Emotionsgenerierung der Hörerinnen und Hörer.

Auch wenn die Hörspiele Ammers und Einheits dokumentarische Elemente aufweisen, sind diese – und die verwendeten Originaltöne – durchweg als fiktional anzusehen. Nichtsdestoweniger kann der künstlerische Umgang mit Originaltönen ›Authentizität‹ produzieren, die zwar nicht mit ›Wirklichkeit‹ gleichzusetzen ist, in den Rezipientinnen und Rezipienten aber dennoch ein Gefühl des Miterlebens bzw. der Anteilnahme hervorrufen kann.

Elemente der aristotelischen Tragödientheorie in der US-amerikanischen Serie *Breaking Bad*

Jacqueline Thör

1. Was ist das Erfolgsrezept der neuen Gattung Serial?

Zwei Jahre liegt die Ausstrahlung des Staffelfinales von *Breaking Bad* bereits zurück, und noch immer ist die US-amerikanische Autorenserie von Vince Gilligan Gesprächsthema im deutschsprachigen Feuilleton.[1] Darüber hinaus erschienen in den letzten Jahren auch einige wissenschaftliche Abhandlungen, in denen eine Auseinandersetzung mit der Spezifik solcher Serials[2] wie *Breaking Bad, Better Call Saul, House of Cards* und *Game of Thrones* erfolgt. Einigen Kolumnisten, wie zum Beispiel Andreas Kern, zufolge ist das Besondere dieser Autorenserien die schonungslos realistische Darstellung von Leid und Gewalt.[3] Auch Christoph Ernst und Heike Paul betonen in der Einleitung ihres Sammelbandes zu US-amerikanischen Serien der Gegenwart, dass die Darstellung von Gewalt, Gewaltbereitschaft und Verbrechen im Mittelpunkt vieler neuer Serien stehe.[4] Zum einen sei die Darstellung »Teil eines ästhetischen Programms,

---

1 | Vgl. u. a. Hartmut Wewetzer: Die Versuchungen des Walter White. Die Quantenphysik und das Gute: Was die Serie »Breaking Bad« uns über Grundlagen der Moral lehrt. In: Der Tagesspiegel vom 12. September 2015, online unter www.tagesspiegel.de/medien/breaking-bad-die-versuchungen-des-walter-white/12312826.html.

2 | Im Serial bildet die Episode »in bedingtem Maße eine geschlossene Einheit, während häufig eine Vielzahl von Storybögen sich über eine gesamte Staffel bzw. über Staffelgrenzen erstreckt, sodass nur eine kontinuierliche Rezeption das Verständnis des Fortgangs der Serie ermöglicht« (Michael Cuntz: Seriennarrativ (TV). In: Handbuch der Mediologie. Signaturen des Medialen. Hg. v. Christina Bartz, Ludwig Jäger, Marcus Krause und Erika Linz. München 2012, S. 246.

3 | Andreas Kern: Szenen der Macht. In: The European. Das Debatten-Magazin, online unter www.theeuropean.de/andreas-kern/10254-der-realitaetsbezug-der-serie-game-of-thrones.

4 | Christoph Ernst/Heike Paul: Einleitung. In: Dies. (Hg.): Amerikanische Fernsehserien der Gegenwart: Perspektiven der American Studies und der Media Studies. Bielefeld 2015, S. 7-33, hier S. 24.

welches mit Tabubrüchen einhergeht«,[5] zum anderen könne sie »partiell als Kapitalismuskritik bzw. Systemkritik gewertet werden«.[6] Sören Heim, Kolumnist bei *The European*, sieht das anders: *Breaking Bad* und *Game of Thrones* seien »weniger radikal als behauptet. Sie geben sich den Anschein absoluter Kompromisslosigkeit, doch servieren sie meist alten, obschon schmackhaften, Wein in neuen Schläuchen«[7]. Heim zufolge sind »keine unerhörten Neuen, sondern liebgewonnene Alte«[8] die Fluchtpunkte, die uns die Serienhits des 21. Jahrhunderts zu bieten haben.

Dieser Ansicht schließt sich Philipp Reinhartz in seinem Artikel *Verloren im Zauberwald* aus der *Zeit* an, indem er konstatiert, dass die amerikanischen Serien so packend seien, weil sie sich an den Regeln der aristotelischen Poetik orientierten: »Sie sind weniger Fernsehen als klassische Tragödien«[9], heißt es in seinem Artikel. Er klassifiziert die Protagonisten von Autorenserien wie *Breaking Bad* als tragische Helden. Am Anfang der Serie seien die Protagonisten noch makellos, doch auf ein Unheil, welches ihnen zustoße, folge ein Fehltritt. Durch diesen Fehltritt würden die Protagonisten dann »in einen Sog, der immer weitere Fehler fordert, der für immer schlimmere Vergehen sorgt«[10], geraten. Dieses Schema lässt sich Reinhartz zufolge auch auf *Breaking Bad* anwenden:

> Walter White versucht es erst im Guten als Chemielehrer. Doch dann wird bei ihm Lungenkrebs diagnostiziert. Von da an will er nur noch: Finanziell für seine Familie vorsorgen. Er fängt an, Crystal Meth herzustellen, kommt in Kontakt mit kriminellen Drogendealern, in der Folge muss er lügen und töten.[11]

Reinhartz betont, dass dieser neue Typus des Protagonisten dem klassischen Helden der Tragödie in vielem entspreche, weil er kein »absolut Böser«[12] sei, sondern »trotz seines Gerechtigkeitsstrebens, nicht wegen seiner Verderblichkeit«[13] abstürze. Weil er den Umschwung von Glück ins Unglück nicht verdiene, errege sein Schicksal Schaudern und Jammern (*eleos* und *phobos*) beim Zuschauer.[14]

---

5 | Ebd.

6 | Ebd.

7 | Sören Heim: Mit Gewalt in die Zukunft. In: The European vom 8. Juli 2015, online unter www.theeuropean.de/soeren-heim/10360-erfolgsserien-als-spiegel-der-zuschauer.

8 | Ebd.

9 | Phillip Reinhartz: Verloren im Zauberwald. Warum sind die amerikanischen Serien so packend? Weil sie sich an den Regeln aus Aristoteles' »Poetik« orientieren. Sie sind weniger Fernsehen als klassische Tragödien. In: Zeit online vom 16. Juni 2015, online unter www.zeit.de/kultur/film/2015-06/serien-tragoedie-aristoteles.

10 | Ebd.

11 | Ebd.

12 | Ebd.

13 | Ebd.

14 | Vgl. ebd.

Nach Reinhartz begeht Walter White seinen Fehltritt (*hamartia*) im Unwissen, so wie es Aristoteles vorschreibt: Er bemerke zu spät, dass seine kriminellen Bemühungen der Familie mehr schaden als helfen.[15]

Ist die Serie *Breaking Bad* tatsächlich so erfolgreich, weil sie sich an altbewährte dramaturgische Regeln hält? Im Folgenden soll Phillip Reinhartz' These, dass einige dramaturgische Elemente der Autorenserie den aristotelischen Vorgaben für eine gelungene Tragödie entsprechen, überprüft werden. Zunächst wird der horizontale Handlungsaufbau der Serie im Hinblick auf die aristotelischen Kriterien der ›Ganzheit‹, ›Einheit‹, ›Wahrscheinlichkeit‹ und ›Notwendigkeit‹ betrachtet. Im Anschluss folgt eine Charakteranalyse des Antagonisten Hank Schrader und des Protagonisten Walter White. Hier stellt sich die Frage, ob man bei den Charakteren tatsächlich von Helden sprechen kann, die nicht *trotz* ihrer sittlichen Größe und ihres hervorragenden Gerechtigkeitsstrebens, aber auch nicht *wegen* ihrer Schlechtigkeit und Gemeinheit einen Umschlag ins Unglück erleben, sondern wegen eines Fehlers.[16] Zuletzt wird der Frage nachgegangen, ob in *Breaking Bad* die aristotelischen Elemente der ›Wiedererkennung‹, der ›Peripetie‹ und des ›schweren Leids‹ nachgewiesen werden können. Dabei liegt der analytische Schwerpunkt auf der *Expliziten Dramaturgie*[17] der Serie.

2. Der Handlungsaufbau

2.1 Ganzheit, Einheit, Wahrscheinlichkeit und Notwendigkeit

Jeder Teil einer Tragödie muss Aristoteles zufolge sichtbare Folgen nach sich ziehen.[18] Die Tragödie sollte folglich eine solche Größe besitzen, dass aufeinander folgende Ereignisse nach der Wahrscheinlichkeit oder der Notwendigkeit einen Umschlag von Glück in Unglück herbeiführen.[19] Darüber hinaus sollte die Tragödie eine geschlossene Handlung mit einem Anfang, einer Mitte und

---

15 | Vgl. ebd.

16 | Vgl. Aristoteles: Poetik. Griechisch/Deutsch. Übertr. u. hg. von Manfred Fuhrmann. Stuttgart 2012, S. 39.

17 | In der Filmwissenschaft wird zwischen expliziter und impliziter Dramaturgie unterschieden. Die explizite Dramaturgie bezieht sich auf die Basisebene der Filmerzählung, also auf das konkrete Handlungsgeschehen, als implizite Dramaturgie bezeichnet man diejenige, die innerhalb der expliziten Erzählung versteckt ist, also Elemente, die auf das Weltwissen der Rezipienten referieren, zum Beispiel Genrewissen und die Lesekompetenz der Stile. Vgl. Christoph Dreher/Christine Lang: Breaking Down BREAKING BAD. Dramaturgie und Ästhetik einer Fernsehserie. München 2013, S. 33.

18 | Vgl. Aristoteles: Poetik, S. 29.

19 | Vgl. ebd., S. 27.

einem Ende aufweisen.[20] Aristoteles zufolge ist es nicht die Aufgabe des Dichters, »mitzuteilen, was wirklich geschehen ist, sondern vielmehr, was geschehen könnte, d.h. das nach den Regeln der Wahrscheinlichkeit oder Notwendigkeit Mögliche«[21]. Im Gegensatz zur Geschichtsschreibung zeichne sich die Dichtung dadurch aus, dass sie das Allgemeine und nicht das Besondere mitteile. Dieses Allgemeine bestehe darin, »daß ein Mensch von bestimmter Beschaffenheit nach der Wahrscheinlichkeit oder Notwendigkeit bestimmte Dinge sagt oder tut«[22]. Die Wirkung, die die Tragödie auf den Zuschauer haben sollte, Schaudern und Jammern, käme vor allem zustande, »wenn die Ereignisse wider Erwarten eintreten und gleichwohl folgerichtig auseinander hervorgehen. So haben sie nämlich mehr den Charakter des Wunderbaren, als wenn sie in wechselseitiger Unabhängigkeit und durch Zufall vonstatten gehen«.[23]

Die Autorinnen und Autoren von *Breaking Bad* haben sich Aristoteles' Verständnis von einer dramatischen Handlung quasi zur Maxime gemacht. Ihr Versprechen an die Zuschauer lautet, dass alle Handlungen in dieser Serie weitreichende Konsequenzen haben werden, und zwar über ihren unmittelbaren Zusammenhang hinaus.[24] In *Breaking Bad* sind Zufälle, wie zum Beispiel Walters Aufeinandertreffen mit Janes Vater Donald Margolis in einer Bar, absolute Sonderfälle, denn jede einzelne Handlung ist die Konsequenz einer vorangegangenen. Ein Exempel für diese Verkettung von Ereignissen stellt das Finale der zweiten Staffel dar. Walter bricht in die Wohnung von Jesse ein und beobachtet, wie die schlafende und unter Drogen stehende Jane an ihrem eigenen Erbrochenen erstickt. Anstatt ihr zu helfen, lässt er sie sterben. Aufgrund von Janes Tod ist ihr Vater bei seiner Arbeit als Fluglotse dann so unkonzentriert, dass er einen Fehler macht: Zwei Flugzeuge stoßen zusammen, 167 Menschen sterben. Aus dem Gefühl der Schuld heraus nimmt Donald Margolis sich das Leben.

Die geschlossene Form, zu der ein Anfang, eine Mitte und ein Ende gehören, ist eine weitere aristotelische Vorgabe, die die Serienmacher umgesetzt haben, obwohl die linear-kausal verlaufende Handlung ab und an in die offene Form und in postmoderne Strukturen wechselt.[25] So wird die Handlung in *Breaking Bad* regelmäßig von Analepsen und Inversionen[26] unterbrochen. Diese Aufbrü-

20 | Vgl. ebd., S. 25.

21 | Ebd., S. 29.

22 | Ebd.

23 | Ebd., S. 33.

24 | Vgl. Dreher/Lang: Breaking Down BREAKING BAD, S. 94.

25 | Vgl. ebd., S. 36.

26 | Das Verfahren, einer Filmhandlung einen Ausschnitt eines späteren Handlungsabschnittes oder einen Ausschnitt einer Schlusssequenz voranzustellen, nennt man ›Inversion‹. Vgl. Kerstin Stutterheim/Silke Kaiser: Handbuch der Filmdramaturgie. Das Bauchgefühl und seine Ursachen. Frankfurt am Main 2011, S. 336.

che, insbesondere die Inversionen, haben die Funktion, die Notwendigkeit des Handlungsverlaufs hervorzuheben. Der Zuschauer fokussiert durch eine vorangestellte Inversion im weiteren Verlauf einer Folge, einer Staffel oder einer ganzen Serie verstärkt den Zusammenhang von Handlungen und Ereignissen. Beim Rezipienten wird auf diese Weise der Eindruck erweckt, dass die Handlung so verläuft, wie sie verlaufen *muss*. Darüber hinaus ermöglicht die ›Größe‹ des Serienformats und der entsprechend weite Umfang der Erzählzeit[27] eine kleinschrittigere Darstellung von Handlung. Daniela Schlütz konstatiert in ihrer Monografie über das Quality-TV,[28] dass serielles, fiktionales Quality-TV besonders geeignet für die Ausbildung von Beziehungen sei, »weil die Figuren in epischer Breite entwickelt werden und die repetitive Inszenierung ausreichend redundant ist, um Vertrauen auszubilden«[29]. Der Handlungsverlauf und insbesondere der Umschlag von Glück in Unglück wirken auf den Rezipienten ›wahrscheinlicher‹, weil sich die Veränderung von Walters Charakter nicht über wenige Folgen vollzieht, sondern über mehrere Staffeln. Der Rezipient kann jedes einzelne Entwicklungsstadium von Walter Whites Metamorphose nachvollziehen.

Der Protagonist Walter White ist der Handlungsträger der Serie. Auch wenn andere Figuren, wie zum Beispiel Skyler, Hank und Jesse, eigene Erzählstränge besitzen, »kommt das Filmgeschehen erst durch sein Handeln in Gang, und die Handlungen der Figuren beziehen sich immer auf seine«[30]. Daher ist es besonders relevant, sich Walter Whites Charakter und seine Handlungen näher anzuschauen und diese auf die Kriterien der Notwendigkeit und der Wahrscheinlichkeit zu überprüfen. Nach Aristoteles muss man nämlich

> auch bei den Charakteren – wie bei der Zusammenfügung der Geschehnisse – stets auf die Notwendigkeit oder Wahrscheinlichkeit bedacht sein, d. h. darauf, daß es notwen-

27 | Die Rezeption der fünf Staffeln *Breaking Bad* nimmt insgesamt zwei Tage und 14 Stunden in Anspruch.

28 | Daniela Schlütz definiert serielles, fiktionales Quality-TV wie folgt: »Serielles, fiktionales Quality TV ist strukturell hoch komplex. Die Komplexität ergibt sich aus der flexiblen Narrationsstruktur, dem großen Ensemble, den zahlreichen Leerstellen im Text sowie der intertextuellen Vernetzung. Inhaltlich zeichnen sich Qualitätsserien durch realistische Machart, kontroverse Themen und vielschichtige Charaktere, kurz durch Authentizität aus. Damit eng verbunden ist ein erkennbarer Stil aus visueller Umsetzung, reflexiver Inszenierung und hohen production values.« (Daniela Schlütz: Quality-TV als Unterhaltungsphänomen. Entwicklung, Charakteristika, Nutzung und Rezeption von Fernsehserien wie *The Sopranos*, *The Wire* oder *Breaking Bad*. Wiesbaden 2016, S. 128)

29 | Ebd., S. 213.

30 | Dreher/Lang: Breaking Down BREAKING BAD, S. 47.

dig oder wahrscheinlich ist, daß eine derartige Person derartiges sagt oder tut, und daß das eine mit Notwendigkeit oder Wahrscheinlichkeit auf das andere folgt [...].[31]

2.2 Der Charakter und der Fehler

Nach Aristoteles unterscheidet sich die Tragödie insofern von der Komödie, dass in ihr nicht schlechtere, sondern bessere Menschen nachgeahmt werden, als sie in der Wirklichkeit vorkommen.[32] Er stellt drei Grundsätze auf, die man als Dichter nicht missachten darf, wenn man eine gelungene Tragödie konzipieren will:

1. Man darf nicht zeigen, wie makellose Männer einen Umschlag vom Glück ins Unglück erleben; dies ist nämlich weder schaudererregend noch jammervoll, sondern abscheulich.

2. Man darf auch nicht zeigen, wie Schufte einen Umschlag vom Unglück ins Glück erleben; dies ist nämlich die untragischste aller Möglichkeiten, weil sie keine der erforderlichen Qualitäten hat: Sie ist weder menschenfreundlich noch jammervoll oder schaudererregend.

3. Andererseits darf man auch nicht zeigen, wie der ganz Schlechte einen Umschlag von Glück ins Unglück erlebt. Eine solche Zusammenfügung enthielte zwar Menschenfreundlichkeit, aber weder Jammer oder Schaudern.[33]

Aus diesen drei Prämissen folgert er, dass der Held einer Tragödie »zwischen den genannten Möglichkeiten«[34] stehen sollte. Der Held sollte wegen eines Fehlers einen Umschlag ins Unglück erleben und »nicht trotz seiner sittlichen Größe und seines hervorragenden Gerechtigkeitsstrebens, aber auch nicht wegen seiner Schlechtigkeit und Gemeinheit«.[35] Den Prototyp eines gelungenen tragischen Helden stellt für Aristoteles Sophokles' Ödipus dar.[36] Als weiteres Beispiel nennt er Homers Achilleus, der zum einen »tüchtig«[37] sei, zum anderen ein »Muster der Schroffheit«[38] darstelle. Die Beispiele, die Aristoteles anführt,

31 | Aristoteles: Poetik, S. 49.
32 | Vgl. ebd., S. 9.
33 | Ebd., S. 39.
34 | Ebd.
35 | Ebd.
36 | Ödipus tötet seinen Vater Laios, König von Theben, ohne zu wissen, dass es sich bei ihm um seinen eigenen Vater handelt, bei einem Kampf. Danach heiratet er – ebenfalls im Unwissen – seine eigene Mutter und zeugt mit ihr mehrere Kinder. Erst später erlangt er Einsicht in das Naheverhältnis und erkennt, welchen Fehler er begangen hat.
37 | Aristoteles: Poetik, S. 49.
38 | Ebd.

zeigen, dass der tragische Held zwar ›besser‹, aber nicht vollkommen makellos und unschuldig sein sollte.

Hank Schrader – ein tragischer Held im aristotelischen Sinne

Einen tragischen Helden im aristotelischen Sinne stellt Walter Whites Schwager und Gegenspieler Hank Schrader dar. Als erfolgreicher DEA-Agent kämpft er gegen das Böse in Form von Drogendealern, -herstellern und -baronen und genießt in seiner Welt ebenso wie Ödipus »großes Ansehen und Glück«.[39] Einerseits ist er der hartgesottene, scharfsinnige Agent, der für seinen Partner sein Leben opfern würde, andererseits der liebende Ehemann. Allerdings ist auch er nicht makellos: Vor allem zu Beginn der Handlung ist er Walter gegenüber respektlos, wenn nicht gar herablassend. Auf Walters Geburtstagsfeier drängt sich Hank beispielsweise in den Mittelpunkt, indem er Geschichten von seinem gefährlichen Berufsalltag erzählt oder den Gästen seine Waffe präsentiert. Darüber hinaus macht Hank immer wieder Scherze, die auf Walters Kosten gehen: »Walt, du musst es nur sagen, dann kann ich dich mal mitnehmen. Wenn du mal sehen willst, wie wir so ein Labor ausheben. Damit du endlich auch mal was erlebst«.[40] Hank nimmt Walter nicht ernst, und genau das ist der Fehler, den er begeht. Ausgerechnet er ist es, der Walter zum ersten Mal mit der Drogenszene in Kontakt bringt: Während der Begleitung von Hanks DEA-Auftrag beobachtet Walter, wie Jesse Pinkman, sein ehemaliger Schüler und zukünftiger Partner, vom Tatort flüchtet.

Hanks Unterschätzung von Walter zieht negative Konsequenzen nach sich: Zum einen fühlt sich Walter angestachelt, Hank, dem Rest seiner Familie und sich selbst zu beweisen, dass er nicht der Schwächling ist, für den er gehalten wird. Bei dem Aufbau seines Drogenimperiums geht es Walter vor allem darum, sich zu profilieren. Weil er Walter unterschätzt, übersieht Hank zum anderen immer wieder Hinweise, die darauf hindeuten, dass Walter White Heisenberg ist. Zum Beispiel erkennt er Walters Stimme am Telefon nicht, als dieser vorgibt, Marie läge im Krankenhaus; er kommt nicht dahinter, dass Walter den Autounfall nur verursacht hat, damit Hank von der Wäscherei abgelenkt wird, in der Walter sein Labor versteckt hat, und ihm fällt die Ähnlichkeit zwischen Heisenberg und Walter auf den Phantombildern von Heisenberg nicht auf. Somit begeht Hank Schrader, die Figur, die in der Serie als Pars pro Toto für das Gute steht, einen großen Fehler, der zur Konsequenz hat, dass der Methamphetamin-Koch Heisenberg alias Walter White nicht festgenommen wird. Da es sich bei dem Antagonisten Hank Schrader um einen tragischen Helden im aristotelischen Sinne handelt, der wegen eines Fehlers einen Umschwung

39 | Ebd., S. 39.

40 | Breaking Bad. Regie: Vince Gilligan. USA 2008–2013, Staffel 1, Folge 1, TC: 00:12:48-00:12:54.

vom Glück ins Unglück erlebt, löst sein Tod am Ende der Serie Jammern und Schaudern (*eleos* und *phobos*) aus.

Walter White – ein zeitgenössischer Antiheld

Die moralische Bewertung des Charakters White und seiner Handlungen ist eine der zentralsten Problematiken, mit der der Zuschauer konfrontiert wird. Schon allein der Nachname des Protagonisten weist ostentativ auf diese Problematik hin. Ereignet sich Whites ›breaking bad‹ aus moralischen Beweggründen? Kann man Walter White trotz seiner Verbrechen noch zu den ›Guten‹ zählen? Gibt es einen Wendepunkt, an dem das Böse vollends die Oberhand über ihn gewinnt? Von der ersten bis zur letzten Folge wird der Rezipient immer wieder vor die schwierige Aufgabe gestellt, Whites Handlungen als bewusste Entscheidungen, Notwendigkeiten oder als Fehler im aristotelischen Sinne zu bewerten.

Walter White ist zu Beginn der Serie ein 50-jähriger Chemielehrer, der mit einem Zweitjob als Kassierer einer Autowaschanlage und zahlreichen Überstunden versucht, seine Familie finanziell über Wasser zu halten. Allerdings reicht sein Gehalt nicht aus, die Schulden der Familie abzubezahlen. In der Pilotfolge der Serie wird White als ›Verlierer‹ typisiert: Trotz seiner Promotion in Chemie und seiner einstigen Nominierung für den Nobelpreis arbeitet er in einer öffentlichen High School, in der ihn seine Schülerinnen und Schüler nicht respektieren. Zu Hause nimmt nicht er die dominante Rolle in der Familie ein, sondern seine Frau. Dreher und Lang beschreiben den ersten Akt der Pilotfolge treffend als »*Exposition* der Demütigungen«[41]. Nachdem White auf seiner Arbeit das Bewusstsein verliert, wird festgestellt, dass er an inoperablem Lungenkrebs erkrankt ist. Der Arzt prophezeit ihm, dass er selbst nach einer erfolgreichen Chemotherapie, die White mit seiner unzureichenden Krankenversicherung im Übrigen gar nicht bezahlen könnte,[42] nur noch wenige Jahre zu leben hätte. Im Gegensatz zu Sophokles' prototypischem Helden Ödipus und zu seinem Gegenspieler Hank Schrader besitzt White also weder großes Ansehen noch besonders viel Glück. Anscheinend um die finanzielle Situation seiner Frau, seines Sohnes und seiner ungeborenen Tochter nach seinem Tod abzusichern und seine eigene Krebstherapie bezahlen zu können, beginnt

---

41 | Dreher/Lang: Breaking Down Breaking Bad, S. 63.

42 | Da dieser politisch-moralische Beweggrund für Walters Handeln Authentizität suggeriert, wird er in der Forschungsliteratur zu *Breaking Bad* mehrmals hervorgehoben. Christoph Ernst und Heike Paul verweisen darauf, dass die weitere dramaturgische Entfaltung der Serie durch das Anknüpfen an das kontroverse Thema – die Bedingungen der staatlichen Kranken- und Pflegeversicherungen in den Vereinigten Staaten – in anderen kulturellen Kontexten so nicht vorstellbar oder plausibel wäre. Vgl. Christoph Ernst/Heike Paul (Hg.): Amerikanische Fernsehserien der Gegenwart: Perspektiven der American Studies und der Media Studies. Bielefeld 2015, S. 24.

er, Methamphetamin herzustellen. Dessen Produktion und Verkauf stellen für ihn die einfachste und schnellste Möglichkeit dar, an viel Geld zu gelangen. Über die fünf Staffeln hinweg entwickelt er sich »vom Koch über einen Groß-Produzenten bis hin zum ›Kingpin‹«[43] im Methamphetamingeschäft. Visualisiert wird Walters Metamorphose durch die Veränderung seines Kleidungsstils: Seine spießige, beigefarbene Kleidung wird von einer dunkleren, modischeren Garderobe mit ›mutigen‹ Farbakzenten abgelöst. Darüber hinaus ersetzt Walter seinen familienfreundlichen, beigen Pontiac Aztek zu Beginn der fünften Staffel durch einen schwarzen Chrysler 300. Dreher und Lang nach dienen diese Gestaltungsmittel im Sinne der Expliziten Dramaturgie »der werkinternen Charakterisierung der Figuren«[44] und auf der Ebene der Impliziten Dramaturgie trage »deren Gestaltung stimmige Weltverweise in sich, die für die authentische Wirkung der Figuren verantwortlich«[45] seien.

Allerdings ist die Sicherheit seiner Familie nach seinem Ableben nur der scheinbare Grund für Walters Metamorphose. White gefährdet durch den Kontakt mit der kriminellen Drogenszene das Leben aller, die ihm nahestehen. Zudem ist sein ›breaking bad‹ spätestens dann nicht mehr *notwendig*, als Elliott Schwartz ihm kurz nach seiner Diagnose eine überdurchschnittlich gut bezahlte Stelle in der Firma anbietet, die White einst mitbegründet hat. Lediglich sein Stolz hält White davon ab, Schwartz' Angebot anzunehmen. Dass das Argument, White habe all die Verbrechen zugunsten seiner Familie begangen, tatsächlich unhaltbar ist, zeigt letztlich sein Geständnis in der letzten Folge: »Ich hab's für mich getan. Mir hat's gefallen. Ich war darin sehr gut. Und ich habe dabei wirklich gelebt«[46]. Ergo handelt es sich bei Whites ›breaking bad‹ weder um eine Notwendigkeit noch um einen Fehler im aristotelischen Sinne, so wie Phillip Reinhartz es in seinem Artikel behauptet, denn er entscheidet sich bewusst für seine Veränderung. Außerdem zeugt sein Einstieg in die kriminelle Szene nicht von einem altruistischen Motiv, sondern – ganz im Gegenteil – von seiner Eigennützigkeit. Das, wonach White wirklich strebt, ist Respekt – ein Wunsch, der aus seinem Misserfolg und der Herabwürdigung folgt, mit der ihm seine Mitmenschen begegnen.

Trotzdem kann man Walter White nicht einfach als ›den Bösen‹ schlechthin abstempeln: Er handelt nicht so moralisch wie Hank Schrader, ist aber auch nicht so skrupellos wie der Drogenbaron Gustavo Fring oder so barbarisch wie Jack Welker, der Anführer der ›Neo-Nazi-Gang‹. Als Heisenberg ist White am

43 | Philip Dreher/Lukas R. A. Wilde: Mr. White Breaks on through to the Other Side. Agency, Genre und die Repräsentation soziokultureller Dichotomien in Vince Gilligans *Breaking Bad*. In: Ernst/Paul: Amerikanische Fernsehserien der Gegenwart, S. 35-56, hier S. 50.

44 | Dreher/Lang: Breaking Down Breaking Bad, S. 39.

45 | Ebd.

46 | Breaking Bad 5/16, TC: 00:33:31-03:34:02.

Ende der Serie verantwortlich und mitverantwortlich für viele Verbrechen und Morde. In der Regel tötet er seine Feinde allerdings nur, wenn sie seine Sicherheit oder sein Leben gefährden, so zum Beispiel bei Emilio Koyama, »Krazy 8« oder Gustavo Fring. Je mächtiger White wird, desto mehr Menschen werden allerdings gefährlich für ihn, und so werden auch seine Verbrechen von Staffel zu Staffel erbarmungsloser. In der letzten Staffel tötet er dann zum ersten Mal, ohne einen Nutzen aus dem Mord zu ziehen: Er erschießt seinen ehemaligen Partner Mike Ehrmantraut aus Wut und nicht aus Kalkulation. Jedoch wirkt auch diese Handlung auf den Zuschauer *wahrscheinlich*, weil sie aus Whites Charakterentwicklung resultiert. In den Worten des Regisseurs Vince Gilligan schreibt White »sich selbst«[47].

Insgesamt ist Walter White – wenn auch in den meisten Fällen im weitesten Sinne – mitschuldig an dem Tod von 199 Menschen.[48] Dennoch erzeugen sein Leid und sein Tod letztlich Jammern und Schaudern beim Zuschauer, weil er bis zuletzt sympathische Charakterzüge beibehält. Walter White liebt seine Familie: Er bricht zusammen, als Schrader getötet wird, er hat beim Abschied von seiner Tochter Tränen in den Augen, sorgt gegen Ende mit allen Mitteln dafür, dass seine Familie nach seinem Tod finanziell versorgt wird, und rettet Jesse Pinkman, der für ihn wie ein Familienmitglied ist, das Leben. Eine Schlüsselszene, in der die Ambivalenz des Protagonisten Walter White deutlich hervorgehoben wird, stellt sein Telefonat mit seiner Frau Skyler dar, nachdem er ihre gemeinsame Tochter ›entführt‹ hat:

> Was ist bloß los mit dir? Warum kannst du nicht einmal tun, was ich sage? [...] Ich hab's dir gesagt, Skyler. Ich hab dich ein ganzes Jahr lang gewarnt, wenn du mich verärgerst, dann wird das ernste Konsequenzen haben. Will das denn nicht in deinen Kopf hinein? [...] Du hast nämlich nie an mich geglaubt. Du warst nie dankbar für das, was ich für die Familie getan habe. Oh, nein, Walt, du musst damit aufhören. Du musst damit aufhören. Es ist unmoralisch, es ist illegal! Es könnte jemandem was passieren. Du hast immer gejammert und geklagt, wie ich mein Geld verdiene, mich immer runtergezogen, während ich alles tue! [...] Du dämliches Mistweib. Du hast kein Recht, dir das Maul zu zerreißen über das, was ich mache. Was zum Teufel weißt du überhaupt davon? Gar nichts! Ich hab' das aufgebaut, ich, ich allein. Sonst keiner! Merk dir meine Worte, Skyler: Sei auf meiner Seite, sonst wirst du noch genauso wie Hank enden.[49]

Der Zuschauer ist sich zunächst nicht sicher, ob Whites Aggressivität gegenüber Skyler echt oder gespielt ist. Doch nach und nach beschleicht den Rezipienten die Ahnung, dass White den ›Bösen‹ an dieser Stelle nur spielt, damit die

---

47 | Dreher/Lang: Breaking Down BREAKING BAD, S. 56.

48 | Vgl. List of deaths on Breaking Bad, online unter http://breakingbad.wikia.com/wiki/List_of_deaths_on_Breaking_Bad.

49 | Breaking Bad 5/14, TC: 00:41:08-00:43:17.

Polizisten von Skylers Unschuld überzeugt werden. Walter schützt Skyler, die gar nicht so unwissend ist, wie er vorgibt (der Betrieb der Autowaschanlage, den Skyler führte, diente lediglich der Geldwäsche). Skyler ist zwar bis zuletzt nicht einverstanden mit Walters Handlungen, nichtsdestotrotz ist sie eine eingeweihte Komplizin. Am Ende des Telefonats ist man sich schließlich sicher, dass Whites Wutausbruch inszeniert war, weil der Walter, den man über die fünf Staffeln kennenlernt, seiner Familie nichts antun würde. Trotzdem bleibt, bis zu dem Moment, an dem Saul Goodman und Walter White offen über Whites gespielten Wutausbruch reden, ein leichter Zweifel zurück. In der beschriebenen Szene wird besonders deutlich, wie sehr in der Serie mit der Sympathie und dem Vertrauen des Zuschauers gespielt wird. Die Ambiguität der Figur Walter White erzeugt einen beständigen Wechsel von Distanz und Nähe zwischen dem Rezipienten und der Figur.[50] Ein filmisch-visuelles Mittel, das in *Breaking Bad* außerdem dazu dient, Nähe, aber auch Distanz zwischen dem Rezipienten und der Figur herzustellen, ist die mehrfach angewandte Point-of-View-Einstellung, die in der Serie nicht nur simuliert, dass der Zuschauer die Welt durch die Augen der Protagonisten sieht, sondern auch aus der Perspektive von Gegenständen, wie Waschmaschinen, Pfannen, Kühlschränken und Staubsaugern.[51]

Walter White ist kein tragischer Held im aristotelischen Sinne, weil er seine Entscheidungen, im Gegensatz zu Hank Schrader, bewusst fällt und es nicht nur ein Fehler ist, den er begeht. Es ist vielmehr eine Verkettung von zahlreichen Fehlentscheidungen, die letztlich zu seinem Leid führt. Zwar ist seine prekäre gesundheitliche und finanzielle Lage mitunter Auslöser seiner Kriminalität und sein Charakter zeichnet sich bis zuletzt durch vereinzelte positive Eigenschaften aus, dennoch ist Walter White mehr ein ›schlechter‹ als ein ›besserer‹ Mensch. Walter White ist ebenso wie Frank Underwood aus *House of Cards*, Piper Chapman aus *Orange is the New Black* oder Jamie Lannister aus *Game of Thrones* ein typischer tragischer Antiheld der gegenwärtigen US-amerikanischen Serials – ein Bösewicht, mit dem man teilweise trotz allem sympathisiert. Bis zu einem gewissen Grad hat er Ähnlichkeiten mit Nietzsches ›Übermenschen‹, denn er widersetzt sich dem amerikanischen Gesetz, um sich stattdessen nach seinen eigenen Werten und Normen zu richten. Allerdings dürfte Walter die Entscheidungen, die auf seinen individuellen Moralvorstellungen beruhen, als Übermensch nicht bereuen, was er jedoch an einigen Stellen tut; zum Beispiel plagt ihn nach Janes Tod sein schlechtes Gewissen.

Whites Schicksal evoziert Jammern und Schaudern beim Zuschauer, obwohl es sich bei Walter im engeren Sinne nicht um einen tragischen Helden

---

50 | Auf die Verdoppelung und Abspaltung der Figur Walter White verweist unter anderem das Spiegelmotiv, das sich durch die Serie zieht (vgl. Dreher/Lang: Breaking Down BREAKING BAD, S. 79 f.)

51 | Einen Zusammenschnitt einiger Point-of-View-Shots findet sich online unter www.youtube.com/watch?v=DY5yrEAvCQc.

handelt, wie Aristoteles ihn sich vorgestellt hat. ›Schlechtere‹ beziehungsweise ambivalente Charaktere werden für das Fernsehpublikum immer interessanter.[52] Daniela Schlütz deutet, dass auf das einstige Erfolgsrezept für Filme und Fernsehproduktionen, nach dem der moralisch einwandfreie Held im Kampf gegen Ungerechtigkeit und das Böse obsiegt, nicht mehr unbedingt Verlass sei.[53] Schlütz zufolge sind stattdessen komplexe Antihelden wie White und der »Verzicht auf eindeutige Gut/Böse-Einteilungen«[54] prototypisch für die gegenwärtigen Qualitätsserien. Auch Dreher und Lange erklären die moralische Vielstimmigkeit der Charaktere als ein konstitutives Merkmal der gegenwärtigen Serials:

> Diese Fernsehserien legen es nicht darauf an, in ihren Erzählungen eindeutige moralische Aussagen zu treffen, wie es das Interesse eines Fernsehens wäre, welches sich als kulturelles Korrektiv im Sinne einer Schiller'schen ›moralischen Anstalt‹ verstünde. Vielmehr stellen diese Erzählungen durch eine Infragestellung von geordneten moralischen Kategorien bewusst Ambivalenzen her, produzieren schwierig aufzulösende Konflikte, die die Zuschauenden gedanklich nicht schnell loslassen und die sie herausfordern, sich selbst dazu ins Verhältnis zu setzen.[55]

Hinzu kommt, dass Qualitätsserien spezifische Strategien nutzen, um »Nähe zu den Charakteren [...] herzustellen und so die Eindrucksbildung zu beeinflussen«.[56] Ein wichtiges Verfahren, bei dem die Sympathie des Rezipienten beeinflusst wird, stellt das *narrative alignment* dar: Je besser der Zuschauer eine Figur kennenlernt und je mehr Einsicht er in ihre Geschichte, ihre Emotionen und Motive erhält, desto leichter fällt es ihm, die Handlungen der Figur nachzuvollziehen.[57] Margrethe Bruun Vaage stellt in ihrem Aufsatz zu der ebenfalls vielschichtigen und ambivalenten Figur Omar Little aus *The Wire* die These auf, dass das *narrative alignment* dem moralischen Urteil über eine Figur vorangehe und die Beurteilung der Figur somit beeinflusse.[58] In Bezug auf die Rezeption der ambivalenten Serienfiguren konkludiert Daniela Schlütz, »dass sich

---

52 | Die moralische Vielstimmigkeit ist ein konstitutives Merkmal der Serie *Breaking Bad*, denn fast alle Figuren sind moralisch ambivalent, zum Beispiel Whites Schwägerin Marie Schrader, eine kleptomanische Lügnerin, oder der Anwalt Saul Goodman (vgl. Dreher/Lang: Breaking Down BREAKING BAD, S. 57 f.).

53 | Schlütz: Quality-TV als Unterhaltungsphänomen, S. 205.

54 | Ebd., S. 119.

55 | Dreher/Lang: Breaking Down BREAKING BAD, S. 53.

56 | Schlütz: Quality-TV als Unterhaltungsphänomen, S. 206.

57 | Vgl. Margrethe Bruun Vaage: Our Man Omar: Warum die Figur Omar Little aus THE WIRE so beliebt ist. In: Robert Blanchet u. a. (Hg.): Serielle Formen. Von den frühen Film-Serials zu aktuellen Quality-TV- und Online-Serien. Marburg 2011, S. 211–227, hier S. 206.

58 | Vgl. ebd., S. 215.

moralisch komplexe Charaktere wie die beschriebenen gegen die herkömmlichen rezeptionstheoretischen Erklärungsversuche sperren; die Eindrucksbildung verläuft anders als bei der klassischen Heldenfigur«[59]. Am Serial *Breaking Bad* lässt sich nicht nur die zeitgenössische Machart von Serials exemplarisch zeigen, sondern auch die zeitgenössische Rezeption des Mediums Fernsehen, das in Fällen wie *Breaking Bad* mehr und mehr zum ›kalten‹ Medium wird.

2.3 Die Wiedererkennung, die Peripetie und das schwere Leid

Die Wiedererkennung (*anagnorisis*) ist nach Aristoteles »ein Umschlag von Unkenntnis in Kenntnis, mit der Folge, daß Freundschaft oder Feindschaft eintritt, je nachdem die Beteiligten zu Glück oder Unglück bestimmt sind«[60]. Die Peripetie ist »der Umschlag dessen, was erreicht werden soll, in das Gegenteil«[61]. Aristoteles zufolge kann man auch von einer Wiedererkennung sprechen, wenn eine Erkenntnis eintritt, ob jemand etwas getan oder nicht getan hat.[62] Weiterhin unterteilt Aristoteles die Wiedererkennung in vier mögliche Kategorien. Eine Wiedererkennung kann durch Zeichen, durch eine Erinnerung oder durch eine Schlussfolgerung ausgelöst werden.[63] Darüber hinaus handle es sich auch um eine Wiedererkennung, wenn jemand zu erkennen gebe, wer er ist.[64]

Wenn in der Tragödie eine Wende ohne Peripetie oder Wiedererkennung eintritt, spricht Aristoteles von einer einfachen, wenn eine Wende mit Peripetie oder Wiedererkennung oder mit beidem eintritt, von einer komplizierten Handlung.[65] In einer besonders gelungenen Tragödie trete die Wiedererkennung zugleich mit der Peripetie ein, so wie es auch in Sophokles' modellhafter Tragödie *König Ödipus* der Fall ist: »So tritt im ›Ödipus‹ jemand auf, um Ödipus zu erfreuen und ihm die Furcht hinsichtlich seiner Mutter zu nehmen, indem er ihm mitteilt, wer er sei, und er erreicht damit das Gegenteil.«[66] Ödipus ist durch seine Wiedererkennung so konsterniert, dass er sich das Augenlicht nimmt. Wenn Wiedererkennung und Peripetie zugleich eintreten, evoziert das Aristoteles zufolge besonders viel Jammern und Schaudern beim Zuschauer.[67] Neben Wiedererkennung und Peripetie ist zudem das »schwere Leid« ein zentraler Bestandteil der tragischen Fabel: »Das schwere Leid ist ein verderbliches oder schmerzliches Geschehen, wie z. B. Todesfälle auf offener Bühne, heftige

59 | Schlütz: Quality-TV als Unterhaltungsphänomen, S. 208.

60 | Ebd.

61 | Aristoteles: Poetik, S. 35.

62 | Vgl. ebd.

63 | Vgl. ebd., S. 51 ff.

64 | Vgl. ebd.

65 | Vgl. ebd., S. 35.

66 | Ebd.

67 | Vgl. ebd.

Schmerzen, Verwundungen oder dergleichen mehr.«[68] Das schwere Leid ist ein besonders wirkungsvolles Element, wenn es sich innerhalb von Naheverhältnissen, vor allem innerhalb von Familien zuträgt.[69]

Auf der Ebene der horizontalen Dramaturgie ergeben sich in der Serie *Breaking Bad* gleich zwei ›Wiedererkennungen‹. Vor der ersten Wiedererkennung ereignet sich der Höhepunkt von Whites Karriere als Kingpin. Er expandiert mit seinem blaufarbigen Crystal Meth erfolgreich ins Ausland und als er schließlich rund 80 Millionen Dollar zusammenhat, erfüllt er Skyler den Wunsch, aus dem Geschäft auszusteigen. Die achte Folge der letzten Staffel endet mit einer Familienszene an einem sonnigen Nachmittag: Die wiedervereinten Familienmitglieder Whites, Skyler, Walter jr., Holly, Marie und Hank Schrader sitzen bei einem Barbecue zusammen, die Stimmung ist harmonisch. Der Sonnenaufgang, der vor dieser Szene eingeblendet wird, wird als Symbol eingesetzt, um den positiven Neuanfang zu verdeutlichen, welcher der Familie nun scheinbar bevorsteht. Doch dann findet Hank Schrader auf der Toilette der Whites das Buch, das Gale Boetticher, Whites ehemaliger Laborpartner, ihm einst geschenkt hat – *Grashalme* von Walt Whitman. Hank stößt auf der Vakatseite auf die Widmung Gales: »Gewidmet meinem zweitliebsten W. W. Die Arbeit mit Ihnen ist eine Ehre. G. B.«, steht dort geschrieben. Auch Gales Labornotizbuch, das die DEA nach Gale Boettichers Tod am Tatort fand, war einem gewissen »W. W.« gewidmet. Da in dem Notizbuch allerdings ein Gedicht von Walt Whitman zitiert wurde, konnte Walter White Schrader zu diesem Zeitpunkt davon überzeugen, dass die Initialen »W. W.« für den Namen des Autors stehen. Doch in dem Moment, in dem Hank die zweite Widmung Boettichers liest, kombiniert er seine Erinnerung mit seiner neuen Beobachtung und schlussfolgert, dass Heisenberg Walter Whites generische Identität ist. Schraders Wiedererkennung ist also eine Kombination aus Aristoteles' Kategorien »Erinnerung« und »Schlussfolgerung«. Nach Hanks Wiedererkennung platzt die Blase der scheinbaren Harmonie und aus White und Schrader werden Feinde.

Doch für die Peripetie bedarf es in der Serie letztlich noch einer zweiten Wiedererkennung. Diese erlebt Jesse Pinkman drei Folgen nach Schraders Entdeckung von *Grashalme*. Als Pinkman auf den Mann wartet, der ihm eine neue Identität und ein neues Leben in einem anderen Bundesstaat verschaffen soll, fällt ihm auf, dass Saul Goodmans Handlanger Huell Babineaux ihm sein Marihuana geklaut hat. In dem Moment wird ihm bewusst, dass auch er es war, der die Zigarette mit Rizin aus seiner Zigarettenschachtel geklaut hat, was bedeutet, dass White den Sohn von Pinkmans Freundin, Brock Cantillo, vergiftet hat. Pinkman wird bewusst, dass White ihn die ganze Zeit belogen hat. Er erkennt, wer White ›wirklich‹ ist und zu was er fähig ist. Daraufhin wird auch Pinkman

68 | Ebd., S. 37.
69 | Ebd., S. 43.

für White zum Feind: Er wendet sich gegen ihn und schließt sich mit Schrader zusammen.

Schrader und Pinkman versuchen gemeinsam, White in die Falle zu locken, indem sie vorgeben, Pinkman wüsste, wo White sein Vermögen versteckt hat. Da sie vermuten, dass White sein Geld in der Wüste vergraben hat, schicken sie ihm ein manipuliertes Foto mit einer ausgegrabenen Tonne voller Geld. Sie treffen ins Schwarze: Voller Panik fährt White in die Wüste, die GPS-Daten seines Handys verraten Schrader und Pinkman seine Koordinaten. Als White bemerkt, dass er hereingelegt wurde, ruft er Jack Welker an und befiehlt ihm, zu seinem Standort zu kommen, damit er und seine ›Neo-Nazi-Gang‹ den Störfaktor Jesse Pinkman ein für alle Mal beseitigen können. Als allerdings nicht nur Pinkman auftaucht, sondern auch Hank, versucht White, seinen Befehl rückgängig zu machen. Jack Welker und seine Gang tauchen dennoch auf – es kommt zu einer Schießerei. Als Welker kurz davor ist, Schrader zu erschießen, bietet White ihm sein ganzes Vermögen an. Im Gegenzug sollen sie seinen Schwager am Leben lassen. Welker erschießt ihn trotzdem, gräbt das Geld aus und nimmt es an sich, abgesehen von 10 Millionen Dollar, die er White überlässt, damit dieser nicht auf Rachegedanken kommt. Pinkman nehmen sie mit, um ihn zu versklaven und zu foltern. Das schwere Leid vollzieht sich hier innerhalb von Naheverhältnissen, so wie Aristoteles es vorschreibt. Das schwere Leid, das Pinkman und vor allem Schrader zustößt, ist zugleich die Peripetie der Serie, denn White wollte die ganze Zeit über, dass seine Familie in Sicherheit ist. Nun ist Walter jrs. Onkel seinetwegen nicht mehr am Leben, und seinem Partner Pinkman, der für ihn wie ein Sohn ist, widerfährt in der Gefangenschaft von Welker großes Leid. Hinzu kommt, dass Whites Doppelleben als Familienvater einerseits und Kingpin andererseits öffentlich bekannt wird. Infolge dieser Offenbarung bezahlt er mit dem Einbrechen der beiden Welten, in der er lebt, was zum einen den Untergang seines Imperiums, zum anderen das Zerbrechen seiner Familie nach sich zieht.

Darüber hinaus entspricht auch die vertikale Dramaturgie von *Breaking Bad* häufig, wenn auch im weitesten Sinne, den aristotelischen Vorgaben: Im Laufe einer Folge hat der Protagonist oft eine Erkenntnis, die dazu führt, dass er seine Handlungsrichtung ändert.[70] So deuten Dreher und Lange Whites Offenbarung gegenüber Pinkman, dass er aufgewacht sei, als Anagnorisis, »bei der Walter sich und seinen Wunsch quasi selbst erkennt«[71]. Dass White kurz darauf den Jungen verprügelt, der seinen Sohn denunziert, klassifizieren Dreher und Lange als die Peripetie der Folge.[72]

---

70 | Vgl. Dreher/Lang: Breaking Down BREAKING BAD, S. 78.

71 | Ebd., S. 72.

72 | Vgl. ebd.

3. *Breaking Bad* – Eine Serie nach aristotelischem Rezept

Die aufgezeigten Parallelen belegen, dass einige dramaturgische Elemente der Autorenserie *Breaking Bad* tatsächlich den aristotelischen Vorgaben für eine gelungene Tragödie entsprechen. Die Kriterien der »Ganzheit«, »Einheit«, »Wahrscheinlichkeit« und »Notwendigkeit« der Handlung werden weitestgehend umgesetzt, denn die Serie *Breaking Bad* zeichnet sich vor allem dadurch aus, dass jede Handlung weitreichende Folgen nach sich zieht, auch über ihren unmittelbaren Zusammenhang hinaus. In der Serie wird zudem vornehmlich an einer geschlossenen Form festgehalten; das Aufbrechen in die offene Form und in postmoderne Strukturen dient an einigen Stellen dazu, die Notwendigkeit des Handlungsverlaufs hervorzuheben.

Darüber hinaus kann man die Figur Hank Schrader, den Antagonisten und Schwager Whites, als tragischen Helden im aristotelischen Sinne klassifizieren: Schrader ist ein ›besserer‹ Mensch, der einen Fehler begeht, indem er seinen Schwager unterschätzt, und für diesen Fehler letztendlich mit dem Tod bezahlt. Walter White, der Protagonist der Serie, ist allerdings kein Held im aristotelischen Sinne. An dieser Stelle distanziert sich dieser Aufsatz von Reinhartz' Argumentation. White fällt seine Entscheidungen, im Gegensatz zu Hank Schrader, bewusst. Eine Verkettung von zahlreichen Fehlentscheidungen führt letzten Endes zu seinem Leid. Walter ist kein ›besserer‹ Mensch, so wie es Aristoteles von einem tragischen Helden erwartete – er ist ein moralisch ambivalenter Charakter. White ist ein Prototyp des tragischen Antihelden der gegenwärtigen US-amerikanischen Serials – ein Bösewicht, mit dem man teilweise trotz allem sympathisiert. Diese Sympathie wird in der Serie *Breaking Bad* ebenso wie in anderen zeitgenössischen Serials durch das *narrative alignment* sowie durch filmisch-visuelle Mittel, wie zum Beispiel Point-of-View-Einstellungen, gelenkt.

Hinzuzufügen ist, dass sich in *Breaking Bad* sowohl auf der Ebene der horizontalen Dramaturgie als auch auf der Ebene der vertikalen Dramaturgie Wiedererkennungen ereignen, die einen Umschwung der Handlung nach sich ziehen. Auf der Ebene der horizontalen Dramaturgie ereignen sich gegen Ende der Serie gleich zwei Wiedererkennungen innerhalb von vier Folgen. Sowohl Hank Schrader als auch Jesse Pinkman erkennen, wer Walter White wirklich ist und zu was er fähig ist. Die beiden Wiedererkennungen machen Schrader und Pinkman zu Komplizen, das Glück schlägt in Unglück um und letztlich geschieht genau das, was White zu verhindern versucht hat: Sein Imperium geht unter, seine Familie zerbricht und einem Familienmitglied stößt schweres Leid zu. Das schwere Leid vollzieht sich hier innerhalb von Naheverhältnissen, so wie Aristoteles es vorschreibt. Auch Schrader und Pinkman erreichen das Gegenteil ihres Ziels: White wird bis zuletzt nicht von der Polizei gefasst – bevor man ihn zur Rechenschaft ziehen kann, stirbt er.

Zum großen Teil erfüllt Gilligans Serie *Breaking Bad* die aristotelischen Kriterien einer gelungenen Tragödie. Der Erfolg der Serie ist also zum Teil auch dem Festhalten an altbewährten dramaturgischen Regeln geschuldet. Selbstverständlich kann man die Dramaturgie der Serie anhand von Aristoteles' Poetik nicht vollends erfassen. Weiterführend könnte es ergiebig sein, zu überprüfen, welche dramaturgischen Theorien sich noch in die Serie eingeschrieben haben. Zum Beispiel könnte man der Frage nachgehen, wie weit sich die Autorinnen und Autoren der Serie an die amerikanische Dramaturgie und an die mit ihr verbundenen Rollenkonzepte gehalten oder inwieweit sie diese durchkreuzt haben. Ferner wäre eine Analyse der Dramaturgie vor der Folie von Gustav Freytags Dramentheorie interessant, denn sowohl auf der horizontalen als auch auf der vertikalen Ebene zeichnet sich die Dramaturgie der Serie überwiegend durch einen pyramidalen Aufbau aus.[73]

73 | Der pyramidale Aufbau nach Gustav Freytag schließt eine Exposition, eine steigende Handlung mit erregendem Moment, einen Höhepunkt und eine Peripetie, eine fallende Handlung mit retardierendem Moment und eine Katastrophe mit ein.

Remembering and Reinscribing Colonialism in Brink, Kubuitsile and Mannel

Christine Rinne

Beginning in the 1990s, Germany's colonial past was reassessed politically, socially, and culturally, which included a diverse body of literary production.[1] Uwe Timm's *Morenga* (1978) marked the beginning of a variety of postcolonial literature, but until recently, works that have taken place in colonial German South-West Africa (GSWA) were dominated by male protagonists.[2] While there have been a large number of autobiographical and generational narratives about and by women, they tend to occur in eastern Africa.[3] Dirk Göttsche suggests that this literary gap is likely due to the genocide of the Herero and Nama (1904–1907), as well as a German minority residing in Namibia today. Often, as is true with Timm's seminal novel, texts about GSWA focus on the military conflict and consequent genocide, thus the foregrounding of male figures. Here I will discuss André Brink's *The Other Side of Silence* (2002), Lauri Kubuitsile's *The Scattering* (2016), and Beatrix Mannel's *Der Duft der Wüstenrose* (2012), which give voices to female figures who have traditionally been silenced in postcolonial narratives.[4] Written by a (white) South African man, (white) Motswana woman, and German woman respectively, these three novels take a necessary step identified by authors[5] and critics[6] alike in the process of remembering Germany's violent co-

1 | Dirk Göttsche suggests that this is tied to intellectual debates about the Third World during the 1960s and 1970s, and the »countercultural One World movement of the 1980s« (cf. Dirk Göttsche: Remembering Africa. The Rediscovery of Colonialism in Contemporary German Literature. Rochester [NY] 2013, p. 1).

2 | Uwe Timm: Morenga. Roman. Gütersloh 1978.

3 | See especially the introduction and chapter 5 in Göttsche's recent comprehensive analysis for more on German literature set in contemporary Africa (Göttsche: Remembering Africa).

4 | André Brink: The Other Side of Silence. Orlando 2002; Lauri Kubuitsile: The Scattering. Cape Town 2016; Beatrix Mannel: Der Duft der Wüstenros. Munich 2012.

5 | André Brink: Interrogating silence: new possibilities faced by South African Literature. In Writing South Africa: Literature, Apartheid, and Democracy 1970–1995. Ed. by Derek Attridge and Rosemary Jolly. Cambridge 1998, p. 24.

6 | Dirk Göttsche: Der neue historische Afrika-Roman: Kolonialismus aus Postkolonialer Sicht. In: German Life and Letters 56 (2003), No. 3, p. 280.

lonial undertakings.[7] These novels do not focus on well-known figures or events, rather reflect on the everyday role of women during colonialism in southern Africa. Here I will demonstrate how key plot and structural elements in these three novels permit the rejected figures to carve out a position for themselves by learning to remember and re-inscribing painful places with comfort and solace.

German South-West Africa (GSWA), now Namibia, was colonized in 1884 and throughout its roughly thirty-year existence the colonists who settled it were primarily single men: farmers, bureaucrats, and later soldiers.[8] The paucity of potential German wives was viewed with increasing concern around the turn of the twentieth century, as nationalist and racist rhetoric spread and Germanizing the land gained urgency.[9] German women were given and accepted the task of continuing the »civilizing mission« that the men began through colonization, by marrying and establishing households and families with them. As Daniel Walther notes, »the notion of women as carriers of culture was not limited to the colonial endeavor, and did not originate in it,« however colonization amplified »fears of degeneracy«[10]. Creating German homes came to stand for much more than providing nourishment and shelter. According to Roger Chickering, »the domestic sphere was but a metaphor for German culture; it stood for order, discipline and cleanliness - for civilization in the highest sense«[11]. By attempting to replicate German domestic order in Africa, women occupied a far-reaching role in the process of colonization that extended beyond the confines of the home. Most women were unable to fulfill this complex and onerous position, however, and in fact stern warnings accompany calls to aid the young nation.

The colonies were full of ideological, physical, and social contradictions, and for female settlers, Africa meant both new freedoms as well as additional

---

7 | Lauri Kubuitsile was born in the United States, but according to her blog is a citizen of Botswana. Thus far most of her works have been for younger readers, cf. Thoughts from Bostwana by Lauri Kubuitsile. Writings and thoughts from Motswana writer, Lauri Kubuitsile (blog), online http://thoughtsfrombotswana.blogspot.com.

8 | In 1915 the British occupied the colony, and with the Treaty of Versailles (1919) the area came under South African control. Not until 1990 did South African forces finally leave Namibia, making it the last African nation to gain independence.

9 | Marcia Klotz states that most German women went to GSWA »because it was the only German protectorate in which malaria was not a major threat« (Marcia Klotz: Memoirs from a German Colony: What Do White Women Want? In: Genders 20 (1994). p. 155). In 1901, there were 2 185 German men in GSWA and 1 772 of them were single; however there were only 100 single German women in the colony (Karl Dove: Deutsch-Südwest-Afrika. Berlin 1902, p. 205).

10 | Daniel J. Walther: Creating Germans Abroad. Cultural Policies and National Identity in Namibia. Athens 2002, p. 46 f.

11 | Roger Chickering: Casting Their Gaze More Broadly: Women's Patriotic Activism in Imperial Germany. In: Past and Present 118 (1998), No. 1 (February), p. 179.

constraints.[12] The continent held the potential of increased independence and greater equality, but in return for a high physical and material price. Some proponents of the nation's expansion, like Wilhelm Föllmer, used forums such as colonial magazines to convince women that they would have more liberties outside of Germany. »Der Einfluß auf den Mann ist in Afrika bedeutend größer [...] die Frau ist hier mehr Genossin und Helferin des Mannes und wird bei allem Tun und Treiben zu Rate gezogen«[13]. Geographic seclusion meant that husbands depended on their wives more, by confiding in them and employing them as advisors. Female colonists were permitted, and at the same time required to become more knowledgeable about farming, local crops, weather patterns, and trade. However, the impending rewards did not lure many to the colonies. Not only were the financial costs often prohibitive, but many were not prepared to live in such a harsh, rural climate. Experienced colonists, such as Maria Karow, provide practical knowledge in their writings with the intention of properly preparing young women. To this end, Karow warns readers of her autobiography that they cannot simply play a lady while in Africa.

> Der ehrliche Wille, dem Manne eine treue Mitarbeiterin zu sein, sein arbeitsreiches Dasein freundlich zu gestalten und die Kinder zu tüchtigen Menschen und guten Deutschen zu erziehen, wird der Frau über die mannigfachen Fährlichkeiten und Mühen hinweghelfen und der Familie um so rascher eine sorgenfreie Existenz schaffen [...].[14]

A wife must be morally and mentally prepared in order to properly support her family, and direct her husband's actions.

A primary motivation to recruit German women to aid in the colonization efforts stemmed from the behavior of the male colonists. As scholars such as Lora Wildenthal argue, women had to »save« the men in the colonies who seemed unable to resist African women.[15] The intimate nature of a servant's duties require that she have almost unlimited access to her employer's reputation, possessions, and relationships, which created a fissure in the familial institution

12 | For a detailed discussion of the various types of roles women played in the colonial effort, see Lora Wildenthal: German Women for Empire, 1884–1945. Durham 2001.

13 | Wilhelm Föllmer: Die deutsche Frau in Neudeutschland. In: Koloniale Zeitschrift, 27 Jun. 1913, p. 402.

14 | Maria Karow: Wo sonst der Fuß des Kriegers trat. Farmerleben in Südwest nach dem Kriege. Berlin 1911, p. 143.

15 | Wildenthal: German Women for Empire, p. 121. African women have been coded as hypersexual for centuries, and these stereotypes existed in GSWA as well. For an exploration of how African women came to be equated with prostitutes, as well as corruption and physical degeneration, see Sander Gilman: Black Bodies, White Bodies: Toward an Iconography of Female Sexuality in Late Nineteenth-Century Art, Medicine, and Literature. In: Critical Inquiry 12 (1985), No. 1 (Autumn), p. 204–242.

that the servant could easily exploit. The African servant threatened, through her sexuality, to displace the wife in both her marital and maternal role, destroy the family, and thereby dismantle society's very foundation.[16] It is solely the figure of the German wife who can mediate between husband and employee, and keep each properly contained in his or her appropriate role and within the household.[17] The behavior of unmonitored men not only led to the perceived degeneration of the individual, but to the potential disintegration of the entire colony. These prescribed familial roles exposed an imperfect and fantastic social framework.

VOICES IN THE SILENCE

Several years before *The Other Side of Silence* was published, prolific writer André Brink suggested that two silences remained in South African literature

> that created by the marginalization of women, and that effected by a (white-dominated) master-narrative of history. In both respects [...] the crucial new dimension is not the presentation of new historical ›evidence‹, however important that in itself may be, but the leap of the imagination towards grasping the larger implications of our silences.[18]

His 2002 novel is an attempt to break the first silence and chip away at the second. The central figure, Hanna X, is an abused orphan who, when she is 30, moves to GSWA through the German Colonial Society's program to import domestic servants, and thereby future wives, around the turn of the twentieth century. Similarly, Beatrix Mannel's *Der Duft der Wüstenrose* follows Fanny, also orphaned, on her voyage to discover who her family is while making a living

---

16 | Walther details the interrelatedness between male heterosexuality and conquering new territories: »The act of conquering entailed not just the penetration of indigenous women by white men, but also the penetration of the land. Both actions brought about the subjugation of land and people.« (Daniel J. Walther: Sex, Race and Empire: White Male Sexuality and the »Other« in Germany's Colonies, 1894–1914. In: German Studies Review 33 (2010), No. 1 [February], p. 49)

17 | In Mannel's *Der Duft der Wüstenrose*, Maria von Imkeller's husband leaves for New Guinea with a 17-year-old Ovambo girl while she is visiting family in Germany for a few months. She is left with three boys, no money, and no way to earn a leaving. Fanny's husband, Ludwig, agrees to pay for their passage back to Germany in exchange for help watching Fanny and with the birth of their child. In Kubuitsile's *The Scattering* many in Lüderitz talk about Tjipuka's presumed sexual relationship with Ludwig, the storeowner, and it forces her to eventually leave her husband.

18 | Brink: Interrogating silence, p. 24.

in GSWA about a decade earlier. Lauri Kubuitsile's *The Scattering* takes place during the period leading up to and including the war with the Herero from 1904 to 1907, oscillating between three intertwined tales of Tjipuka, a Herero woman, her husband Ruhapo, and Riette, the daughter of Afrikaner colonists, all of whom come to reside in the British protectorate of Bechuanaland, now Botswana. Tjipuka and Ruhapo's relationship is depicted as a happy and successful, until the war separates them.[19] All of the women are rejected by their own families, and forced to adapt in order to survive.

These novels give voices to traditionally silenced figures, inviting the contemporary reader to see how these lost narratives resonate with existing colonial memory and history. None of these are instances of the colony writing back, as these authors do not reside in Namibia; however, they do supply a version of the experiences of the many who migrated, in some cases forcefully, during southern Africa's colonial period. As Birgit Neumann states in her discussion of memory in literature:

> By giving voice to those previously silenced fictions of memory, they [fictional texts] constitute an imaginative counter-memory, thereby challenging the hegemonic memory culture and questioning the socially established boundary between remembering and forgetting [...]. Shared interpretations of the past, but also incompatible memories of the shared collective past, become visible.[20]

No single literary work can correct decades of absence, but each of these novels takes a unique approach to voicing the challenges women faced.

Despite unique locations and years, the female figures have analogous experiences. Each is forced to leave her family, must trek through the desert to survive, finds a group of similarly abused people to form a temporary family with, and is unsuccessful from the colony's viewpoint, though successful in forging her own path. In these three novels, previously unnamed women share a common path of abuse but eventually find healing.[21] In Brink's *The Other Side*

19 | Kubuitsile's *The Scattering* is the only novel I was able to find in which a Herero/Namibian woman is a key figure. Presumably some of this is due to the danger I will address later in the context of Brink's novel, of the difficulties of escaping history's white master narrative. There are peripheral Herero and Nama figures in Brink's story who join Hanna's army to avenge themselves on the male colonizers. Mannel's narrative includes two domestic servants who Ludwig bought out of slavery, as well as John's mother, Zahaboo, a Zulu sorceress; Fanny befriends them all, as is characteristic of this novel, which simplifies interracial relationships.

20 | Birgit Neumann: The Literary Representation of Memory. In: Cultural Memory Studies: An International and Interdisciplinary Handbook. Ed. by Astrid Erll and Ansgar Nünning. Berlin 2008, p. 339.

21 | None of these authors shy away from transmitting the violence the women experienced, and in fact Brink's *The Other Side of Silence* has often been criticized for its

of Silence, Hanna is an orphan who has been abused before she arrives in the colony. She rejects the men who court her upon arrival, and is put on a train with other women, where she is raped and mutilated by a German officer, violently losing her tongue, nipples, and labia. She spends most of her years in GSWA at Frauenstein, a home for rejected, single women that is described as »prison, convent, madhouse, poorhouse, brothel, ossuary, a promontory of hell; but also asylum, retreat and final haven«[22]. After killing a soldier in order to prevent a fellow resident from being raped, Hanna gathers an army of Africans and abused German women who, one battle at a time, defeat the military. The story concludes when Hanna confronts the officer who disfigured her, choosing not to kill him, and is consequently taken into custody. Kubuitsile's *The Scattering* tells of two women, Riette and Tjipuka. Riette is forced to give up her job and marry, then is widowed by the second Anglo-Boer War in 1901. She is held in the Pietersburg concentration camp, where her two stepdaughters die, but where she also falls in love with an Irishman who helps her escape. She later goes through the Kalahari to live in Bechuanaland, and she opens a store in Tsau. Tjipuka is not yet rejected by her family, but loses most of them in the Herero War and is forced into the Omeheke Desert by the German military. She is eventually taken to the infamous Shark Island, bought out to serve as a saleswoman and servant for a German storeowner, and eventually goes to Tsau, where she meets Riette. In the last few pages, Tjipuka leaves her newborn mixed-race daughter with Riette and contentedly returns to the desert. Mannel's *Der Duft der Wüstenrose* follows Franziska Reutberg, an orphan whose only clue to her identity is a bracelet she wears. It leads her to GSWA, where she marries her deceased friend Charlotte's fiancé Ludwig. After a disappointing marriage, the birth of her bi-racial child forces her to flee and leads her into the desert, where she later discovers that her daughter has brown skin because her father was Herero. She is eventually able to find the man who loves her, John, the former caretaker of her husband's farm, but they will have to leave GSWA to escape Ludwig's wrath.

Hanna, Fanny, and Riette are replaceable and exchangeable, because in a colonial context, and arguably in Germany as well, they are defined by their sexual and reproductive functionality. On the trip to GSWA, Brink's Hanna befriends Lotte, one of the 110 women aboard the *Hans Woermann*. Her bunkmate is a young widow, sexually abused as a child, and though she and Hanna briefly find friends and lovers in one another, Lotte commits suicide after sailors repeatedly

intense, prolonged violent scenes; Ruth Franklin's review in *The New York Times* is characteristic (cf. Nor Tongue to Tell. In: New York Times, 3 Aug. 2003, online www.nytimes.com/2003/08/03/books/nor-tongue-to-tell.html). The commonness of these stories is also revealed in their ordinary names. Mannel and Kubuitsile's novels have male colonizers named Ludwig, and Brink and Mannel's protagonists both have close friends named Charlotte.

22 | Brink: The Other Side of Silence, p. 12.

rape her. When her body is buried at sea, the ship administration falsely marks the corpse as »Hanna.« Hanna confronts the captain, but is told the paperwork cannot be undone. When the ship lands in Swakopmund Hanna is called Lotte, and when she corrects the man the narrator states: »She will add the surname now lost to us.«[23] The reader never learns her family name, as it has been blotted out with other histories and memories. At the novel's onset, the narrator comments on the incomplete lists of names he finds in the colonial records of women who were sent »to assuage the need of men desperate for matrimony, procreation or an uncomplicated fuck.«[24] She is unidentifiable, because Hanna and Lotte are sexual objects to be exchanged between men, and names are temporary, a matter of ownership and bureaucracy.[25] A similar situation is found in Mannel's *Der Duft der Wüstenrose*. Fanny befriends Charlotte in classes at the *Frauenkolonialschule* in Germany and they depart for Africa together; however, Charlotte dies from food poisoning during the trip. Fanny has a teaching position and Charlotte is engaged to a man she has never met, so Charlotte makes Fanny promise that she will instead marry Ludwig so that she will have stability and a partner. Fanny agrees and though she is initially leery, when they arrive in Swakopmund she is told that the mission station she was to be sent to burned down and the teachers were murdered.[26] Any German woman can become Ludwig's wife, as the goal is creating a colonial family. While Kubuitsile's figure of Riette does not exchange identities, she is forced to give up her plans and take on a new role. Without her parents' full support she trains as a nurse, but before she can leave their house to practice her profession, they force her to marry the widowed neighbor. All three of these women are intended to become colonial wives and mothers, to procreate and help settle the land, but they do not succeed by these measures.

These women have failed by their society's standards, but not on an individual level. Hanna chooses not to kill her perpetrator, and is arrested. »At least, she thinks, there is nothing she regrets. No pain, no agony, no fear, no darkness, no extremity or outrage.«[27] A few sentences later the novel concludes: »And if she smiles, if what she shows can be interpreted as a smile, it is because now,

23 | Ibid, p. 139.

24 | Ibid, p. 5.

25 | Luce Irigaray wrote the seminal text on women as exchanged commodities: Women on the Market. In: This Sex Which is Not One. Trans. Catherine Porter. Ithaca 1985, p. 170–191.

26 | Only Hermann, a local businessman who has seen a picture of Charlotte, knows that Fanny is an imposter, though she is able to keep the secret from her husband throughout her pregnancy. Hermann also repeatedly comments that Fanny does not look as German as Charlotte, which is explained when she discovers who her father is.

27 | Brink: The Other Side of Silence, p. 307.

at last, Hanna X has reached the other side.«[28] Hanna's story has been told, she has a voice, and though it is artificial and incomplete, it is better than absence. If one believes Brink's claims, then »national healing can be effected at the level of narration itself.«[29] Thus telling this story at least encourages the reader to think about what has thus far not been said, and to consider how these new narratives reconcile with the existing public discourse. Neil Bernstein, in his discussion of Brink's appropriation of the Philomela myth, details how Brink succeeds in providing a model for South Africa's future, especially in light of the criticism faced by the Truth and Reconciliation Commission. Bernstein argues that the novel's conclusion

> presents the acceptance of personal responsibility without the threat of historical amnesia. Hanna's decision to bear witness against [Hauptmann] Böhlke instead of murdering him undoes both the cycle of violence inaugurated by the imperial army as well as the ancient myth's narrative of female reprisal.[30]

Hanna did not kill her attacker, as the reader expects given her behavior on the way to Windhoek, but her story is finally told, and it provides a model for ending the cycle of violence that continues today.

Fanny in Mannel's *Der Duft der Wüstenrose* becomes a wife and mother, but her daughter's unexpected dark skin forces her to flee and finally discover her ancestry. After some rather fantastic scenes of time travel and magic, she knows who her parents are, and she and John are again reunited. He accepts her daughter as his own, but they are unable to remain in GSWA, because Ludwig is still after her. The local judge, who in a unique twist was her mother's husband, nullifies her marriage since she is not Charlotte as she claimed, and offers to help them get to the new German colony of Samoa. Though many of the charges against her are untrue, she cannot stay, and in her own way has finally found the truth about her past and established her own family. She learns she is a product of Germany's forced expansion, and ironically, will perhaps perpetuate the nation's colonial legacy in Samoa.

Riette and Tjipuka are both in Tsau, Bechuanaland after the Herero War. Riette has a successful store, and though she is lonely as the sole permanent white resident, is content. Tjipuka is reunited with her husband shortly after arriving. While the reader knows that both figures are alive throughout the novel,

---

28 | Ibid.

29 | Sue Kossew: Giving Voice. Narrating Silence, History and Memory in André Brink's *The Other Side of Silence* and *Before I Forget*. In: Tydskrif vir Letterkunde 42 (2005), No. 1 (January), p. 141.

30 | Neil W. Bernstein: Revisiting Ovid's *Philomela*: Silence, Revenge, and Representation in André Brink's *The Other Side of Silence*. In: Classical and Modern Literature 24 (2004), No. 2 (Fall), p. 15 f.

each character is told that the other has died in the fighting. They have trouble continuing their life together, as their son died from smallpox in the camp and Ruhapo knows she was Ludwig's lover, not just his servant. Once Tjipuka's daughter is born, her features reveal her to be Ludwig's child. Afraid of Ruhapo, who has already beat her several times, Tjipuka leaves the child with Riette and returns to the desert, where she knows she can survive. Consequently, Riette has the baby she always wanted, and Tjipuka feels liberated. »The blood, the cruelty, the evil, the mistakes, the guilt – all gone, left behind. Forgotten.«[31] Like Hanna and Fanny, she has survived the brutality and hatred of colonialism, and is where she feels familiar and safe.

FICTIONS OF MEMORY

In addition to the plot similarities between these three texts, there are also structural parallels in terms of time, perspective, and space, which allow these authors to reclaim traumatic spaces and draw parallels with the readers' memories and experiences. These three novels are historical fiction, which is highlighted by a list of primary and secondary sources at the end of each. Brink uses the *Acknowledgements* to provide a detailed account of both how he was introduced to much of the material through a fellow writer, and a list of texts he consulted for various segments of the story. At the same time he writes: »In some respects I have departed from their facts to serve the needs of my story.«[32] There are also several references throughout the story to information that is gone, where the records are incomplete, or false, as well as an understanding that factual documentation has fissures, through which important details escape. Mannel highlights the fictionality of her work in *Statt eines Nachworts,* which begins: »*Der Duft der Wüstenrose* ist ein Roman, eine von mir erfundene Geschichte«[33]. However, she continues by providing pages of what inspired various portions of her story, as well as Germany's colonial history in Namibia. She intentionally set this novel »in einer relativ friedlichen Zeit« and not near the coast or one of the larger settlements.[34]

> Mein Roman spielt daher auch hauptsächlich im Süden, weil dieser Landesteil um jene Zeit, also 1893, weitaus dichter besiedelt war als der Norden, der mit der Etoscha-

31 | Kubuitsile: The Scattering, p. 294.

32 | Brink: The Other Side of Silence, p. 308.

33 | Mannel: Der Duft der Wüstenrose, p. 499.

34 | Ibid, p. 503.

Pfanne und seiner einzigartigen Tierwelt heute das Ziel der meisten Namibia-Touristen ist [...].[35]

Similar to Göttsche's speculation mentioned above about why so many contemporary novels are set in eastern Africa, nature plays a practical role here as well to lure readers. Kubuitsile uses the »Acknowledgements« also, though selectively. This section is less than a page long, and though it lists several articles and books, she prefaces it with:

I also must thank the academics who wrote books and papers that I read in order to have the background to write Tjipuka's story. So much of the history of southern Africa is unwritten, and it is through your work of discovery that it will survive.[36]

It is curious that she cites the works as solely background for one character's story, because though a majority of the chapters do focus on Tjipuka's story, Ruhapo's is often intertwined, and once they are in Tsau, so is Riette's.[37] The secondary works that are listed are about Herero life and migration to Botswana during the early twentieth century. It seems that Kubuitsile sees her novel as telling the story of how the Herero came to Botswana, through Tjipuka's eyes.

These three novels all seek to remember, to fill a gap, and while they are not montages like *Morenga,* they are inspired by historical sources. Consequently, there are parallels in their use of time, perspective, and space. Each novel uses analepsis, which as a literary device serves on one level to draw the reader in, but also represents the gap in the collective memory that they fill. Additionally, the violent and traumatic nature of these women's stories is represented by a caesura in time, a rupture that changes the course of their actions. *The Other Side of Silence* begins with Hanna, who is already residing at Frauenstein, looking in the mirror at her disfigured body; the first page refers to the »Time Before« and »Time After.« Initially it is unclear what the unnamed disruption is, but it becomes obvious as one reads that the narrator is describing the time before and after her mutilation. The capitalization of these defining periods gives them weight, titling periods around a singular moment in Hanna's life. The second chapter takes place contemporary with the reader, and we discover that the narrator is a white male historian, who is telling the tale of a German woman whom he encounters in archives in Bremen. However, many of the histories are missing, lost in »the blank of the War. Almost nothing had survived that destruc-

35 | Mannel also talks about her own trip to Namibia to see the landscape and meet the people, and lists some of nature's sights that especially left an impression, such as the night sky above the desert (ibid, p. 501).

36 | Kubuitsile: The Scattering, p. 295.

37 | Twelve chapters are listed under Tjipuka, three under Ruhapo, and seven under Riette. Nineteen take place in Tsau, once they are in the same town and are not listed under any character's name.

tion: no records, no registers, no letters; and it was too late for the memories of survivors.«[38] The novel then oscillates between Hanna's time in Germany and Africa, and occasionally back to the present. The disconnect the reader initially feels while trying to piece the puzzle together replicates Hanna's confusion and the slow return of her memory, as well as our collective memory growing.

Kubuitsile titled her novel *The Scattering*, and uses this reference throughout the novel to name the forced exodus of the Herero into the desert, which results in Tjipuka's separation from Ruhapo. For Tjipuka, this time apart is also tied to memory loss, which is articulated at the novel's onset.

> Things are different, and when she gets the chance, she tries to pick through the pieces to find her husband, the husband she thinks she remembers, to assure herself that he is there. She sifts and sorts the bits that are familiar, and separates them from the bits she's forgotten or were never there before. She wonders what to do with these bits, the bits that belong to a stranger.[39]

The narrative begins in December 1907, three months after Tjipuka and Ruhapo are reunited, and the narrator begins: »It's not easy coming back from the dead.«[40] The two are having difficulty returning to a life together after believing that the other had been killed, and losing their young son to illness. While some of what she finds is comfortable, she cannot reconcile what has been lost. »Is he his familiar wrist or this stranger's mouth? He cannot be both.«[41] In the end Ruhapo insists on punishing his wife for her actions, and Tjipuka returns to the desert. Kubuitsile organizes her novel by figure for the first 31 chapters (Tjipuka, Riette, and Ruhapo), and each chapter by location, month, and year; after they all reach Tsau, only the month and year is given. The first chapter takes place near the end of their time together, thus much of the novel is a flashback, elaborating on how they became lost and resolve their disconnect. Here as well, the reader is filling in the gaps as Tjipuka tries to salvage her relationship and her family.

Der Duft der Wüstenrose does not name a single traumatic point in Fanny's life, however about halfway through the narrator describes the enlightening moment when she began to uncover the meaning of the 21 beads on her bracelet, the only clue to her identity. This scene is presented as a recollection, sparked by a discussion with John about the beads. When she is 14 and still at the nunnery, she is locked in a side chapel and told to clean as punishment. Tucked away she finds a beaded rosary that shines and is similar to her bracelet. The inscription from 1699, gives her a name and Bavarian town to initiate her search. Eventually she is led to Africa, where she is able to learn who her parents are and how she

38 | Brink: The Other Side of Silence, p. 6.

39 | Kubuitsile: The Scattering, p. 7.

40 | Ibid.

41 | Ibid, p. 10.

came to be an orphan. Mannel has two epigraphs that preface this novel and the first, attributed to Sören Kierkegaard, states: »Verstehen kann man das Leben rückwärts, leben muss man es aber vorwärts«[42]. This idea is applicable to all three of these novels, in that a look backwards, helps in some cases the protagonist, but in all cases the reader, better understand the present. These authors are filling our voids, gaps, and silences with untold stories. The second quote is attributed to the Sukuma tribe in Tanzania, also a former German colony: »Ich zeigte dir den Mond, und du sahst nichts als meinen Finger«[43]. This notion of tunnel vision represents our collective colonial memory thus far, in that while we have begun to see some parts of the past, we are far from having a broad, inclusive view.

All three of these novels are told in the third-person, largely without an »I,« providing distance from the key figures. Only Brink identifies his narrator, who briefly speaks, perhaps because he is well aware of the traps he is entering writing as a white Afrikaner man.[44] Brink repeatedly highlights the narrator's challenges: »I believe more and more that as a man I owe it to her [Hanna X] at least to *try* to understand what makes her a person, an individual, what defines her as a woman«.[45] He seems to expect to fail, or at best to be incomplete, which perhaps refers to the second silence he identified in the 1990s, namely »the (white-dominated) master-narrative of history«[46]. Perhaps he cannot completely escape it. For some critics Brink falls short,[47] but Kossew makes a convincing argument that »Brink could indeed be said to be looking over his own shoulder while he writes, however uncomfortable a position this may be.«[48] He does not shy away from the challenging parts of our pasts, forcing us to remember, and is much more cautious and nuanced than Kubuitsile or Mannel. These two avoid confronting the question of perspective and consequently fall into some grave oversimplifications in their attempts to correct colonialism. For example in *Der Duft der Wüstenrose,* John is repeatedly described as having a Zulu leg from his mother and a European leg from his father to represent his bi-racial identity; Fanny later adapts this metaphor to describe herself and her child.[49]

42 | Mannel: Der Duft der Wüstenrose, p. 8.

43 | Ibid.

44 | Though a white Afrikaner, in many ways Brink is exceptional as an author. Many of his books were banned for decades because he was a critical voice against apartheid; he was also vocal in the post-apartheid process of reconciliation (see Kossew: Giving Voice).

45 | Brink: The Other Side of Silence, p. 153.

46 | Brink: Interrogating silence, p. 24.

47 | Bruno Arich-Gerz: Postcolonial English language prose from and about Namibia. A survey of novels from 1993 to the present. In: Journal of Namibian Studies 7 (2010), p. 7-28.

48 | Kossew: Giving Voice, p. 145.

49 | Mannel: Der Duft der Wüstenrose, p. 121.

It addition to being an elementary and potentially dangerous generalization, it is curious that while all European colonists are grouped together (John's father is *Deutschholländer*), his mother's Zulu identity is exoticized. In *The Scattering*, both Riette and Tjipuka are outsiders in their respective communities because of the sexual partners they chose. Riette had an affair with John Reilly, a married Irishman while held at the Pietersburg camp, and Tjipuka slept with Ludwig, her employer, while she was still a prisoner and thought Ruhapo had been killed. When Tjipuka realizes this, she says:

»We're so similar, you and I. Can it be so?« Tjipuka said. Was it wrong to say such a thing? That a black person and a white person could be the same, more similar to each other than to any of their own race, their own people?[50]

This reductive view of race relations is precarious, and distracts from the ability of the novel to make the reader critically reflect on how different ethnic groups interact and why, questions that if anything, are gaining relevance. While *The Scattering* and *Der Duft der Wüstenrose* have elements of exoticism, adventure, and corrective colonialism that should rightfully garnish criticism, all three novels make unique contributions to contemporary literature and at least begin a conversation.

Characters in all three of these novels reclaim the desert, once meant to punish, as a place of refuge and comfort. When the German army failed to surround a group of Herero in the battle of Mount Waterberg in August 1904, they were forced to flee into the Omaheke desert, where thousands died.[51] This flight into the desert is featured prominently in Kubuitsile's novel, and in Brink and Mannel's novels, the women also escape into, instead of out of the desert as one might expect. As Neumann suggests:

Fictions of memory may exploit the representation of space as a symbolic manifestation of individual or collective memories. Space may not only provide a cue triggering individual, often repressed, past experiences; it may also conjure up innumerable echoes and undertones of a community's past.[52]

By learning how to survive in such an isolated place from the local communities, the women are able to thrive.

In *The Other Side of Silence,* Hanna passes through the desert several times: on her way to Frauenstein, into it to commit suicide, and on her way to Windhoek to seek revenge. Her first encounter is when she falls from the wagon on her way to Frauenstein, and they do not stop to pick her up because of her poor physical state. A group of Nama find her, help her heal physically and mentally,

50 | Kubuitsile: The Scattering, p. 269.

51 | Göttsche: Remembering Africa, p. 66.

52 | Neumann: The Literary Representation of Memory, p. 340.

then take her to Frauenstein. During the trek she learns their stories and how to survive from what nature provides. Hanna later decides to commit suicide because she is so miserable, and goes into the desert to do so. She is comfortable there: »It is Lotte she feels closest to in this infinite space. All boundaries, even of time, are quietly effaced.«[53] Hanna is able to feel near to one of the few friends she has had in her life, as physical and mental confines disappear. Because of all the stories the Nama told her while she was recovering, she understands her surroundings. »Story upon story, through days and nights, to while away the time, to make Hanna forget, to ease memory. For everything she sees or hears [...] there is a story.«[54] On the second day, when her thirst is immense, she finds a plant the Nama use and feels relieved, at which point she realizes this is not how she wants to die and returns to Frauenstein. Later when Hanna and her army of the rejected trek to Windhoek, she again uses what she learned from the Nama to help them survive. For Hanna, the desert is perhaps the only place where she does not feel alone and its desolation no longer threatens her life, rather provides comfort, because it is where she can remember.

In *Der Duft der Wüstenrose*, Fanny flees into the desert after her bi-racial child is born and her husband falsely assumes she had an affair. She is not simply running away, rather trying to find John's mother, Zahaboo, who will help her finally answer the question of who she is. Fanny has learned enough about the desert that surrounds her house to successfully find Zahaboo, who takes her out further into it.[55] The sorcerer leads her on a time travel back two centuries to learn about her past, and Fanny discovers that her father was Herero. Ludwig sends mercenaries after them, so they try to get the men lost in the desert. They are not successful, but a sudden downpour, which Zahaboo and Fanny create, causes them to be washed down a formerly dry riverbed.[56] When retelling the story to the judge, she calls the men »Opfer der Wüste«.[57] Fanny too learns to survive in the desert and find connections to her past, though through the aid of

53 | Brink: The Other Side of Silence, p. 93.

54 | Ibid, p. 55.

55 | The novel's title refers to a plant where John tells her to meet Zahaboo when she needs her. Only those with magical powers, which both Zahaboo and Fanny have, can smell its scent.

56 | Now that Fanny knows who her father is, she is able to harness the magical powers she has with Zahaboo's aid. As Göttsche notes, »It is thanks to the intervention of ›white‹ African magic (Zahaboo) that this story of ›black‹ German magic associated with [Franny] Reutberg's and [her mother] Luise's Bavarian family is finally brought to an end in the melodramatic climax of the novel.« He goes on to suggest that this novel mixes »traditional tropes of Africa exoticism with the new fascination with cross-cultural and transcultural experience in a globalizing world.« (Göttsche: Remembering Africa, p. 114)

57 | Mannel: Der Duft der Wüstenrose, p. 496.

exoticism and adventure. The desert saves her, both from her unknown past and armed men, allowing her freedom.

The Scattering contains a retelling of how the German army drove thousands into the desert and let so many die of thirst. Like Hanna and Fanny, Tjipuka learns how to survive in the Omaheke from those around her, and it is here where she too is able to remember, where the boundaries between past and present fall away. While a group of Herero, including Tjipuka, are trying to make it to safety by traversing the desert, the narrator states: »He [Ruhapo] was dead. She needed to remember that, but it was hard when he still seemed so alive to her in her mind [...]. But the dream had weakened her. The tears broke through, first slowly, then in a flood.«[58] Like Hanna and Fanny, she is able to reestablish a connection to her past in the desert, to begin to heal.[59] Several times Tjipuka is forced to cross the desert, until she is finally taken to Shark Island. When Tjipuka decides to escape Lüderitz and Ludwig's shop, she no longer fears the desert. »Now she found that she welcomed it. She would follow the cattle trails; she knew how to do that now. They would lead her to watering spots.«[60] It is only because Ludwig's men follow her that she does not succeed and must return. Her final trip through the desert ironically happens easily with Ludwig's aid. She accompanies him on a business trip to Tsau, because he knows he cannot leave her alone. Once she finds her husband is there, Ludwig agrees that she can stay. The desert begins as a place of death and uncertainty, but through the aid of those who know it, it becomes a site of comfort and solace along an unexpected path.

The importance of deserts in these novels is representative of larger similarities in terms of spaces and places. None of them focus on commemorated or famous sites; rather these are novels about the everyday. Brink's description of Frauenstein serves as a reminder that sites can have multiple meanings and functions, even to the same person. This farm that serves as »retreat and final haven« is the closest place Fanny has had to a home in many years, yet it is also a brothel, prison, and madhouse.[61] In *Der Duft der Wüstenrose*, Ludwig reluctantly tells Fanny that his house, now her »Hofstaat,« was the site of a murder; thus he was able to purchase it cheaply.[62] She later learns that her mother lived in the house, and her parents are responsible for the murder.[63] In *The Scattering*, both Riette and Tjipuka are able to find comfort in forbidden relationships while

58 | Kubuitsile: The Scattering, p. 151.

59 | In her dream, which is detailed earlier in the chapter, she is thinking about the period shortly after they got married, when they were happy and before the war began.

60 | Kubuitsile: The Scattering, p. 208 f.

61 | Brink: The Other Side of Silence, p. 12.

62 | Mannel: Der Duft der Wüstenrose, p. 141.

63 | Pete Random lied to her mother Luise and kept the cattle that he purchased with her money as a dowry to marry Saherero.

they are held captive. John and Ludwig show the women that sex can be pleasurable, and both men help the women escape the deadly conditions. Each of these places contains a series of contradictory associations and experiences, reflecting the need to complicate our assumptions and dig deeper.

Birgit Neumann suggests that fictions of memory »more often than not [...] turn out to be an imaginative (re)construction of the past in response to current needs.«[64] This is certainly the case with the three novels analyzed above. By telling the stories of Hanna, Fanny, Riette, and Tjipuka, a new perspective on Germany's colonial past is presented. It is important to recall that these authors are not writing from Namibia, and only Mannel from Germany. They are writing from Namibia's perimeters, about its evolving, porous, and fluid borders. The history presented here, of forced migration, a challenging landscape, and attempting to make a home, is in many ways common across southern Africa's colonial past as well as our world today. While we need to be cautious in projecting contemporary notions of identity and belonging backwards, these are topics that we must continue to explore with ever-increasing migration and interconnectedness, as well as racism, fear and hatred.

64 | Neumann: The Literary Representation of Memory, p. 334.

German Novels – Russian Women Writers

Hannes Krauss

I

Migration to Germany – this theme dominates political debate today, and not just in Germany. I'd like to look back on an earlier and smaller wave of migration to Germany. Between 1991 and 2004 some two hundred and twenty thousand Jewish immigrants settled in Germany from the succession states of the Soviet Union. As so-called quota refugees these people did not need to make a formal application for asylum, but were allowed – on the basis of a decision of the interior ministers (home secretaries) of the German *Länder* – to settle at once. Almost none of these migrants spoke German, and yet in the meantime an unusually high number of them have gained a place within German literature. Vladimir Kaminer – author of *Russian Disco* – is probably the best known, but today I would like to concentrate on some of the women writers, who, though less prominent in the literary scene, actually write better books.

Another migrant – Maxim Biller, born 1960 in Prague and settled in Germany in 1970, a well-known journalist and somewhat less successful novelist – recently published in *Die Zeit* a strong attack on immigrant writers:

> Seit der Vertreibung der Juden aus der deutschen Literatur durch die Nationalsozialisten waren die deutschen Schriftsteller, Kritiker und Verleger jahrzehntelang fast nur noch unter sich. [...] Die Abwesenheit der jüdischen Ruhestörer tut unserer Literatur nicht gut, sie wird immer selbstbezogener, dadurch kraftloser und provinzieller.

And the immigrant writers merely, in Biller's words, »[passen] sich sehr früh [...] der herrschenden Ästhetik und Themenwahl an«; their lives as migrants are never »Ausgangspunkt eines Konflikts der handelnden Figuren, sondern fast immer nur Folklore oder szenische Beilage«.[1]

There's no need to take these sweeping statements particularly seriously. But I did feel challenged by Biller's claim that the books by authors of non-German descent were marked by »kalten, leeren Suhrkamp-Ton« and that

1 | Maxim Biller: Letzte Ausfahrt Uckermark. In: Die Zeit, 20 Feb. 2014, online www.zeit.de/2014/09/deutsche-gegenwartsliteratur-maxim-biller.

their principal characters were »gesichtslose Großstadtbewohner [...] ohne Selbstbewusstsein«.[2] So I decided to look more closely into the matter, and took five novels by women writers born between 1963 and 1984 in the Soviet Union, some of whom completed their university studies there, but all of whom came to Germany in the 1990s. The majority of these writers, including Vladimir Kaminer whom I mentioned earlier, were of Jewish descent.

II

Alina Bronksy (to use her pen name) was born in Jekaterinburg in 1978, spent her childhood in the Ural Mountains and her youth in Marburg and Darmstadt. She broke off her medical studies to work as a copywriter and as a journalist. Initially she lived in Frankfurt, now she lives in Berlin.

Alina Bronksy had a major success with her first novel, *Scherbenpark*[3] (*Broken Glass Park*) – a text which she sent to the publisher as an unsolicited manuscript. The novel is narrated in the first person and tells the story of seventeen-year old Sascha. Sascha has a brother at primary school and a three-year old sister. They live in a tower-block near Frankfurt. All three are traumatized by events within the family. In a fit of jealousy their step-father murdered Sascha's mother – an immigrant from Russia – and her then partner, in front of the children. Sascha is a highly intelligent girl who attends a top quality Catholic high school and is trying to steer her brother and sister through life in the Russian ghetto in Germany. Her dream is to write a book about her mother's life, and to kill her mother's murderer (who is in jail). Her friendship with the son of a newspaper editor means that her world is confronted with that of the country which has taken her in. It's also a novel about adolescence. Its language is impressively terse and clear, the scenes change rapidly, as in a film. We don't get descriptions of the everyday life of Russian immigrants, but it's captured in a kaleidoscope of tiny scenes, individual images of a 14-year old having breakfast, of the brutal rituals of adolescents' free-time activities, the TV habits of an aunt, or the background noises of a tower-block – these images are fused together into convincing sketches of a particular milieu. The reader experiences a distinctive mixture of oppressiveness and yet a kind of serene humour.

There are superficial similarities between the novel and the author's biography (the background in Russia, emigration and settlement in Germany), but the book is not autobiographical. The author grew up in an upper middle-class family, her father is a college professor. Yet she admits, in her own words:

---

2 | Ibid.

3 | Alina Bronsky: Scherbenpark. Roman [2008]. Cologne [10]2014.

Trotzdem schöpft man natürlich aus dem eigenen Erfahrungsschatz. Es ist auch nicht so, dass ich Saschas Geschichte gerne selbst erlebt hätte, was ja nachvollziehbar ist. Dennoch bewundere ich sie für einiges und denke manchmal ›so wäre ich gerne gewesen‹ – unter besseren Umständen. Ein kleines bisschen Wunschdenken war beim Schreiben also auch dabei.[4]

When asked about her literary models, Bronsky replies:

Ich bewundere alle, die es schaffen, einer Szene oder einem Charakter mit sehr wenigen Worten Leben einzuhauchen. Es gibt zum Beispiel einige russische Autoren, die hierzulande völlig unbekannt sind, die diesen knappen, präzisen und trotzdem sehr lebendigen Stil meisterhaft beherrschen. Absolut bewundernswert finde ich auch Schriftsteller, die es schaffen, eine eigentlich traurige Handlung komisch und lebensfroh zu erzählen [...].[5]

Some critics complained that the scenes of shocking violence in Bronsky's novel spoilt the reading pleasure. Bronsky's response was laconic: »Ich kenne kein spannendes Buch, in dem angenehme Menschen in einem schönen Umfeld einfach nur ein glückliches Leben führen.«[6]

Katerina Poladjan was born in 1971 in Moscow and, like the central character of her novel, came to Germany with her parents as a child. Her father was an artist. She lives in Berlin, where she studied Cultural Science, completed her training as an actor and now works for theatre, TV and radio.

In einer Nacht, woanders[7] (*One night, somewhere else*) is her first book. In 200 pages it tells a family story. The narrator, Mascha, is torn out of her daily life in Berlin by a phone-call from Russia. She's in her late thirties, unmarried, no children. She's told that her grandmother, the legendary Tamara, has died and that she has to see the house on the outskirts of Moscow in which she grew up. In her memory, the house is a paradise, with birch-trees and a pond. She was torn away from that paradise when her parents left the Soviet Union. Mascha's mother, Tamara's daughter, had become pregnant while still at school after a brief affair with the art-teacher. Tamara had taken over responsibility for her grand-daughter.

---

4 | »Die Figur war plötzlich als Ganzes da für mich.« Alina Bronsky über die Protagonistin ihres Debütromans »Scherbenpark« und den Reiz von Schullesungen. In: lesepunkte 4 (2009), No. 6, online http://archiv.lesepunkte.de/archiv/autor-im-profil/bronsky-alina/index.html.

5 | Im Interview: Alina Bronsky. »Träume können sowohl beflügeln als auch lähmen«, online www.kiwi-verlag.de/autoren/interviews/im-interview-alina-bronsky.

6 | Ibid.

7 | Katerina Poladjan: In einer Nacht, woanders. Roman [2011]. Reinbek bei Hamburg 2013.

When her daughter decided to emigrate (by the way, that was not a political decision) it was a big blow for Tamara – a committed citizen of the Soviet Union – and she lost her job as a space engineer. Her daughter's life had fallen apart too, her marriage had collapsed and she became a chronic depressive, living in a psychiatric clinic. As Mascha searches for Tamara's house, the reader is brought into an oppressive and ghostly journey into the Russian night and into Mascha's past. It's freezing cold, and the narrator, Mascha, thinks she's being followed by a wolf, but eventually she finds the house, now deserted. The next morning she meets Pjotr, a peasant fallen on hard times, and now a chain-smoking alcoholic. As Tamara's friend, he has initiated the sale of the house and expects to pocket a share of the profits himself. The next days pass in a trance for Mascha. The house buyer offers an extraordinarily high price. Pjotr's stories make clear that this man is deeply involved in the family history, having shared a bed with both Tamara and Mascha's mother.

In einer Nacht, woanders foregrounds the themes of homelessness and estrangement. The central character has never felt at home in Berlin but cannot return to her idyllic childhood – not least because that distant childhood was not so idyllic after all. Poladjan's language is measured, sparse and enigmatic – one reviewer wrote of its »Hieroglyphen des Schweigens«.[8] Her text plays with motifs from fairy tales, and mingles fantasy with reality, showing her debt to the techniques of psychoanalysis. The result: a highly original text exploring cultural difference.

Olga Grjasnowa was born in 1984, in Baku (Azerbaijan) and came to Germany in 1966 with her parents, father a lawyer and mother a musicologist. She studied in Munich and Leipzig, where she graduated from the *Deutsches Literaturinstitut*. She has paid long visits to Israel, Poland and Russia.

Her first novel, *Der Russe ist einer, der Birken liebt*[9] (*All Russians love Birch-Trees*) was awarded a number of literary prizes. The first person narrator, another Mascha, is like the author herself an Azerbaijani Jew, who arrived in Germany at the age of eleven. She's self-assured and well able to adapt, speaks five languages (including Arabic) and is planning a career with the United Nations. Everything changes for her with the unnecessary death of her East German friend Elias. A bone fracture which he got in sport is wrongly treated and he dies from an infection, which the doctors don't identify until it's too late. Mascha escapes to Israel and works for an NGO on the West Bank.

The first part of the novel plays out in Germany, and the second in Israel, but the narrative present is repeatedly taken over by Mascha's memories. These are memories of Azerbaijan and the pogroms against the Armenians, something

8 | Sabine Berking: Bloß nicht nach Moskau! Katerina Poladjans ziemlich packendes Romandebut. In: Frankfurter Allgemeine Zeitung, 10 Jan. 2012, p. 30.

9 | Olga Grjasnowa: Der Russe ist einer, der Birken liebt. Roman [2012]. München 2013.

which Mascha's parents, as Azerbaijani intellectuals and artists, are powerless to stop or even to comprehend – and memories of her friend and her own sense of guilt that she had not seen how serious his condition had been.

Grjasnowa ties together the various strands of the plot and crafts in an impressive novel about multiculturalism, estrangement and ethnic conflict. Estrangement is a central experience of her character Mascha: as an Azerbaijani she felt great sympathy for the Armenians persecuted in Baku, in Frankfurt in West Germany she lives with an East German, and in Israel she presents herself as a Jew speaking Arabic. Diversity is also a feature of her sexuality – she lives with men, but also takes women lovers. Even eating customs are marked by diversity, as various cooking-styles compete in her varied experience. The minor figures in the book are also characterized by hybrid features: one of her friends is a German Turk, another is born in Lebanon, but has German nationality and wants to do a PhD in the USA.

Two ethnic conflicts are at the center of this book and they clearly represent a whole series of other conflicts. These are the conflicts between Azerbaijanis and Armenians and between Israelis and Palestinians. Germany, with its tensions between the old and the new federal states, constantly reminds the reader of these other wider conflicts.

My brief summary of the plot may sound a little confusing, but this is an absolutely fascinating novel about Germany, about Europe and about the Middle East, a novel put together with compelling miniatures of everyday life.

Nellja Veremej was born in Southern Russia in 1963 and has lived in Berlin since 1994. She has worked as a care assistant in an old people's home, as a language teacher and as a journalist.

Her novel *Berlin liegt im Osten*[10] (*Berlin lies in the East*) is packed with sympathetic outsider figures, and the reader soon feels quite at home with them. The first-person narrator, Lena, grew up in the Caucasus, studied in Leningrad and went to Berlin with her husband and daughter. Her husband, a big spender and loud mouth, walked out on them and on the little she earns in the care home Lena has to struggle through life with her teenage daughter. There are clear parallels to Veremej's own life. Lena develops a strange relationship with Mr. Seitz, one of her patients – a relationship not without its erotic dimension, but more strongly colored by the fact that both of them come from the East. (Mr. Seitz had been a journalist in East Germany, but lost his job when the Wall came down.) They also share a fascination with Alfred Döblin's great novel *Berlin Alexanderplatz*. The action of Veremej's novel takes place round the Alexanderplatz and is constantly alluding to Döblin's novel, without this device ever seeming artificial. *Berlin liegt im Osten* is above all concerned with people from the East who have never really found their feet in the West. The lives of these people are made up of memories, disappointments, set-backs and self-delusion. Out of these elements

10 | Nellja Veremej: Berlin liegt im Osten. Roman [2013]. Berlin 2015.

Nellja Veremej has written a wonderful piece of literature, which so strongly draws the reader into its world that one is sad to leave it after three hundred pages. It's not sentimental, but is held together by a distinctive narrative style, unique in its mixture of precision and imaginative originality.

The novel is a quite special kind of *Wende*-novel, since it places side by side the social upheavals in the GDR and those during the collapse of the Soviet Union, and links in the historical background to these events. At the same time, it's a Berlin novel – as you read it you can understand why, despite all its negative features, people enjoy living in this city. It's a city lit up by head-lines and glossy pictures, yet observed through the eyes of outsiders.

Katja Petrowskaja won the Bachmann prize in 2013. Her book, *Vielleicht Esther*[11] *(Maybe Esther)*, appears at first sight to stand in the tradition of the family novel, a genre which has once again become popular in Germany. As one looks more closely, however, Petrowskaja's novel reveals itself to be in a genre of its own, comfortably balanced between reworking historical material, literary conventions and a report from the writer's workshop.

Petrowskaja was born in 1970 in Kiev, where she grew up. She studied literature in Tartu, did her doctorate in Moscow and has lived and worked in Berlin since 1999, as a journalist for German and Russian media. Her book, which she is careful not to call a novel (just ›stories‹) takes the reader on a search for family history. In her Soviet childhood being Jewish was not something one talked about, and it's only when the first-person narrator (identical with the author herself) brings back a record from Poland that the Jewish songs on the record open for her grandmother »das versiegelte Fenster ihrer frühen Kindheit«. Suddenly she understands that her »Babuschka aus einem Warschau kommt, das es nicht mehr gibt«[12].

The reader is brought into the narrator's childhood in Kiev. We accompany her into nineteenth century Vienna, where a member of her family ran the first of a chain of deaf-mute schools for Jewish children across Europe. We're taken to Moscow in the 1930s, where a great-uncle of hers shot at a German diplomat. We meet her grandfather, who had been first in a concentration camp and then in the Gulag before founding a new family in Siberia and returning to his old home in Kiev only forty years later, where he refused ever to speak of any of his experiences: »Sein Lächeln nährte sein Schweigen. Keine Erzählungen vom Krieg, kein Wort über die Vergangenheit, über Erlebtes [...].«[13] The author offers the readers the same possible pointers to her own past which she herself had to rely on: personal things like her parents' stories, photos, oddments like recipes and hair-pins, but also more public material, discovered in museums, archives,

11 | Katja Petrowskaja: Vielleicht Esther. Geschichten [2014]. Berlin 2015.

12 | Ibid., p. 76.

13 | Ibid., p. 229.

the fruit of internet searches – and of course the narrator's own travels, including journeys to the concentration camps of Auschwitz and Mauthausen.

From these sources she has written an impressive book that uncovers the twentieth century European history contained within the story of her own Jewish family. The language of the book is very striking too; so is the way in which she reflects on it: »Ich dachte auf Russisch, suchte meine jüdischen Verwandten und schrieb auf Deutsch. Ich hatte das Glück, mich in der Kluft der Sprachen, im Tausch, in der Verwechslung von Rollen und Blickwinkeln zu bewegen.«[14]

III

You'll remember Maxim Biller's complaint that immigrant writers merely conformed to the dominant styles and themes of the day. I've tried to present five books written in German by women born between 1963 and 1984 in the Soviet Union. Their books are concerned not only with memories, but also with everyday life in Germany. None of them are explicitly autobiographical. For all these authors biography is the material for fiction.

Bronsky's work focuses on the margins of society. Her characters' position as outsiders open up for the reader a special perspective on normality: the dingy scenario of life in the Russian ghetto tells us more about everyday life in Germany than we would sometimes care to admit. Veremej's perspective creates connections between the end of the Soviet Union and German reunification. Petrowskaja and Grjasnowa write about forms of alienation from which even memories offer no escape. In Petrowskaja's stories memory stretches much further than the author's own life-time; she explores her own pre-history, talks to people who experienced past events, looks up sources, combs through the documentary evidence. If all these resources were not available, if those who have survived the catastrophes of the twentieth century remain silent (something many victims and perpetrators tend to do) – if all these sources fail, then Petrowskaja reconstructs that past, if need be using fiction. Stories are a way to test out the possibilities of memory, to bring alive various perspectives on events, to find out how things were. The *work* of memory (a key concept of the 1950s) has become a kind of *play* with memory. This is not going to rewrite history, but it will enrich it.

None of these books is in any way boring, and in none of them could detect »das harmoniesüchtige, postnazistische und vereinte Deutschland«.[15] I found extraordinary views of everyday life in Germany, surprising insights into European history and a sceptical questioning of the achievements of a Europe alleged to be growing ever closer together. Literature of this kind encourages a nuanced

14 | Ibid., p. 115.

15 | Biller: Letzte Ausfahrt Uckermarck.

reflection on problems which politicians tend to deal with in tidy little packages. This kind of writing can be an important element of *Landeskunde*. An American colleague of mine got it right when – in a slip of the tongue – he spoke of *Landeskunst*. And immigrant women writers have an important part to play in this, not just because of their experiences but because of their language. That's just what Katja Petrowskaja means when she writes: »Mein Deutsch blieb in der Spannung der Unerreichbarkeit und bewahrte mich vor Routine.«[16] These texts are written in a language which transforms the author's ›country of origin‹ into an aesthetic form and into art.

How then are we to describe these books? As German literature written by Russian women, or as Russian literature written in German, or as multicultural literature? I can't answer this question, but it's in any case probably unimportant to do so. What is important is the function of these books, both for their authors and for their readers: unearthing, collecting and retaining memories – their own and those of the ancestors. At times of major social and geographical fracture, at times when people cross frontiers – whether voluntarily or under compulsion, when frontiers mean more than just lines on a map – then at a time like this these books can help to reconstruct shattered identities and to stabilize broken lives.

That Germany, of all places, finds itself at the centre of this type of literature is – as Hegel might have remarked – one of history's special tricks.

Translated from German by Hugh Ridley, in collaboration with the author.

16 | Petrowskaja: Vielleicht Esther, p. 78.

Literatur zwischen Sieg und Niederlage

Sportive Elemente in der Inszenierung von Literatursendungen[1]

Victoria Bläser

Peter Weirs Film *Der Club der toten Dichter* spielt an einer konservativen amerikanischen Eliteschule, an der John Keating – gespielt von Robin Williams – als neuer Literaturlehrer mit den gängigen Traditionen bricht und zum selbstständigen Denken anregt. In einer seiner ersten Unterrichtsstunden zitiert er aus dem Essay *Zum Verständnis der Lyrik* des fiktiven Philosophen Dr. J. Evans Pritchard:

> Um Lyrik vollständig zu verstehen, müssen wir zunächst Versform, Reim und Ausdrucksweise vollkommen beherrschen. Dazu stellen sich zwei Fragen: Wie kunstvoll wurde die Zielsetzung des Gedichtes erfüllt? Und zweitens, wie wichtig ist diese Zielsetzung? Frage eins bewertet die Perfektion des Gedichtes und Frage zwei seine Bedeutsamkeit. Wenn wir diese Fragen beantwortet haben, lässt sich die dichterische Größe eines Gedichts relativ einfach ersehen. Die Maßzahl eines Gedichtes lässt sich anhand eines Diagramms festlegen: Auf der Y-Achse tragen wir die Perfektion ein und seine Bedeutsamkeit auf der X-Achse. Die Flächenberechnung zwischen Perfektion und Bedeutsamkeit ergibt die Maßzahl der dichterischen Größe.[2]

Beschrieben wird hier eine Form von Literaturkritik, genauer eine Methode zur Wertung von Literatur bzw. Lyrik durch Anordung von Werken bzw. Autorinnen und Autoren in einem Diagramm, und zwar nach den Wertmaßstäben ›Perfektion‹ und ›Bedeutsamkeit‹. Das Ergebnis ist nichts anderes als ein Ranking: Demnach schlägt Shakespeare Byron, da seine Sonette »sowohl auf der X-Achse als auch auf der Y-Achse sehr weit außen« liegen würden, wohingegen »ein Sonett von Byron […] auf der Y-Achse eine hohe Punktzahl erreichen [könnte], […] auf der X-Achse allerdings nur Durchschnitt« wäre.[3] Dieses System der wertenden Anordnung benötigt mindestens zwei Texte/Autorinnen und Autoren, die in Konkurrenz zueinander gesetzt werden. In einer solchen Spielpaarung ließe

1 | Vortrag, gehalten am 14.04.2016 an der University of Cincinnati im Rahmen des Seminars »Literatur-, kultur- und sportwissenschaftliche Blicke auf Sport«.

2 | Peter Weir: Dead Poets Society (USA 1989). DVD 2003, TC 00:20:28–00:21:05.

3 | Ebd., TC 00:21:08–00:21:22.

sich die gesamte amerikanische Literatur abbilden, was zu einer Rankingliste mit Kanoneffekt führen würde. Das klingt zunächst logisch und sinnvoll, ist es aber nicht. Die berechtigte Reaktion des Lehrers John Keating auf Pritchards lediglich als schlechtes Beispiel zitierten Essay: »Exkrement, das denke ich über Mr. J. Evans Pritchard. Wir sind keine Klempner, wir haben es hier mit Lyrik zu tun. Man kann doch nicht Gedichte bewerten wie amerikanische Charts!«[4] Keating fordert seine Schüler schließlich daher auf, den Essay aus ihren Büchern herauszureißen.

Dieser Rankinggedanke bzw. die dadurch veranschaulichte Vorstellung von Sieg und Niederlage, Wettkampf unter Konkurrenten, umfasst Elemente, die wir heute vornehmlich aus dem Bereich des Sports kennen.[5] Hier aber wird eine Analogierelation zwischen Sport und Literatur aufgemacht, indem Autorinnen und Autoren in einem Ranking bewertet werden. Solche Bewertungen von Rankings finden stets auf zwei Ebenen statt: erstens derjenigen, überhaupt in die Liste der zu bewertenden Fälle aufgenommen worden zu sein (Tabelle der ersten Fußballbundesliga, Top Ten der Musikcharts etc.), und zweitens – das ist der entscheidende Punkt – innerhalb dieser Liste in die oberen, mittleren oder unteren Ränge einsortiert zu werden (erster Platz in der Tabelle der ersten Fußballbundesliga, Platz eins der Musikcharts). Ein Ranking ist also nichts weiter als eine Reihenfolge mehrerer vergleichbarer Fälle, deren Sortierung eine Bewertung innerhalb einer Klasse festlegt. Somit lassen sich Rankings auf nahezu alle Gegenstände und Lebensbereiche anwenden, und auch Bücher können mithilfe von Rankings auf einfache und sehr anschauliche Weise kritisch miteinander verglichen werden; sofern die darin jeweils verwendeten Kriterien greifen und sinnvoll sind. Hier liegt das Hauptproblem: Welche Kriterien der Wertung werden von wem festgelegt und welche sind überhaupt sinnvoll, um Literatur zu bewerten?[6]

Das Beispiel aus *Der Club der toten Dichter* macht deutlich, wie problematisch und realitätsfern der Versuch sein kann, Literatur mit Hilfe von Diagrammen und Rankings zu bewerten. Die strikte Bewertung nach den Kriterien ›gelungene‹ oder ›nichtgelungene‹ Literatur, ›gut‹ oder ›schlecht‹ – ohne Zwi-

4 | Ebd., TC 00:21:44-00:21:56.

5 | Vgl. Rainer Gell: Elemente der Gemeinsamkeit von Sport und Kunst mit besonderer Berücksichtigung des Fußballspiels. Wien 2004 (zugl. Diplom. Univ. Wien 2004), S. 10-12; vgl. auch Sven Güldenpfennig: Sport: Autonomie und Krise. Soziologie der Texte und Kontexte des Sports. Sankt Augustin 1996; Gunter Gebauer: Oralität und Literalität im Sport – Über Sprachkörper und Kunst. In: Sport und Ästhetik. Tagung der dvs-Sektion Sportphilosophie vom 25.-27. Juni 1992 in Köln. Hg v. Volker Gerhardt und Bernd Wirkus. Sankt Augustin 1995.

6 | Näheres zur Kritik an Rankings im Allgemeinen in Dominik Rohn/Karsten Weihe: Sind Rankings inhärent willkürlich? In: Forschung und Lehre 2013, H. 9, S. 740 f.; vgl. auch die Onlinefassung unter www.wissenschaftsmanagement-online.de/beitrag/sind-rankings-inh-rent-willk-rlichund-wie-wirkt-sich-das-auf-die-ergebnisse-aus.

schenpositionen – scheint wenig geeignet, die Qualität von literarischen Werken und deren Autorinnen und Autoren angemessen zu würdigen; und dies selbst dann, wenn die Verfasserinnen und Verfasser in einer Rangliste stehen. Das Wertungsmodell, das im Film dargestellt wird, ist jedoch keinesfalls fiktiv. Es ähnelt dem Modell, das der US-amerikanische Literaturprofessor Laurence Perrine entwickelt hat, dessen Bücher in zahlreichen amerikanischen Schulen benutzt wurden.[7]

Auch der deutschen Literaturkritik ist der Gedanke, Literatur bzw. Autorinnen und Autoren nach ihren Leistungen formalisiert bewerten zu können, nicht fremd.

Bereits 1790 hat der deutsche Dichter und Kritiker Christian Friedrich Daniel Schubart eine Skala konstruiert, in der 18 Schriftsteller, darunter Goethe und Schiller, nach Kriterien wie »Genie«, »Laune«, Popularität« und »Witz« bepunktet werden. Damit hat er eine der ersten Rankinglisten in der Literaturkritik entwickelt (vgl. Abb. 1).[8] Aber: Sagen »Laune«, »Popularität« und »Witz« eines Autors tatsächlich etwas über die Qualität seiner Texte aus? Dies ist durchaus fraglich. Wahrscheinlich auch deshalb haben sich Rankinglisten unter Autorinnen und Autoren in dieser Form nicht durchgesetzt.

Die Frage ist nun: Wie geht die Literaturkritik heute damit um? Macht sie es ›besser‹ – was auch immer das heißen mag? Welche Rolle spielen sportive Elemente, Wettbewerb und Ranking bei der aktuellen Präsentation von Literatur und wie und durch wen wird eigentlich über Sieg und Niederlage entschieden?

Literatursendungen (also Literaturkritik) in Radio und Fernsehen nutzen solche sportiven Elemente relativ häufig und besonders effektvoll gerade wegen ihrer über reinen Text hinausgehenden audio(-visuellen) Möglichkeiten. Aktuell werden in Magazinform bzw. Talkshows sechs Literatursendungen im

---

7 | Vgl. Laurence Perrine: Sound and Sense. An Introduction to Poetry. New York 1956, S. 198.

8 | Die ersten Rankinglisten in der Literaturkritik sind in England entstanden. Näheres dazu und zu Schubarts Modell in Carlos Spoerhase: Das Maß der Potsdamer Garde. Die ästhetische Vorgeschichte des Rankings in der europäischen Literatur- und Kunstkritik des 18. Jahrhunderts. In: Jahrbuch der deutschen Schillergesellschaft 58 (2014), S. 90-126; vgl. auch Jürgen Kaube: Im Genie hat Goethe achtzehn Punkte. Zwischen Buchpreis und Nobelpreis: Eine Studie über den Ursprung des Rankings in der Kunst- und Literaturkritik zeigt, wie komisch es sein kann, alles in Tabellenform zu bringen. In: Frankfurter Allgemeine Zeitung vom 8. Oktober 2014, S. 9.

Abb. 1: »Kritische Skala der vorzüglichsten deutschen Dichter«[9]

	Genie.	Urtheilsschärfe.	Litteratur.	Tonfülle oder Versification.	Sprache.	Popularität.	Laune.	Witz.	Gedächtniß.
Klopstock	19	18	17	18	19	15	16	15	17
Wieland	18	18	18	18	18	17	18	17	19
Bürger	16	16	17	18	18	18	17	16	16
Uz	17	17	16	17	17	16	15	17	15
Gesner	17	18	15	17	17	18	14	17	14
Lessing	15	18	18	14	18	16	17	19	19
Gerstenberg	18	17	16	17	18	17	17	17	14
Rammler	14	16	15	17	16	13	12	15	16
Göthe	18	18	17	14	18	17	17	16	17
Denis	15	16	17	17	17	13	12	13	17
Gleim	16	16	14	17	18	19	16	18	15
Friedrich Stollberg	16	16	15	16	17	16	15	14	16
Christ. Stollberg	15	16	16	14	16	14	14	14	15
Schiller	18	17	15	13	17	16	17	17	14
Proben von ältern deutschen Dichtern:									
Bodmer	16	17	18	13	15	16	15	12	18
Hagedorn	14	15	13	14	15	15	14	15	13
Gellert	12	14	13	15	16	18	12	16	12
Rabener	16	17	14	13	15	18	17	18	12

9 | [Christian Friedrich Daniel Schubart:] Kritische Skala der vorzüglichsten deutschen Dichter. In: Archiv für ältere und neuere, vorzüglich Teutsche Geschichte, Staatsklugheit und Erdkunde 2 (1792), S. 164–172, hier S. 169.

deutschen Fernsehen und ca. 25 im Radio ausgestrahlt.[10] Elemente von Sport tauchen dabei in verschiedenen Ausprägungen und Typen auf.

Generell lässt sich sagen – das gilt aber auch für Literaturkritik in Zeitungen und Zeitschriften –, dass Literaturkritik immer nach dem Sieg-und-Niederlage-Prinzip fungiert, da mehr oder weniger eindeutig festgestellt wird, ob ein Buch gut oder schlecht ist. Was Autorinnen und Autoren produzieren, muss also als Leistung verstanden werden. Es fallen dementsprechend auch viele sporttypische Redewendungen auf, durch die eine Art ›Ranking im Kleinen‹ stattfindet: Das Buch ist »eines der besten Bücher des Herbstes«[11], der Autor »ist der beste [...] Kriminalautor«.[12] Die Instanz, die über Sieg und Niederlage entscheidet, ist hier der Literaturkritiker in der Funktion des Schiedsrichters, der Noten bzw. Plätze vergibt.

Über diese ersten Beobachtungen hinaus erfolgt auch die Präsentation von Besten- und Bestsellerlisten in Literatursendungen nach dem Rankingprinzip. Es ist wichtig, sich den Unterschied zwischen diesen beiden Listentypen klarzumachen. Stefan Neuhaus schlägt folgende Definition vor: »Die Bestsellerliste stellt, basierend auf Erhebungen bei Buchhandlungen, die meistverkauften Titel zusammen. Die [Bestenliste] hingegen versammelt Empfehlungen« meist von Kritikern.[13] Während es sich bei einer Bestsellerliste also um eine Form von Ranking handelt, die allein aufgrund von Verkaufszahlen entsteht, ist bei der Erstellung einer Bestenliste die Wertung eines oder mehrerer Kritiker entscheidend. Im Falle mehrerer Kritiker müssen diese sich wiederum auf eine Platzvergabe einigen. Dabei gibt es verschiedene Methoden der Ergebnisfindung:

---

10 | Die genannte Zahl ist eine Folge einer eher engen Definition von Literatursendungen. Es werden nur solche Sendungen berücksichtigt, die – neben ihrer sekundären Beschäftigung mit Literatur – drei weitere Voraussetzungen erfüllen:

a. Die Sendungen müssen eigenständig sein, d. h., Beiträge über Literatur im Rahmen von allgemeinen Kulturmagazinen werden nicht berücksichtigt.
b. Die Sendungen müssen eine ausreichende Länge von mehr als fünf Minuten aufweisen.
c. Es sollten im Rahmen einer Sendung nicht nur öffentliche Literaturveranstaltungen unabhängiger Veranstalter ausgestrahlt werden, weil die dabei angewandte Präsentation von Literatur nicht primär von der ausstrahlenden Sendung bzw. vom Sender, sondern vom jeweiligen Veranstalter bestimmt wird.

Ausgeschlossen werden damit sowohl reine Lesungen ohne oder mit nur rudimentären Kommentaren sekundärer Art als auch kurze ›Buchtipps‹ und Ausstrahlungen von öffentlichen Literaturpreisen oder Literaturfestivals.

11 | Kulturtermin Literatur (Kulturradio RBB), Folge vom 25. Oktober 2014, TC 00:08:49–00:08:53.

12 | Bücher – Die Bücherkomplizen (WDR 5), Folge vom 1. Juni 2014, TC 00:01:35–00:01:40.

13 | Stefan Neuhaus: Literaturkritik. Eine Einführung. Göttingen 2004, S. 142.

Erstens, jeder Kritiker vergibt für die von ihm zu bewertenden Bücher Punkte, die am Ende summiert über die Platzvergabe entscheiden, oder zweitens, jeder Kritiker spricht sich klar für oder gegen die jeweiligen Bücher aus. Die gesammelten Stimmen ergeben in diesem Fall die Rangordnung.

Die Aussagekraft von Bestsellerlisten wird immer wieder angezweifelt. Tatsächlich können bloße Verkaufszahlen nur wenig über die eigentlichen Qualitäten eines Buches vermitteln. Daher erscheinen Bestenlisten auf den ersten Blick aussagekräftiger. Doch auch in diesem Fall gilt es zu bedenken, dass keine Kritik, sei der Kritiker noch so erfahren und qualifiziert, nach völlig objektiven Kriterien entsteht. Renate Heydebrandt und Simone Winko haben vier Wertmaßstäbe herausgearbeitet, die in Kritiken zu finden sind: Der formale Wertmaßstab bezieht sich auf technische Eigenschaften eines Buches, der wirkungsbezogene Wertmaßstab bezieht die Wirkung des Buches auf den Rezipienten mit ein, mit dem relationalen Maßstab bewertet der Kritiker wiederum das Buch in Relation mit anderen Werken, und der inhaltliche Maßstab berücksichtigt inhaltliche Werte des Buches – wie Wahrheit, Erkenntnis, Moralität.[14] Dabei ist jedoch nicht festgelegt, unter welchem Wertmaßstab ein Kritiker ein Buch kritisiert. Verschiedene Kritiker können zu völlig unterschiedlichen Ergebnissen bei der Wertung ein und desselben Buches gelangen, da sie gänzlich andere Wertmaßstäbe verwenden. Dies ist ein Problem der Literaturkritik, das aber nichts daran ändert, dass Kritiken durchaus Orientierung im Bücherdschungel bieten können. Dennoch sind die Ergebnisse von Bestenlisten ebenso wie die Ergebnisse von Bestsellerlisten aufgrund ihrer eingeschränkten objektiven Aussagekraft stets mit Vorsicht zu genießen.

Eine bekannte Bestenliste erstellt monatlich das zweite Programm des Südwestrundfunks (swr2). Eine Jury aus 20 Literaturkritikern nennt vier Buchneuerscheinungen, die sie als besonders lesenswert empfinden, und vergibt Punkte.[15] Ähnlich wird die Krimibestenliste in der Radiosendung *Buchpiloten* im Nordwestradio in Kooperation mit der Wochenzeitung *Die Zeit* erstellt.[16]

Aktuelle Bestsellerlisten werden im Radio in der Sendung *Büchermarkt* im Deutschlandfunk und im Fernsehmagazin *Druckfrisch – Neue Bücher mit Denis Scheck* auf dem Sender Das Erste präsentiert. In der Sendung *Druckfrisch* zeigt sich der Umgang mit Rankings besonders anschaulich. *Druckfrisch* wird seit

14 | Vgl. Renate von Heydebrand/Simone Winko: Einführung in die Wertung von Literatur. Systematik - Geschichte - Legitimation. Paderborn 1996, S. 39; vgl. auch Rahel Rami: Ich finde dieses Buch flach. In: Litlog. Göttinger eMagazin für Literatur - Kultur - Wissenschaft vom 30. Juli 2010, online unter www.litlog.de/wissenschaft/ich-finde-dieses-buch-flach.

15 | Vgl. z. B. swr2-Bestenliste vom März 2016, online unter https://www.swr.de/-/id=17291032/property=download/nid=98456/1oqsto6/index.pdf.

16 | Vgl. z. B. KrimiZEIT-Bestenliste vom März 2016, online unter www2.buchmarkt.de/newsimg/img_40261.jpg.

Februar 2003 ausgestrahlt. Es handelt sich um eine Magazinsendung, d. h., es werden mehrere verschiedene Beiträge in einer Folge gezeigt. Konstantes Element ist der Moderator und Kritiker Denis Scheck, der sich in der Mehrzahl der Beiträge mit Autorinnen und Autoren trifft, um über deren neu erschienene Bücher zu sprechen. In einem Beitrag präsentiert Scheck die aktuelle Bestsellerliste, die die Zeitschrift *Der Spiegel* nach den in Deutschland meistverkauften Büchern ermittelt hat.

Druckfrisch setzt auf Witz, Ironie und ein modernes, buntes Erscheinungsbild. Die Sendung nimmt sich und die Literaturkritik nie allzu ernst. Das spielt natürlich auch bei der Präsentation der Bestsellerliste eine entscheidende Rolle. Moderator Denis Scheck kritisiert die Bestsellerliste des *Spiegels* und erstellt damit seine eigene Bestenliste. Die Präsentation findet in der Kölner Lagerhalle des Zwischenbuchhändlers Koch, Neff & Volckmar statt. Der Einstieg zeigt Schecks Weg durch die langen Gänge mit dem Bücherstapel der aktuellen Bestseller in der Hand. Er bleibt vor einem Rollband stehen, dessen Ende nach unten auf eine leere Kiste gerichtet ist. Rechts daneben, auf einer Plastiktonne, legt er die Top Ten der Bestsellerliste ab, die in rückwärtiger Reihenfolge, in ironisch-provokantem Stil, kurz kritisiert werden. Die seiner Ansicht nach gelungenen Werke sammelt Scheck auf einem Stapel neben sich. Die von ihm verrissenen Werke landen über das Rollband im Müll. Es zeigen sich verschiedene Elemente aus dem Bereich des Sports: So tritt der Kritiker Scheck in einigen Folgen sogar selbst als Sportler in Erscheinung, indem er zum Beispiel zu Fußballklängen in die Halle einzieht[17] oder aber wie ein Läufer zum Rollband sprintet.[18] Es gibt einen Wettkampfschauplatz (die Lagerhallen des Zwischenbuchhändlers) und einen Schiedsrichter, der Noten vergibt (Scheck). Weiterhin findet – mit einer deutlichen Leistungsbezogenheit und Konkurrenz – ein Wettbewerb unter den vorgestellten Büchern statt, an dessen Ende eine Bestenliste mit den Plätzen ›gut‹ oder ›schlecht‹ erstellt wird. Es geht deutlich um Sieg und Niederlage, denn schlechte Bücher wandern in den Müll.

Nicht ganz so drastisch, aber auch nicht weniger ›sportlich‹ geht die Literaturtalkshow *Das literarische Quartett* (ZDF 2015) vor. Das Kritikerquartett setzt sich in der Neuauflage aus Volker Weidermann, Christine Westermann und Maxim Biller sowie einem jeweils wechselnden Gastkritiker zusammen. Jeder Kritiker stellt eine seiner Ansicht nach empfehlenswerte Neuerscheinung vor und alle diskutieren im Anschluss darüber. Die Kritiker müssen sich klar für oder gegen die jeweils vorgestellten Bücher aussprechen. Interessant ist die Ergebnisfindung am Ende jeder Folge. So fasst Volker Weidermann den Punktestand nach Toren zusammen. Er hat das Vorrecht zum Fußballergebnis, wie er es selbst so treffend nennt:

17 | Druckfrisch, Folge vom 5. Oktober 2014, TC 00:22:47–00:23:40.

18 | Druckfrisch, Folge vom 4. Oktober 2014, TC 00:12:14–00:12:55.

> Es ist das Vorrecht des Gastgebers am Ende der Runde, das Ergebnis so zusammenzufassen wie auf dem Fußballplatz, wie es sich mir dargestellt hat […]. Chigozie Obioma, ein gerechtes Unentschieden, 2:2. Ilija Trojanow, bittere Niederlage, 1:3. Karl Ove Knausgard 3:1 und Péter Gárdos 2:2.[19]

Die Analogierelation, die hier zwischen Literatur und Sport aufgemacht wird, wird so auf die Spitze getrieben.

Insgesamt zeigt sich, dass zahlreiche sportive Elemente in die Inszenierung von Literatursendungen eingebettet werden. Literaturkritik fungiert immer nach dem Sieg-und-Niederlage-Prinzip. Dazu passen unter anderem die zahlreichen Präsentationen von Besten- und Bestsellerlisten nach dem Rankingprinzip und das ›Fußballergebnis‹ am Ende des *Literarischen Quartetts*. Was nicht gemacht wird – oder vielleicht auch nur noch nicht – ist ein K.-o.-System als logische Konsequenz aus dem heute schon dominierenden Sieg-und-Niederlage-Prinzip: Wie in den amerikanischen National-Football-League-Playoffs würden die im Vorfeld durch eine Bestseller- oder Bestenliste ermittelten Top Ten in einem Ausscheidungskampf gegeneinander antreten, bis am Ende nur noch ein Buch übrig wäre.

Hier offenbart sich ein zentrales Problem: Es bleibt die Frage, ob überhaupt so ohne Weiteres eine Analogierelation zwischen Sport und Literatur hergestellt werden sollte? Ist es sinnvoll, Literatur in Form von Rankings zu bewerten? Auch wenn die in Deutschland aktuell eingesetzten sportiven Elemente in der Literaturkritik keinesfalls so drastisch ausfallen wie im Film *Der Club der toten Dichter* oder in Schubarts Modell von 1790, sollte man auch diese kritisch betrachten. Autorinnen, Autoren und ihre Werke in Konkurrenz zueinander zu stellen, führt immer auch dazu, die Eigenständigkeit und Qualität eines jeden einzelnen Werkes aus den Augen zu verlieren. Nur weil ein Buch auf Platz zwei und nicht auf Platz eins einer Bestseller- oder Bestenliste steht, ist es nicht grundsätzlich schlecht und weniger lesenswert. Gleiches gilt natürlich auch für die anderen ›niederen‹ Plätze und vor allem auch für diejenigen Werke, die erst überhaupt nicht in die Auswahl aufgenommen worden sind.

Literatur(-kritik) und Sport *können* zwar leicht in Analogie zueinander gesetzt werden – aber deshalb *sollten* sie es noch lange nicht.

---

19 | Das literarische Quartett, Folge vom 2. Oktober 2015, TC 00:42:43-00:43:08. Vgl. dazu auch Britta Heidemann: Das Literarische Quartett 2.0. In: Westdeutsche Allgemeine Zeitung vom 5. Oktober 2015.

Faith against Reason

Reflections on Luther's 500th

Thomas Pfau

In keeping with the event for which these remarks were originally prepared, what follows will use rather broad brush strokes in an effort to identify some of the long-term effects that may plausibly be linked with Luther's intervention in 1517.[1] Bearing not only on Christianity but, inevitably, also on the secular realm, these effects were often unintended by Luther himself, at times contradicting his avowed goals and concerns at the time. Perhaps nobody put the matter more poignantly than the great 20th century Protestant theologian Dietrich Bonhoeffer in his *Letters from Prison*:

> Today [31 Oct. 1943] is Reformation Day, a feast which in our times can give one plenty to think about. One wonders how it was Luther's action led to consequences which were the exact opposite of what he intended, and which overshadowed the last years of his life and work, so that he doubted the value of everything he had achieved. He desired a real unity both for the Church and for Western Christendom, but the consequence was the ruin of both. He sought the »Freedom of the Christian Man,« and the consequence was apathy and barbarism. He hoped to see the establishment of a genuine social order free from clerical privilege, and the outcome was the Peasants' Revolt, and soon afterwards the gradual dissolution of all real cohesion and order in society...Kierkegaard said more than a century ago that if Luther were alive then he would have said the exact opposite of what he said in the sixteenth century. I believe he was right – cum grano salis.[2]

No doubt, Bonhoeffer's grim assessment was colored by German Protestantism's disastrous alliance with the Nazi regime after 1933. Ten years on, with Bonhoeffer awaiting execution in prison, both the official *Reichskirche* under Bishop Müller and the so-called *Confessing Church* that had sought to oppose at least the worst horrors of the Nazi regime had effectively been devoured by

---

1 | Originally delivered as a plenary lecture at Purdue University, 9 Nov. 2017. For their helpful drafts on earlier versions of this paper, I wish to thank David Aers, Tricia Ross, and James Simpson.

2 | Dietrich Bonhoeffer: Letters and Papers from Prison. In: Idem: Works. Vol. 8. Trans. Isabel Best et al. Minneapolis 2010, p. 172 f.

the Fascist Leviathan. Unsurprisingly, then, several of the antitheses structuring Bonhoeffer's summation of Luther's contradictory legacy can also be read as a covert indictment of the Nazi regime, whose specious quest for absolute freedom had produced limitless barbarism and whose attempts at organizing society around an omnipotent man-god had issued not in order and cohesion but in chaos and global war.

Naturally, speculation about long-term effects of an event as complex as Luther's Reformation remains fraught with considerable risk. To begin with, the *post hoc ergo propter hoc* fallacy looms large wherever we seek to pinpoint the »unintended« effects of a historical event. Moreover, as I have argued elsewhere with reference to Brad Gregory's controversial book, it is but a small step from arguing for an unintended Reformation to concluding that its entailments were not only calamitous but also inevitable.[3] Yet to frame Luther's Reformation in consequentialist, perhaps even determinist language risks producing a self-confirming story of decline, one whose underlying, fatalistic conception of history the practicing Catholic (such as Brad Gregory or myself) should resist on theological grounds no less than conceptual ones.

A more prudent approach, which I favor even as I cannot unfold it in any detail here, would take the form of patient, finely-grained hermeneutic analyses. Rather than attempting a high-altitude survey of the Reformation's presumptive historical legacy, intended or otherwise, we should begin by scrutinizing motifs central to Luther's theology, sift their logical implications, and then, cautiously, trace their effective history during the centuries following the Reformation. To do so is to part ways with axiomatically secular modes of historical explanation such as construe religious practice, spiritual concerns, and theological issues as mere epiphenomena of socio-economic, cultural, and geo-political forces. For »when the world was still five-hundred years younger,« as Johan Huizinga so poetically put it a century ago, the very intelligibility of life hinged on deeply internalized and formally cohesive religious practices and on people's implicit acceptance of the theological foundations for these practices. Luther upended these foundations, mainly, by fundamentally redefining the concepts of faith and divine omnipotence and, in so doing, leaving both Christianity's self-understanding and its role in the *saeculum* dramatically altered. I will return to this point shortly. First, though, let us recall some basic, not to say obvious, contexts for Luther's momentous intervention without, however, construing ambient historical factors as being outright determinative *causes* for his new theology.

While there are many reasons to view the long-term effects of Luther's Reformation, and the eventual schism it produced, with misgivings, there can be no doubt that the young Augustinian monk had ample cause to urge a compre-

3 | Thomas Pfau: »Botched Execution« or Historical Inevitability: Conceptual Dilemmas in Brad S. Gregory's The Unintended Reformation. In: The Journal of Medieval and Early Modern Studies 46 (2016), No. 3, p. 583–602.

hensive reform of the Church. Various forms of corruption – already detailed in Dante's *Inferno* two centuries before – had only blossomed further, such that by 1500 the late-medieval Church's entanglement with worldly interests and powers, as well as internal corruption (simony, indulgences) in some parts of Europe, Germany in particular, had reached dismal proportions. Yet in promoting lay spirituality and what he eventually came to call the priesthood of the believers, Luther went far beyond the inward and private turn of the *devotio moderna* of the previous century. Indeed, by promoting literacy for all (including women) and, crucially, translating the Bible into the vernacular, Luther not only »created the German language« (as the poet Heine was to put it in 1833); he also laid the groundwork for a seemingly unmediated type of faith.

Luther's increasingly vituperative indictment of a corrupt Church and the »popist sophisters and schoolmen« committed to its defense aimed to make the case for extensive reform of an institution that in his view had betrayed its core mission.[4] In more restrained language, Erasmus and the young Thomas More had actually voiced similar concerns. At the same time, it ought to be kept in mind that, even around 1500, large swathes of the Church remained dynamic and attentive to the needs of the general populace, as has been shown, for example, by Eamon Duffy and John van Engen in their landmark studies of a flourishing fifteenth-century religious culture in England and new forms of popular piety (esp. the *devotio moderna*) in Flanders, respectively.

AXIOMS

Momentous about Luther's intervention and ultimately causing his early attempts at reform to mutate into a full-fledged schism, was his decision to reinterpret concerns of a practical-institutional nature as symptoms of a deep-seated doctrinal crisis. As became clear during his contentious cross-examination by Cardinal Cajetan at Augsburg (in October 1518) and by Johann Eck at Worms (in January 1521), Luther's institutional critique had mutated into comprehensive theological dissent. As his famous *Hier steh' ich und kann nicht anders* at the Diet of Worms made clear, Luther's startling notion of what Paul Hacker has termed »reflexive faith« effectively ruptured a fifteen-hundred-year tradition of exegetical practice, theological argument, ecumenical councils, and papal decrees.[5] His startling claim that »if [a man] believes, he is blessed; if not, he is condemned,« and that »as he believes, so he has [God]« redefines faith as positively effecting the believer's salvation. A subject-centered, reflexive faith – which not only affirms what one believes *in* but also posits that it »has happened for *me*« – must

4 | Martin Luther: Selections from his Writings. Ed. by John Dillenberger. New York 1962, p. 127.

5 | Paul Hacker: Faith in Luther. Steubenville (OH) 2017, see esp. p. 8–21.

eo ipso reject all doubt, ambiguity, or even the possibility of incremental growth and progressive hermeneutic discernment.[6] Instead, what Luther terms »apprehensive faith« claims revelation and redemption both instantaneously and in their totality.

In rejecting as a matter of principle the validity of a dynamic tradition of liturgical practice and theological discernment – indeed going so far as to assert that »he who does not accept my doctrine cannot be saved« – Luther put Christianity on a substantially new footing.[7] His doctrine of freedom anchored exclusively in the faith of the individual believer encourages an antinomian stance (sometimes thought to be rooted in a misreading of Paul's letters) that would lead some contemporaries and many of his theological heirs to reject all ecclesial authority, sacramental practice, and good works. The theology that Luther proceeded to formulate, beginning with his exegeses of Scripture after 1517 and intensifying with his 1525 writings on Christian freedom, set into motion a dynamic well beyond anything he could have imagined. Thus, his sweeping assertion that »a Christian is a perfectly free lord of all, subject to none« would soon be taken as a warrant for rejecting political as well as ecclesial authority.[8]

At the same time, we should not think of Luther's theology as emerging out of nowhere. His conception of God as omnipotent will, wholly invisible and inscrutable, builds on similar arguments found in Ockham, Autrecourt, and Biel during the fourteenth and fifteenth century. Consider, for example, Luther's injunction that the true Christian needs »to know nothing whatsoever of the law or of works, but to know and to believe this only, that Christ is gone to the Father and is not now seen«[9]. To put it thus is to institute an ontological chasm separating finite, visible nature from the numinous, supernatural realm – a split dating back to the Origenist controversies of the third century and reopened in a new key when Franciscan theologians at Oxford and Paris began to draw formal distinctions between God's divine power (*potentia absoluta*) and the meaningfully ordered cosmos (*potentia ordinata*) in which the divine *logos* had found expression. Yet those distinctions were not, at that time, to call into question that the order of creation was intrinsically good and rational.

By the time that Luther arrives on the scene, this distinction had blossomed into a sharp antinomy, reflected in his quasi-Manichean opposition of nature and grace, of »two kinds of righteousness« and »two worlds,« an »active« one centered on works and the law, and a »passive one« whose nature it is »to do nothing, to hear nothing.«[10] Yet to drive a sharp wedge between creator and

---

6 | Ibid., p. 13.

7 | Dr. Martin Luthers Werke: Kritische Gesamtausgabe. Weimar 1883 ff., vol. 10, Pt. 2, p. 11.

8 | Luther: Selections from his Writings, p. 53.

9 | Ibid., p. 105.

10 | Ibid., p. 104.

creation naturally atrophies incarnational theology and undermines the fundamental conception of the human being as *imago dei*. Inasmuch as there is, in Luther's theology, no mediation between the two domains, theological reflection and religious culture are losing their narrative dimension. Spiritual life is no longer conceived as an *itinerarium in deum* (as Bonaventure had called it) but, instead, as a timeless and invariant struggle between abject (human) nature and the inexplicable, unilateral interventions of transcendent grace.

For Luther, there is no mediation between the two, nor is the polarity itself meaningful as such. In construing corporeal, visible nature as sinful and, hence, as the antagonist of true faith, Luther broke with the century-old (in origin Platonist) understanding according to which, »in divine fashion, it needs perceptible things to lift us up into the domain of conceptions«[11]. This view – which had been an integral feature of Patristic and a good deal of medieval theology from Basil and Gregory of Nyssa via pseudo-Dionysius, Maximus, and John of Damascus all the way to Bernard, Bonaventure and Cusanus – Luther categorically rejects, maintaining instead as a matter of principle that »no external thing has any influence in producing Christian righteousness or freedom.«[12]

Luther's conception of faith as a type of auto-affection and his formalist view of grace effectively robs either term of any phenomenology. We cannot witness their outward development or progression (there being none). Faith, that is, no longer stands in any relation to the intelligible realm. It cannot be understood but can only be asserted as *fides apprehensiva* – a quasi-performative utterance whereby the believer stakes a claim on salvation as effectively coincident with the act of faith itself. What faith affirms thus is nothing other than the subject's putative righteousness (*Rechtschaffenheit*). Yet such righteousness now seems unconnected to any practical experience and any epistemology by which finite beings might seek to understand their existence. In defining faith as »a lively and undoubted belief that makes a man absolutely certain of his being pleasing to God,« Luther drove a sharp wedge between Jerusalem and Athens, between his new, reflexive faith and what he contemptuously calls »the imaginations of reason, which teaches that a right judgment, and a good will [...] is true righteousness«.[13]

CONSEQUENCES

The institutional and disciplinary divide that has ever since been widening between theology and philosophy, to the detriment of both fields, has in our time

11 | Pseudo-Dionysius: The Complete Works. Trans. Colm Luibheid and Paul Rorem. New York 1987, p. 199.

12 | Luther: Selections from his Writings, p. 54.

13 | Ibid, p. 131.

resulted in a paradoxically doctrinaire conception of knowledge as an inherently secular pursuit. If Luther's theology had insisted on God as the only cause in the universe, effectively denying Aristotle's and Aquinas' theory of finite, secondary causation, it was only a matter of time before a wholly transcendent God would cease to engage the interest of humans living their contingent lives on earth. The position of categorical transcendence is being supplanted by a strictly immanent, naturalist frame, one for which only secondary causes – observable, quantifiable, verifiable – are of any relevance. Few have put the dangers of Luther's radically one-sided theology more astutely than Erich Przywara in the 1920s:

> The Lutheran doctrine of God is, so to speak, loaded with explosives. The human spirit refuses to be violated by a one-sided transcendence; immanence can be struck only at the cost of its violent return, but it is a return now no longer, as it was before, in the form of a dynamic unity [*Spannungseinheit*] with transcendence, but rather in the form of a radical overturning [*Umschlag*] of transcendence. Instead of the Catholic unity-in-tension between transcendence and immanence, we have, beginning with Luther, a transcendence that converts into immanence, only to convert once again into transcendence. At one point man is disenfranchised and everything is about God and God alone; at another, God is disenfranchised and everything is about man and man alone. In this sense Nietzsche is the most obvious consequence of Luther: for his *Übermensch* is nothing but man as God.[14]

Such long-term developments would arguably have been difficult to foresee for the various permutations of Lutheran and Calvinist theology – such as the radical dissenters of 17th century England; late 17th and early 18th century German Pietism; Methodism; Pentecostalism, et al. – all of which stress the unconditional, self-certifying nature of faith as *iudicium interius* («inward judgment«). On Luther's account, the self is both the sole originator and, soteriologically speaking, the sole beneficiary of its act of faith. As a result, faith constitutes itself not only *independent of* but, potentially, *against* the reality of other persons. With the relational model of the Trinitarian theology fading, Lutheran faith supervenes on, indeed displaces, love, »because love, the most distinguished interpersonal relationship, consists in a movement that runs precisely counter to that of reflexive faith.« While it shows gratitude for God's grace, »love [for one's fellow beings] makes you servants of men and takes the place of a servant.« Hence, »faith shall have lordship over love, and love shall yield to it.«[15] By 1535, in his commentary

14 | Erich Przywara: Ringen der Gegenwart. Gesammelte Aufsätze, 1922-1927. 2 vols. Augsburg 1929, vol. 2, p. 555 (transl. by John Betz).

15 | Martin Luthers Werke XVII, p. 53 and 5.

on Galatians, Luther thus will go so far as to curse charity and humility (*maledicta sit caritas, maledicta sit humilitas*).[16]

This disaggregation of Lutheran faith from any outward, practical acts in the interpersonal realm of *caritas* and dialogue has had a vexed effective history of its own. With Calvin's theology also wielding considerable influence here, the long-term effects are plainly legible, for example, in Locke's *Letters concerning toleration* (1693). There, faith risks devolving into little more than so much *private* speculation regarding the subject's afterlife; for if the affirmations of such faith were to be projected, with a force befitting its intrinsic certitude, into the realm of actual, communal life, rational community would likely be once again vanquished by sectarian antagonisms as it had been during England's civil war.[17] The result, still with us to this day, is the polarity of religious quietism and political theology, between a fideism preserving the purity of its tenets by withdrawing from the heteronomous realm of public life, and a theological liberalism of the sort that would redefine much of nineteenth-century Protestantism. Yet both scenarios are characterized by a widening chasm between faith and reason, and by a conception of »private judgment« (as J. H. Newman calls it) at the very least detached from and indifferent to philosophical inquiry and, more often than not, altogether quarantined from the sphere of public reason. This partitioning of faith from *logos* must be accounted one of the more enduring and troubling aspects of Luther's effective history.

To be sure, Luther did not single-handedly bring about what Benedict XVI has described as an accelerating »dehellenization« of theology in the modern era. Elements of an anti-rationalist conception of faith already inform the chiliasm of Joachim of Fiore. They also underlie Bishop Stephen Tempier's 1277 proscription of certain Dominican teachings in Paris; a particularly strident anti-rationalism also fuels Ockham's disaggregation of divine power (*potentia*) from divine reason (*logos*) in his *Quodlibetals*; and, to judge by the refusal of many white American Evangelicals today even to consider scientific findings, the anti-rationalist strain of Protestant fideism remains alive and well. As Benedict XVI was to observe in his 2005 Regensburg Address, »God does not become more divine when we push him away from us in a sheer, impenetrable voluntarism; rather, the truly divine God is the God who has revealed himself as *logos* and, as *logos*, has acted and continues to act lovingly on our behalf.«[18]

Now, even as Luther construes man's faith as both the *prima facie* manifestation of grace and the assurance of the believer's eventual salvation, he need not

16 | Ibid XL, p. 26.

17 | On Locke's Nominalist and private concept of religious faith, see Thomas Pfau: Minding the Modern: Human Agency, Intellectual Traditions, and Responsible Knowledge. South Bend (IN) 2013, p. 309 ff.

18 | Benedict XVI: The Regensburg Lecture. Ed. by James V. Schall. S. J. South Bend (IN) 2007, p. 138.

necessarily be altogether opposed to Benedict's view. In fact, as early as 1525, Luther found the movement that he had launched to be rapidly outgrowing and deviating from his original concerns and objectives. Thus, his arguments on core doctrinal issues gave rise to developments, both short- and long-term, that he most definitely did not take himself to have intended, and some of which – such as the Peasant revolt and the radical Biblicism of the Anabaptists – he came to renounce with characteristic vehemence. What Luther came to experience first-hand, then, is the sheer persistence and intractable complexity of hermeneutics, of interpretations attaching themselves to words ostensibly spoken or written with very different, even diametrically opposed intentions. Thus, his theology succumbs to a contingent ebb and flow of competing interpretations that, rather naively, Luther had believed could be avoided by predicating his theology entirely on the believer's unmediated encounter with scripture, her wholly unmediated faith, and a strictly transcendent and unfathomable conception of grace. The aftermath of what we call the Reformation is a protracted case of history, which Lutheran faith and grace had sought to overleap, reasserting itself.

One cannot but marvel at the improvidence of an assertion that effectively converts the deregulation of spiritual hermeneutics into a theological axiom of sorts: »I acknowledge no fixed rules for the interpretation of the Word of God, since the Word of God, which teaches freedom in all other matters, must not be bound.«[19] Unsurprisingly, then, a Protestant theology that by 1520 was still very much in flux would barely a century later find itself fragmented into competing and often militantly antagonistic denominations. At the same time, the cascade of doctrinal schisms and antagonisms that characterizes Protestantism to this day also had a profound impact on the Catholic Church. Thus, rightly worried about the incalculable effects of a religious culture principally defined by the subjective assertion of reflexive faith and an apparent loss of traditions guiding scriptural exegesis, the Catholic Counter-Reformation took defensive measures that, in the event, often ended up mirroring the Protestant ethos against which the Church sought to defend itself. One might point here to the doctrinal and pastoral realignments made both during and following the Council at Trent, the rise of Ignatian spiritual discipline, and the hyper-Augustinian soteriology promoted by 17th century Jansenism. Thus, it is not simply the rise of Protestant denominations but the theological realignment within Catholicism that forms part of Luther's effective history. Let me close, then, by adumbrating some of the long-term effects arising from Luther's repudiation of exegetical tradition, magisterial doctrine, and sacramental practice that, until about 1520, had mediated the naturally tension-fraught relationship between *ecclesia* and *saeculum*.

19 | The Freedom of the Christian. In: Luther: Selections from his Writings, p. 50.

Some Consequences

- Luther consolidated the genre of religious polemic, which remains with us to this day. That his 1518 examination by Cajetan deteriorated into a shouting match hints at a fundamental antagonism between inward faith and dialogic reason. Gone is the Platonic model of dialectical argument, which does not proceed from supposedly secure first principles but, on the contrary, accepts that our knowledge of such principles is at best insufficient and, thus, needs to retrieve them through a sustained hermeneutic effort conducted in joint humility.
- The assertion of faith no longer subject to liturgical mediation and evolving theological reflection and explication for others, risks isolating the believer. As the radicalism of 17th century antinomian movements, German pietists, 18th century Methodists, and 19th and 20th century Pentecostals and fringe Evangelical movements shows, an increasingly hermetic faith, a strictly notional understanding of grace, and a numinous model of God ineluctably wielding power over man (i.e., Luther's doctrine of divine *Alleinwirksamkeit*), in time caused Western religious culture to collapse into outright fideism. Increasingly, that is, the affirmations of Luther's spiritual heirs appear bereft of any intelligible relation to the practical, cultural, and scientific objectives of this world. As the absolute transcendence of Luther's God begets a compensatory, equally absolute immanence, the finite and sinful human beings confined in the temporal world respond to practical concerns by disaggregating faith and knowledge and, as regards the latter, relying on resources of their own devising. The immanent logic and aggressive secularity whereby an epistemological naturalism has migrated from the natural sciences into fields such as political economy, social and political theory, philosophy, history, and aesthetics are the paradoxical entailments of a Reformation that, from its very beginning, had a vexed relationship to the saeculum: at once wishing to engage and transform the world, and at the same time recoiling from its perceived threat to the integrity of faith.

Luther's absolute affirmations regarding faith and grace substantially weaken the possibility of reasoning with those who do not share these principles. Walter Ong and Michael Buckley have variously shown how the concept of modern method, based on first principles, has fundamentally obscured the inherent value and potential of dialogic reasoning. Here, too, the separation of theology from philosophy, already in plain view in Luther's strident anti-Aristotelianism, had consequences the Reformer could scarcely have foreseen or wished. Thus, it was only a matter of time before that which Protestant faith professed was construed as a seemingly gratuitous and, from a new philosophical perspective, untenable assertion. For once theology had defined its relation to philosophy in adversarial terms, philosophy returned the favor by espousing a strictly immanent conception of human existence that in time would sponsor utilitarian and existentialist explanatory schemes that, beginning with Hume, A. Smith, and Bentham all the way to Heidegger and contemporary reductionism have disaggregated the work of reason from the three theological virtues.

- Finally, Luther's interesting qualification of his polemic against »works« points to yet another long-term entailment of his theology. Thus, he admits that ceremonies cannot be abandoned outright but, for the time being remain a necessity, just »as models and plans [...] among builders and artisans are prepared, not as a permanent structure but because without them nothing could be built or made. When the structure is complete the models and plans are laid aside.«[20] Yet to put it thus gives rise to an implication that the young Luther would almost certainly have rejected: viz., that the eschaton is not beyond time but can be envisioned as the conclusion and fulfilment of historical time. For the past century, this notion of an intra-mundane eschaton, prepared for by a stadial conception of history, has been known by the name of political theology, a movement that (as the movement of 1980s Catholic liberation theology has shown) ultimately entails the self-secularization of religion. Similarly, the segment of contemporary white America that remains firmly pledged to a notion of »manifest destiny« and some version of the prosperity gospel offers a particularly troubling case of an inner-worldly eschatology first intimated when Luther refused to consider faith and reason as a polarity to be endured as such, rather than being unilaterally resolved. His often-polemical language thus inadvertently furnishes arguments for a political theology – which per definitionem is bad theology – whose misplaced, self-regarding affirmations continue to damage our society and, indeed, humanity at large.

20 | Luther: Selections from his Writings, p. 84.

Forum on Pedagogy
Fachdidaktik

Introduction to new *andererseits* Forum on Pedagogy

Steffen Kaupp

In *How Learning Works: Seven Research-Based Principles for Smart Teaching*, Susan Ambrose et al. distill a comprehensive selection of major works from the scholarship of teaching and learning (SoTL) into seven researched-based principles, which are meant to guide instructors' curricular and pedagogical decisions in a way that maximizes student learning. Highlighting the importance of practice and feedback, the authors' fifth principle states that »[g]oal-directed practice coupled with targeted feedback enhances the quality of students' learning«[1]. What is important about this principle is the fact that both practice and feedback are qualified by the adjectives »goal-directed« and »targeted« respectively. Practice only enhances student learning if it focuses on a specific goal, targets an appropriate level of challenge, and is sufficient in quantity and frequency.[2] Effective feedback, in turn, must be given at the right time to allow for learning to be shaped before misconceptions can form; students need formative feedback at early stages of the learning process. When goal-specific practice and targeted feedback work hand-in-hand, there are significant benefits to students' learning.

It might be surprising to the curious reader that the introduction to our new pedagogy section starts with a reflection on such a specific element of student learning. When the editors of *andererseits* decided to add a Forum on Pedagogy to the yearbook, they envisioned this new section to become a forum in the truest sense of the word: A space for *open discussion* and the *sharing of ideas* relevant to the fields of German Studies pedagogy, and the scholarship of teaching and learning more generally. Rather than offering merely theoretical reflections on pedagogy, we look forward to featuring essays that are very much grounded in the excellent hands-on work that German Studies instructors are doing in classrooms on both sides of the Atlantic. As a forum for best practices in German Studies teaching, the *andererseits* Forum on Pedagogy is built upon the learning principle of goal-directed practice and targeted feedback, this time, however, un-

1 | Susan Ambrose et al.: How Learning Works. Seven Research-Based Principles for Smart Teaching. Jossey-Bass 2010, p. 125.

2 | Cf. ibid, p. 125–127.

derstood from the side of faculty and teaching development rather than student learning.

The essays here follow the ethos of goal-directed practice, in that all authors present innovative approaches to very specific challenges in their everyday teaching practices. CLAIRE TAYLOR JONES's challenge was to develop a scaffolded approach to help students »transition from the kind of personal reflection writing that dominates first- and second-year courses to the genre of literary analysis that we expect in the upper levels.« In her essay, which also features some of her students' writing, she reflects on the effectiveness of creative writing assignments to ease the transition from personal writing to literary analysis.

CLAIRE E. SCOTT and MATTHEW HAMBRO discuss the challenges and benefits of implementing a graphic novel on the Berlin wall into the second-semester German language curriculum. Scott and Hambro didacticized *Berlin – Geteilte Stadt* in response to feedback on earlier iterations of the course, in which students lamented a lack of more in-depth discussions about important cultural topics, rather than a primary focus on solely developing language skills. In their essay, Scott and Hambro reflect on the benefits of using a graphic narrative to frame debates about the Berlin wall, and they also elaborate on how the confluence of visual and textual elements does indeed foster students' language production skills, while also immersing them in new cultural knowledge.

LAURA LIEBER reflects in her essay on the challenges of designing and teaching a six-week summer study abroad course on the topic of Jewish Berlin. She discusses how her course raises issues and questions that require students to engage with and understand questions arising from Jewish Studies, German culture and history, and the academic study of Religion. In reflecting on the advantages of a summer study abroad course, for which the city of Berlin itself turns into both the classroom, and object of study, she convincingly highlights the importance of focusing on lived and living Judaism, by inviting guests who share their biographies, which inevitably brings up the compelling material from the readings from both primary sources, secondary sources (which stress historical background), and literature.

In the final essay, STEFFEN KAUPP offers a set of strategies for fostering individualized expansion of students' vocabulary, and a scaffolded framework for reviewing grammar in a fourth-semester German course in a way that responds to the needs of each individual student, while still allowing for shared practice of grammar in class. Kaupp takes inspiration for his essay from an earlier iteration of the course, in which students' improvement in the areas of grammar and vocabulary, especially in writing assignments, presented itself as a challenge due to the different needs and skill levels of his students.

Goal-directed practice, thus, is at the core of all instructional and curricular decisions that are featured in these essays. The authors discuss methods that have been tested in their own teaching, and which grew out of a specific instructional challenge or need. Targeted feedback, however, is also crucial to the mission and vision of the Forum on Pedagogy. For one, we hope that the four essays will inspire other instructors to think about the authors' reflections in dialogue with their own teaching practices. We encourage all readers to share their thoughts and insights with the authors directly, or through the editors, and we also hope that the contributions in this issue inspire future submissions to the pedagogy section.

Lastly, targeted feedback also has been an important aspect of the four authors' conceptualization and implementation of their respective teaching strategies: Based on targeted feedback from students and their own study of teaching and learning scholarship, they responded to a specific challenge with innovative approaches. In order to refine these approaches, they then reflected on the quality of student learning after the new strategies had been implemented in dialogue with their learning outcomes. This is where the model of goal-specific practice and targeted feedback comes full circle: By offering our *andererseits* readers a new Forum on Pedagogy, it is our goal to inspire research- and experience-based exchanges about best teaching practices, in order to showcase the innovative pedagogical work within the field German Studies. This exchange in turn then will allow all of us to take a critical look at, and receive targeted feedback on, our own teaching practices.

Three Nightmares

Student Short Stories Inspired by *Das doppelte Lottchen*

CLAIRE TAYLOR JONES

The narratives that appear below are charming and engaging enough to stand without an introduction, but a brief contextualization will make them all the more impressive. At the University of Notre Dame, I taught in Fall 2016 a third-year writing-intensive German language course on the theme of dysfunctional family. I divide the course into two units and devote the first half of the semester to Erich Kästner's classic novel *Das doppelte Lottchen*. Many of the students still are familiar with the plot from having seen *The Parent Trap* as children. Nevertheless, frank discussions about single-parenthood, working parents and childcare, child custody, gender stereotypes and class privilege prepare them for the darker topics broached in the second half of the semester through Anna Maria Schenkel's crime novel *Tannöd* and Michael Haneke's *Das weiße Band*.

The escalation of the themes discussed accompanies an escalation in workload and writing genre. I design this course as a transition from the kind of personal reflection writing that dominates first- and second-year courses to the genre of literary analysis that we expect in the upper levels. In the early writing assignments, the students are primarily asked to write about themselves but in the context of and increasingly in comparison with the novel. For example, in the first assignment they describe their own families in comparison with the single-parent familial structures of the Körner and Palfy households. The frequent writing assignments increase in length and complexity over the course of the semester and require a sequence of increasingly complex grammatical forms, some of which are review from earlier semesters (passive voice) and some of which are new (extended participial modifiers). The first half of the semester and our work on *Das doppelte Lottchen* culminates with an assignment to use the Subjunctive I form in writing the newspaper article which appears in the *Münchner Illustrierte* in the final chapter of the novel.

These three stories were submitted in the fifth week of the semester for a writing assignment using relative clauses. The students had just read the chapter of *Das doppelte Lottchen* that concludes with Lotte's extended nightmare sequence, partially inspired by her first encounter with Irene Gerlach (her father's love interest) at a performance of *Hänsel und Gretel*. The twins fly over a forest to a house made out of bread where they are met by their mother and father, who threatens to cut in half the twins – now a single girl with half a head of curls and half braids. In class we discussed the aspects of the literary dream drawn from the fairy tale. We then read the passage from 1*Kings* 3:16–28 in which Solomon determines a child's true mother by threatening to cut it in half and considered Kästner's purpose in evoking the Judgment of Solomon. The students went home with the extremely open-ended task of recounting a nightmare while using at least five relative clauses. Some of the students recounted dreams of their own, some wrote more abstract essays reflecting on common dream types and their causes, and some gave their imaginations free rein.

The three stories here were the most creative and vibrant of the class. Each of them thematizes nature, albeit in very different ways, and plays with the idea of uncanny bodies supplied by the novel's dream-fusion of the twins. Murray's essay transforms the curious multiplication of the bread loaves in Lotte's dream into a classic horror sequence with swarms of insects. Thomas introduces her narrative as a dark fairy tale and reverses the bodily fusion thematic into a vision of decay and separation. Wu, in contrast, represents this same theme as a terrifying fulfillment of desire while introducing Biblical – and further literary – references of his own. Together these nightmares showcase the productive potential of student creative writing assignments as way to link critical engagement with literature to the students' own realm of – harrowing – experience and imagination.

Christina Murray (University of Notre Dame, Class of 2020)

Die helle Sonne scheint im königsblauen Mittagshimmel. Die Wolken, die normalerweise groß und flaumig sind, ziehen dünn und fein über den Himmel. Dafür erglänzen die Strahlen der Sonne ungehindert auf der Erde, deren Blumen und Bäume sie fröhlich absorbieren. Meine Freundin und ich, die auf einer Wiese spielen, genießen dieses schöne Wetter auch. Wir werfen eine rote Kugel und lachen, als sie mich ins Gesicht schlägt. Ich hebe die Kugel vom Boden auf und werfe sie mit so viel Kraft, dass sie gegen einen Baum hinter meiner Freundin schlägt und 20 Meter weg von uns springt. Mit einem erschrockenen Blick merke ich, dass die Kugel in einem tiefen, schlammigen Teich landen wird. Ich renne nach, aber es ist nutzlos. Hilflos starre ich auf die Kugel, die jetzt ertrunken ist. Meine Freundin brüllt: »Du hast die Kugel geworfen, also musst du sie zurückholen!« Widerwillig trete ich hüfthoch ins braune dichte Wasser ein. Ich habe ein seltsames Gefühl im Bauch, weil die Vögel, die früher ziemlich laut gezwitschert haben, still sind. Obwohl die Sonne scheint, ist die Luft kalt. Plötzlich fühle ich tausend winzige Arme und Beine, die über meine ganze Haut kribbeln. Ich friere und schließe meine Augen, aber das entsetzliche Gefühl geht nicht weg. Als ich meine Augen öffne, entdecke ich die unzähligen Insekten, die auf dem Wasser schweben und über meine Hände kriechen. Es gibt tausend grausame Insekten, die ich erkenne, wie Spinnen, Tausendfüßler, Ameisen und Stinkwanzen, aber es gibt tausend andere Kriechtiere, die mir als Außerirdische vorkommen. Ein blauer Käfer mit einem einzigen, großen Auge fliegt um meinen Kopf und ins Ohr. Zehn Spinnen, deren Fangzähne ein Zoll lang sind, weben ein Spinnennetz zwischen meine Finger. Als ich an Insekten ersticke, wache ich glücklicherweise auf.

Kalese Thomas (St. Mary's College, Class of 2018)

Es war einmal ein gemütliches Zimmer, das sich in ein dunkles und unangenehmes Verlies verwandelt hat. Die junge Frau, die einen Alptraum erlebte, hat im Schlafe gezuckt und gezittert. Der Alptraum, der so furchterregend war, lief so:

Sie läuft aus dem Feld und blickt hinter sich. Die Pfeile, die ihr nachfliegen, landen fast an ihren Füßen. Sie kann nicht mehr laufen ... nicht viel länger sich verstecken. Die Pfeile zerreißen die Luft.

Es ist Angst in der Luft. Sie presst die Brosche, die ihr von ihrem Geliebten geschenkt wurde, an ihr Herz. Sie kriecht unter einen Dornbusch und streckt den Hals heraus. Auf einmal zerrt sie eine geschrumpfte Hand und hält sie in der Luft, ihr Körper gelähmt! Die geschrumpfte Hand verrät sich als ein brüchiger Körper, der kein erkennbares Gesicht hat. Der Körper zischt: »Ich weiß, was du getan hast!« Sie denkt: *Außer mir war niemand da! Wie könnte er das gesehen haben?*

Der Körper bringt sie näher an sich. Sie kann die aufgesprungene Haut des Körpers riechen. Sie erschaudert und fragt sich, wo Paulo stolperte und ob er noch am Leben ist. Der Körper wirft sie und das Letzte, was sie sieht, sind die glasigen schwarzen toten Augen ihres Paulos.

Als sie die Augen öffnet, rinnt die Feuchtigkeit über die Wände des Verlieses wie die Tränen über ihr Gesicht.

Kelvin Menghuan Wu (University of Notre Dame, Class of 2019)

Ich bin in einem Tunnel, in dem alles dunkel ist. Ich kann keinen Ausgang finden, ich stehe an einer Kreuzung von Wegen vieler Richtungen. Ich kann mich daran nicht erinnern, wie es draußen aussieht, obwohl ich eine Minute vorher draußen war. Ich weiß auch nicht, wo genau auf dieser Welt dieser endlose Tunnel liegt oder ob der überhaupt nicht auf unserer Erde liegt. Ich bin von tiefem Grausen umgegeben, fühle mich kalt, hungrig und hilflos.

Plötzlich tönt fern ein schwaches Geigerspiel, das halb traurig und halb zauberhaft durch den endlosen Gang des Tunnels sehr langsam widerhallt. Es tönt wieder. Noch einmal. Ich habe herausgefunden, dass der Klang aus der Richtung herabrauscht, die nach oben aufsteigt. Der Geiger wiederholt dieselbe

Melodie mehrfach, als signalisierte der mir. Ich stehe da, ich bin sogar davon auch bewundert, als ob die Melodie etwa schöner und sanfter geworden wäre. Vielleicht soll ich diesem Klang folgen, denke ich. Aber als ich daran denke, bin ich wieder in Zweifel geraten. Wer spielt die Geige? Die Melodie muss von einer Person gespielt worden sein, aber von wem? Welche Art vom Menschen? Ist er jemand Nettes oder Böses? Mir bin ich dieser möglichen Begegnung noch nicht sicher. Zögernd kann ich zu keiner Entscheidung kommen, was zu tun.

In diesem Moment höre ich das Geräusch des fließenden Gewässers aus der Ferne. Es kommt herauf aus einer anderen Richtung, die abwärtsläuft. Ich spüre, dass ich etwas Anderes auch hören kann, das wie fröhliches Gelächter von einem Mädchen oder einer jungen Frau klingt, und das Gelächter vermischt sich mit den Wassergeräuschen harmonisch. Ich bin so froh, weil ich glaube, dass der Ausgang des Tunnels endlich angezeigt wurde! Und wie ich mich darüber freue, dass ein Mensch draußen ist! Ich renne abwärts in diese Richtung, und bin am Ende dieses langen Gangs ins Licht gekommen.

Eine malerische Landschaft steht vor mir: Das Gebirge liegt herum, ich bin ganz am Fuß des Berges an der Grenze des Waldes. Vorne liegt ein Strand und rauscht ein Fluss. Auf dem Strand sitzt genau eine schlanke junge Frau von wunderbarer Schönheit, die nachdenklich in die Ferne blickt. Ihre von der Sonne erleuchteten Haut und Haare glänzen zauberhaft. Sie bemerkt mich, lächelt schön zu mir und sagt sanftmütig: »Also, endlich bist du hierhergekommen!« Sie lässt mich neben ihr liegen. Sie liegt auch neben mir, zierlich lächelnd und wechselnd, legt ihre Kleider ab und wirft sie daneben, enthüllt langsam ihre schönen Formen. Ich betrachte sie mit flammenden Augen.

Plötzlich ertönen aus dem Kirchdorf Gongschläge, und graue Wolken sammeln sich im Himmel. Über dem Gebirge sind tiefe Donnerrollen zu hören. Erschrocken finde ich, dass sich die Frau neben mir in eine Schlange verwandelt hat! Unsere Körper sind sogar auch miteinander verschmolzen. Ich schreie, kreische, stöhne vor riesigem Schmerz.

Ich bin erwacht. Es ist 2.35 Uhr in der Nacht. Das Büchlein *Das Marmorbild* von Eichendorff liegt ruhig neben meinem Kopf.

Divided Germany, Divided Text

Integrating Comics into the Beginning L2 Classroom

Claire E. Scott/Matthew Hambro

Comics and graphic novels combine several features that make them a unique resource in the L2 classroom. Just like video footage, they are information-redundant, allowing the viewer to infer meaning from images in contexts where vocabulary and grammar are still developing. Yet unlike film, comics and graphic novels also have visual permanence. In other words, comics allow readers to determine the pace at which they take in information, providing added time to process and contextualize text in the second language. Because of these qualities, graphic novels have the potential to be particularly effective language learning tools when integrated properly into the classroom.

At the beginner level (i. e. with students who have only taken a foreign language for a semester or two) it is particularly difficult to find texts that are simultaneously interesting to undergraduate students, that represent authentic cultural products in the target language, and that are legible to students despite their limited skills in the foreign language. Yet, it is at the beginning stages of language learning where the benefits of the graphic novel's form can be most useful – after all, most children start out reading picture books, not James Joyce. For this reason, it is crucial to find a strategy for integrating comics and graphic novels into the beginning language classroom, rather than waiting until students are further along in the curriculum. Based on our experiences we would like to advocate for the use of what we are calling montage or short-segment-format graphic novels in the beginning L2 classroom. By selecting a graphic novel that, while having a cohesive overall theme, is itself divided into smaller, self-contained segments, we have had success teaching a graphic novel in our second semester German classes.

Our experimentation with graphic novels in the classroom was prompted by student feedback that the graded readers we were using in our first and second semester German classes at Duke University were boring and did not help the students to engage deeply with any of the grammar or cultural topics we were trying to cover. In an effort to motivate our students to be more engaged with the process of reading in a foreign language at the earliest stages of their learning, we turned to graphic novels. First, in one of his second semester German classes, Matt tried teaching an adapted version of Franz Kafka's *Die Verwand-*

lung. Although professors such as Lynn Marie Kutch[1] at Kutztown University have documented success teaching this text at the intermediate language level (Unterrichtspraxis, Spring 2014), the material ultimately proved too difficult for Matt's beginning language students. The students appreciated the authenticity of the text, but found many of the structures too challenging and some of the larger text boxes overwhelming at this stage of their language learning. Following the same complex story throughout the text was too difficult a task for them based on their current level of language skills. When we were then assigned to team teach second semester German in the Fall of 2014, we brainstormed how to correct for the difficulties Matt experienced and we concluded that we needed a text that contained more dialogue, rather than narrative prose, and that was broken down into smaller, more manageable segments. We eventually found exactly what we were looking for in Susanne Buddenberg and Thomas Henseler's *Berlin – Geteilte Stadt*,[2] a text that, thanks to our efforts, has now been fully incorporated into the second-semester language curriculum at Duke University as one of the highlights of the language sequence there.

This graphic novel tells the story of the Berlin Wall from the initial building of the wall in 1961 through the fall of the wall in 1989. All the stories it contains are based on real events, so it provided us with a rich and relevant cultural context upon which to frame our lessons. As we mentioned, the text is comprehensible even to beginning level students, in part because it is divided into five shorter, dialogue-heavy stories, each with a different protagonist. In addition, a few pages of historical background related to the events depicted follow each story. The narrative sections of the text generally refrain from using overly complicated grammatical structures, making them accessible to students after a little vocabulary building. The sections on historical background are in most cases too challenging for beginning students to read on their own, but we sometimes worked with specific paragraphs from these longer texts in class, where we glossed them for the students. At the very least, they offered students authentic images from the time period in question, helping them to contextualize the illustrations in the stories. They also opened up space to discuss the difference between drawings and photographs with the students, thereby focusing their attention on the benefits and limitations of the comics as a medium for communicating about historical events.

In order to blend the text into the course as seamlessly as possible we attempted to discuss *Berlin – Geteilte Stadt* with our students on the levels of vo-

1 | Lynn M. Kutch: From Visual Literacy to Literary Proficiency: An Instructional and Assessment Model for the Graphic Novel Version of Kafka's *Die Verwandlung*. In: Die Unterrichtspraxis/Teaching German 47 (2014), No. 1, p. 56-68, online https://onlinelibrary.wiley.com/doi/full/10.1111/tger.10156.

2 | Susanne Buddenberg/Thomas Henseler: Berlin – Geteilte Stadt. Zeitgeschichten [2012]. Berlin 2013.

cabulary, culture, and to a lesser extent, grammar. The most important part of this process involved providing students with a series of reading journals, which guided them through their reading assignments. These reading journals were modeled after the work of Elizabeth Bridges, who uses graphic novels in her intermediate language courses at Rhodes College, but we made some adjustments to accommodate the beginning language level of our students.[3] For example, we provided increased room for vocabulary building and put more emphasis on basic summarizing activities. With these handouts, we wanted students to engage with the text on three levels: vocabulary, reading comprehension, and critical thought. Each reading journal contains a few glossed vocabulary words to aid the students in their reading. In addition, students have the opportunity to develop reading skills that they can carry with them into more advanced language courses because the worksheet also provide them with space to record words that they looked up themselves. Students were taught about looking up and recording all the relevant linguistic information about a word (gender and plural form for nouns, past participle for verbs etc.), in an effort to integrate some of these words into their own vocabulary. We also made a concerted effort to start including some of the most relevant words in our grammar lessons so that the students received repetitive reinforcement of the words that were most important for their active vocabulary.

In order to promote reading comprehension and critical thinking, for each reading journal the students were also asked to perform two tasks, one of which required them to demonstrate a basic understanding of what happened in the text by summarizing the plot, and the second of which asked them to think critically about the text. For example, in the reading journal for pages 67–74 we asked students to answer a few plot questions about what happens to Detlef, the protagonist. After summarizing Detlef's actions, we asked the students to speculate about how Detlef feels at the end of the story in a panel in which they only get a visual depiction of his actions. Having the students intuit Detlef's emotional state ensured that they were thinking not just about the meaning of individual words in the text, but also about the story as a whole and its relationship to the historical context being evoked.

In an effort to embrace the format of the graphic novel itself, we tried to vary the medium in which the students expressed their understanding of the text in these assignments. For example, for the reading journal in a segment about the Familie Holzapfel, who escaped over the top of the wall using a zipline, we had the students draw the family's escape plans, labeling some of the components of their drawing. The vocabulary in this segment is the most difficult in the text

3 | Elizabeth Bridges: Bridging the Gap: A Literacy-Oriented Approach to Teaching the Graphic Novel *Der erste Frühling*. In: Die Unterrichtspraxis/Teaching German 42 (2009), No. 2, p. 152–161, online https://onlinelibrary.wiley.com/doi/abs/10.1111/j.1756-1221.2009.00049.x.

and so we adjusted our expectations in terms of the kind of language we expected students to be able to produce when describing what was going on. Just as the images in a graphic novel transfer some of the weight of communication away from language, we encouraged our students to use this technique when the language exceeded their abilities to comprehend it. Techniques such as this can help students still get some linguistic and cultural knowledge out of engaging with a section of text that may be too difficult for them, without resorting to looking up every single word and spending all of their time buried in the dictionary.

In addition to the reading journals, we encouraged students to engage with the text and each other via social media by using their German class Twitter accounts. As a part of their homework, students were asked to tweet questions about the text for their classmates to answer. These tweeted questions ranged from vocabulary questions, to historical questions, to text-based questions about why the characters made certain choices. Tweeting about the text gave the students a forum to discuss issues that we did not have enough class time to address. In a situation like ours where the graphic novel is integrated into the curriculum without being integrated into the textbook, it is particularly important to have a platform, on social media or otherwise, for students to voice questions and topics for discussion outside of class time. When one of our colleagues taught the same graphic novel during the Spring 2015 semester, she neglected to emphasize the social media platform and found that students complained at the end of the course in their feedback about not having enough time in class to fully discuss the text. Adding this social media component also gives the students the opportunity to practice engaging with digital media in German, including the use of appropriate online abbreviations and even hashtags.

When we taught *Berlin – Geteilte Stadt* we had students read a short section of text (about seven–eight pages) for each class session over the course of several weeks. In hindsight, this may have contributed to the feeling that there was not enough time in class to discuss the text in as much depth as the students would have liked. By the time we had gone over the reading journal together, there was often very little time to expand on the questions asked there, before we had to transition into the grammar topic from the textbook for that day. The transition between working with the graphic novel and practicing the grammar topics from the textbook could be rather bumpy, and sometimes felt like a complete change of gears. Using the new vocabulary from the text in the grammar lessons helped with this, but there is room for improvement with regard to synchronizing grammar units with the content of the graphic novel. One way to potentially subvert this problem in the future would be to set aside one class period a week for the graphic novel, doing grammar from the textbook on the other days of the week. This more distinct division of time would better allow the instructor to highlight the reading skills and cultural background they are trying to develop by using the graphic novel, while still giving students the grammar education that they need to move forward in their language learning.

With a historically driven text such as *Berlin – Geteilte Stadt*, we felt that it was particularly important to do a thorough job of enhancing the students' reading of the material through both historical and genre-based contextualization. In order to do this, we took two class periods, one towards the beginning of our reading of the text and one about halfway through, and focused exclusively on cultural topics. In the first of these lessons, we gave students an overview of the history of the Berlin Wall. As mentioned earlier, we provided glossed and edited versions of the historical context sections from the book. Additionally, since it was the 25th anniversary of the fall of the Wall, we watched a short video in which Germans reflected on the Berlin Wall and its history.[4] Out of this video we highlighted the idea of the »Mauer im Kopf,« a term used to discuss the remaining biases and prejudices existing between former citizens of East and West Germany after unification. This concept was initially hard for the students to understand in German and we had to break into English briefly to allow the nuances of this idea to come through. However, we managed to generate enough of a discussion that after this lesson, students were prepared to think about the larger writing assignment that we gave them as a supplement to their reading of *Berlin – Geteilte Stadt*.

In addition to getting the students reading, we also used the comics format to get students writing in German. In order to tie together all that we had been doing and discussing in class, we asked our students to think about the idea of the »Mauer im Kopf« and to think about a time in their lives when they had encountered prejudice or hasty judgment. The students were then asked to create their own short comic telling one such story from their own lives. The student work from this assignment represents the greatest success that we had while teaching *Berlin – Geteilte Stadt*. Students described their experiences immigrating to the U.S. from a variety of cultural backgrounds and the prejudices they faced as they struggled to navigate the expression of their identity within American culture. Students wrote about moving away from strict religious backgrounds in which they were judged for their political opinions and sexual orientation. They wrote about the sexism and classism they encountered from their parents and/or their peers at Duke. Our students were clearly very motivated to think deeply about our class discussions when completing this assignment and the comic format helped students feel that they could say more than with words alone, telling detailed, and complex stories from their lives in a more nuanced way than their knowledge of German alone might have allowed. One of the biggest insights we gathered from teaching this material is that the same aspects of graphic novels that help students with their reading comprehension also encourage students to push the boundaries of their foreign language writing skills.

---

4 | 25 Jahre Mauerfall. Uploaded by Bundesministerium für Wirtschaft und Energie (2 Sept. 2014), online www.youtube.com/watch?v=DFFHCk8MacY.

Students were assisted in their ability to produce this wonderfully thoughtful graphic and linguistic work by the second of our two culture lessons. In this lesson we gave the students an overview of the history of comics and graphic novels in the US and in Europe. This lesson was taught in English, the only lesson that was taught outside of the target language in the entire course. In this lesson, we encouraged students to consider the history and importance of this genre. In addition, we got the students thinking the different ways graphic novel artists and authors think about the relationship between image and text. Therefore, in addition to the German historical context of *Berlin – Geteilte Stadt*, students were asked to think about the medium's broader influence on German and American political and literary culture. Although this lesson might initially seem like a bit of a detour, it helped the students to think critically about the different narrative strategies employed by the text. In teaching this lesson, we were able to expose our students to the importance of genre in reading, not only in a foreign language, but in any language.

In detailing our experiences teaching *Berlin – Geteilte Stadt* with second semester German students we hope to make the case for integrating graphic novels into the German language curriculum earlier and with greater frequency. Selecting an appropriate text for the level of the students is crucial, but there are texts available that beginning level students can handle with the appropriate guidance, *Berlin – Geteilte Stadt* serving as one such example. In summary, the montage or short-segment comic format of *Berlin – Geteilte Stadt* allows even beginning students to read an authentic text and encounter an important and relevant period in German history. The graphic novel/comics format gives students the opportunity to develop the kinds of reading strategies and vocabulary building skills that will help them as they move into intermediate level courses. By integrating this genre into the classroom, students are also encouraged to push the level of their expression in their written German. While pictures may make reading easier, they also force students to push the limits of their language composition skills so that they can effectively communicate what they are able to draw.

The difficulties to keep in mind when planning to use a text like *Berlin – Geteilte Stadt* in the L2 classroom primarily relate to the issue of timing, the timing of when students start reading the text within the semester and timing in terms of when within the class period or week the instructor discusses the graphic novel. Relatedly, the biggest challenge here is often integrating the graphic novel with grammar units, which may come from an independent textbook. Since the inception of the graphic novel unit into Duke's beginning German courses, these difficulties have been addressed by modifications to the syllabus and course structure during the planning phase of the teaching cycle. We at Duke have enjoyed teaching *Berlin – Geteilte Stadt* and we hope that the work shared here motivates other instructors to integrate similar texts into their own German language or other L2 curricula.

Since integrating *Berlin – Geteilte Stadt* into its beginner curriculum in 2014, the department of Germanic Languages and Literatures at Duke has also offered two advanced classes designed specifically around graphic novels, taught by Dr. Corinna Kahnke in 2015 and graduate student Matthew Hambro in 2016. From these courses it is clear that *Berlin – Geteilte Stadt* and the montage or short-story comics format are also well suited to advanced and intermediate courses, allowing for flexible choices when integrating authentic cultural materials across a spectrum of proficiency levels. Likewise, some of the strategies developed for these advanced classes are also of use when working with graphic novels at the beginner level.

For example, we have taken steps to increase the ability of students to interact with authentic source materials on all proficiency levels by collaborating with the Rubenstein and Bostock libraries at Duke. Introducing students to collections of historical political cartoons and shorter-form comics from 19th and 20th century Germany was an effective way to expand students' access to culturally authentic target language material. Engaging with graphic materials from special collections is an effective way to expand on the cultural lessons of the graphic novel by demonstrating the proximity that comics and political cartoon have to the historical themes being addressed in texts such as *Berlin – Geteilte Stadt.* Two authors to whom students respond particularly well are Wilhelm Busch and e.o. plauen. Many of the short-form comics and political cartoons from these authors, sometimes containing only a few words or a caption, are appropriate for the beginner level. In addition, special collections open up the opportunity for students in these classes to curate an exhibition of German comics. While such a project may not be possible in all circumstances, an online exhibit is an affordable and effective way to allow students to share their own comics or comics that they have found in a public format. Any opportunity for students to share their work and use German in an authentic context reinforces for students the power of the language they are in the process of acquiring and encourages them to think communicatively about potential audiences. As we hope to have demonstrated, graphic narratives are an effective way to open up these kinds of opportunities for students at all language levels from beginner to advanced.

APPENDIX A: SAMPLE READING JOURNAL

Lesejournal – *Berlin – Geteilte Stadt, S. 67-74*

Neue Wörter	Englisch	Meine neuen Wörter	Englisch
das Abteil	Compartment		
die Grenzsicherungsanlage	border security facility		
beschlagnahmen	to confiscate		
der Ausreiseantrag	application for travel		

Beim Lesen

Verständnis - Beantworten Sie die Fragen.

1. Warum muss Detlef zu Hause seine Abzüge machen?

____

2. Wie hören die Ost-Berliner das Konzert?

____

3. Warum wird Detlef freigelassen?

____

Meinung – Was geht vielleicht durch Detlefs Kopf, als er am Ende der Geschichte über die Mauer in den Osten schaut? Welche Gefühle hat er vielleicht bei diesem Anblick?

____

____

____

____

Teaching »Jewish Berlin«

LAURA LIEBER

Few, if any, educational opportunities possess the intrinsic potency of study abroad: the chance to immerse in a subject in its own context and original language, where every chance encounter constitutes a potential »teachable moment« and the textbook is not a text at all, but a cityscape rich with foreground, background, and subtext. The intellectual and personal benefits of immersive study in a foreign context is increasingly recognized and forming a standardized part of the undergraduate educational experience; while year-long programs including language immersion remain the gold-standard of study abroad, for many students shorter, intensive single-semester and summer programs may be the most realistic opportunity to gain cross-cultural experience.[1]

Many academics in fields with an international component – cultural studies, world languages, comparative literature, and area studies, to name a few – benefit from the opportunity to teach in study abroad programs, and may well have entered our chosen fields in part because of positive international experiences of during our own educations. The challenges of teaching effectively abroad, however, are numerous, intricate, and highly dependent on subject matter as well as familiarity with the location where the international course is taught.

Here I offer insights gained from my experiences teaching »Jewish Berlin« as part of a six-week long immersive summer program offered by Duke and Rutgers in Berlin. The Duke/Rutgers program in Berlin has offered a course on »Jewish Berlin« on an occasional basis since its founding in 1988 (a very different Berlin from that of today!), most recently during the summer programs in 2012, 2013, and 2014. In this course, one of two courses students take as part of

1 | A substantial secondary literature on study abroad exists, and much of this derives from the area of German Studies. Among the studies I consulted in preparation for teaching »Jewish Berlin« are Lynda J. King/John A. Young: Study Abroad: Education for the 21st Century. In: Die Unterrichtspraxis/Teaching German 27 (1994), No. 1, p. 77–87; Julia Kruse/Cate Brubaker: Successful Study Abroad: Tips for Student Preparation, Immersion, and Postprocessing. In: Die Unterrichtspraxis/Teaching German 40 (2007), No. 2, p. 147–152; Bernhard Streitwieser/Robin Leephaibul: Enhancing the Study Abroad Experience through Independent Research in Germany. In: Ibid, p. 164–170; Ulrich Teichler/Wolfgang Steube: The Logics of Study Abroad Programmes and Their Impacts. In: Higher Education 21 (1991), No. 3 (April). p. 325–349.

the summer program, participants explore the Jewish encounter with western modernity – from the Enlightenment to the present day – through the lens of Berlin Jewish history and culture. The course, as currently constructed, emphasizes an immersion in Jewish spaces and locations of historic as well as modern significance, and it provides opportunities to discuss contemporary understandings and experiences of Judaism and Jewishness with diverse members of the Berlin Jewish community, including communal officials, rabbis, and students (seminarians and undergraduates). The course is offered in English and does not include any formal elements of language acquisition, but does provide opportunities for students at various language levels to make use of developing language skills.

By way of background: my area of scholarship is Jewish Studies, and my primary appointment is in a department of Religious Studies. With an intellectual background in medieval Jewish writings from the Rhineland, however, and a strong background in the rise of Reform Judaism in Germany (I possess rabbinic ordination in the Reform movement as well as a PhD in the History of Judaism), participating in a course such as Jewish Berlin possesses an intrinsic logic. In addition, my teaching benefits tremendously from the presence of a terrific graduate teaching assistant and co-instructor, Emma Woelk, now a PhD, whose areas of research in 20th century Jewish German literature and culture, and deep familiarity with Berlin, significantly enrich the course. Having taught similar courses stateside, over the course of a full semester, I am able to share a perspective on both the unique potential and distinctive challenges of teaching a course such as »Jewish Berlin« over six weeks on location.

BACKGROUND: COURSE ORGANIZATION

In any class, syllabus structure constitutes one of the most fundamental challenges facing an instructor, and teaching on location in a foreign country, and teaching a subject as broad as »Jewish Berlin,« only compounds these issues. A palette of basic possible structures for this course readily presented themselves, each with obvious benefits and drawbacks.

Stateside, my course on the origins of modern Judaism – which closely overlaps with much of the material in Jewish Berlin – has a roughly chronological structure, which enables students to trace developments and trends across time and understand large cultural shifts whose echoes resonate even today. That said, a chronological structure can mislead students and suggest a simple, reductionist causality that keeps the instructor »un-teaching« what he or she teaches on a regular basis. It can make key events – the Holocaust – seem not only inevitable, but climactic.

Related to the general chronological approach is the »great person« structure, which focuses on various vivid and significant figures and personalities – Mendelssohn, Salomon Maimon, Rahel, and others – who bring such life to the ›stage‹ of Jewish Berlin. The strength of this approach derives from its liveliness and memorability, and it can be particularly appealing in the compressed timeframe of a six-week summer course. Students respond to and remember these figures, and they lend themselves to a variety of innovative pedagogical exercises (reality shows, Facebook pages, game shows). At the same time, this approach – for all its appeal – grievously distorts the picture that students receive. It highlights issues relevant to a sliver of the Jewish upper-class, particularly the men, and obscures the reality of the Jewish experience of the rest of the Jewish population (and, in particular, women). The vividness and memorability can be as much a liability as an advantage.

Both the chronological and the »great figures« approaches emerge from the standard seminar approach to a course; when teaching abroad, a primary opportunity – obligation, I would say – is to use the city as a text. Even focusing on a single city (Berlin) and a single population (Jews), it is possible to spend almost every meeting of a six-week course (consisting of twelve three-hour meetings, as well as individual excursions and additional assignments, as discussed below) »on location.« The challenge with Jewish Berlin is that so many of the Jewish spaces are now simply voids (perhaps marked by a plaque) or memorials. As significant and powerful as these locations can be as remembrances, they, too, contain the potential to distort the student experience of Jewish Berlin, making it something »past tense«: a study of absence rather than presence.

In the end, the course as Dr. Woelk and I have shaped it reflects something of a hybrid. We assign Amos Elon's *The Pity of It All* as reading to be completed prior to arrival in Berlin. This work of popular history begins with Mendelssohn's entry to Berlin in 1743 and ends in 1933; it offers students a linear historical approach with an emphasis on some of the more memorable personalities of each period. With that reading as a common starting point (reinforced by written assignments that include both a critical essay, which helps students attend to some of the weaknesses of Elon's approach, and a timeline to help reinforce basic historical knowledge), we then select a variety of locations, projects, readings, and classroom guests who will bring the actual city of Berlin and the unique Berlin Jewish experience – past and present – to life.

I would venture that each iteration of the course has improved the syllabus, but also heightened my own awareness of specific challenges, some of which may simply be intrinsic, but others of which I look forward to attempting to resolve. These break down into two basic categories, the practical and the philosophical, and relate to three separate areas of the course: those pertaining to German Studies, Jewish Studies, and Religious Studies.

Practical Issues

Most of the practical challenges involved in planning this course result not from the subject matter but from the nature of teaching off-site and in a very compressed fashion. The pre-departure assignment using Elon's *The Pity of It All* helps establish an academic tone for the course, distinguishing it (we hope) from an »academic vacation« – a junior version of Elderhostel, so to speak. And where a semester-long course has a certain luxury of time, at least comparatively, a six-week summer course (even an on-campus course, let alone abroad) leaves little time for sustained synthesis or serious reflection. Furthermore, the infrastructure of our program, at least, requires students to be flexible in their work methods, as they have to work without easy access to printers and inferior internet access, compared to what they are used to. In general, it can be a challenge to get a population of undergraduates who often seems risk averse to take risks and venture beyond the syllabus and program itineraries and take responsibility for fulfilling the potential of living abroad. As the instructor, I also have to be flexible: in 2013, the Jewish Museum's exhibit, with the notorious »Jew in the Box« exhibit, was a pedagogical gift; the exhibit in 2014 was simply not as compelling. Likewise, while I often find myself under the most routine circumstances regretting that the pace of the semester prevents me from taking full advantage of various activities on campus and planned by colleagues, that feeling is that much stronger – and the imperative to overcome inertia that much more urgent – in the summer study-abroad setting. The ideal of coordination with other courses (even other programs!) and integration of the residential component of the program is easy to articulate but difficult to implement.

Some practical problems are more course- and site-specific, such as the need to navigate language barriers (or anxieties) with class guests, the logistics of coordinating transit and meetings when students may be unfamiliar with public transit and unaccustomed to navigating without Smartphones. Similarly, the need to rely on English-language sources can skew the content of the readings (that is, always presenting an American or otherwise Anglophone ex-pat perspective on things). On a more technical level, students can struggle with nomenclature of Jewish life in Germany: the structure of the Gemeinde, of course, but even more basically the lack of alignment between American and German »Reform Judaism,« and other movement labels.

That said, it can be pedagogically useful for students to learn that they do not necessarily know even the things they may think they know, and likewise the intensity of a compressed semester can be useful, even as it is a challenge. Students have less time to forget material between sessions and thus sometimes display a greater facility at making connections between disparate topics and readings. Similarly, the rather manic pace of the course itself generates a significant bond among the students, particularly those taking the same set of courses or otherwise sharing significant time together. The gains from this social aspect of the course may not be entirely intellectual, but such camaraderie can foster a willingness to explore beyond the confines of the class – e.g., attend Shabbat services together, as part of a Friday evening out – which might be intimidating to undertake alone.

PHILOSOPHICAL ISSUES

More pressing, and interesting, than the practical challenges are the philosophical challenges inherent in a course such as »Jewish Berlin.« Indeed, grappling with these issues – even discerning what the underlying issues were, in postmortems with my teaching assistant/co-instructor after individual sessions – often facilitated my own learning about the material.

The range of philosophical issues confronting the instructor in such a course is, upon reflection, quite impressive. To begin with, as is often the case in the contemporary humanities, the course is what I think of as an advanced seminar with no prerequisites. Simply stated, students have unpredictable and often thin background knowledge of European history, Judaism, or the methods of comparative, critical cultural study. It can be difficult to explain the significance of Jewish emancipation or the nature of various reforms and anti-reform reactions within the Jewish community, and similarly students are generally unaware of the nature of the Cold War. Even students who are somewhat more knowledgeable about contemporary Jewish practice, whether through coursework or personal background, are unlikely to understand how significantly different German modes of religious organization are. The Gemeinde system, and the support of religious organizations through taxes, with the consequence that synagogues are not supported by voluntary dues, raises a variety of challenges for students in understanding how Judaism was lived both before World War II and today.

In addition to a lack of useful, but not irremediable, factual knowledge comes a relative lack of sophistication about the nature of religion as an anthropological and cultural phenomenon. As a consequence of their own historical circumstances, students tend to evaluate various practices and tensions in highly individualistic ways, expressing strong opinions on issues ranging from intermarriage to circumcision to kosher dietary laws with little sense of context or phenomenology. Indeed, this material often seems to inspire strong sympathetic responses in students who identify, if not with the specific individuals whose stories we read then the extreme circumstances which generate their narratives; the pedagogical challenge is to help students transform their initial response – e.g., »Why didn't the Jews simply leave?« – into something nuanced, contextualized, and ultimately even more memorable.

Related to the issue of students relying primarily on instinct and personal identification in terms of their study of religion is the fact that many students enrolled in a course such as Jewish Berlin are motivated by personal issues of their religious identity and affinity. For example, students with one Jewish parent will, for obvious reasons, respond to various laws and policies determining Jewish identity not only in terms of the reasons for and consequences of governmental involvement in such issues of identity (and related issues which are at play in the US, such assignment of gender on driver's licenses), but in terms of how it would affect them as individuals.

The final major philosophical issue revolves around the Holocaust and anti-Semitism, as the Shoah is often the only element of German Jewish history with which the students are familiar prior to the course. The tendency of students to write about Jews in Germany in the past tense in their initial writing assignment (the pre-departure essay) exemplifies this unquestioned and deeply held assumption. Often students resist the material that doesn't engage at least obliquely with National Socialism – at the very least, they seem relieved when we reach the parts of the syllabus where we deal with the Nuremberg Laws, the Holocaust, and post-war memorials. In fact, in 2013 – my first year teaching the course – issues of memorialization in particular seemed to take on excess prominence, a result in part of the refashioning of many historical Jewish sites in Berlin into memorials and the inherent significance of locations such as Weissensee cemetery. The challenge lies in helping students understand not only the various strategies for memorializing victims of Nazi policies – to give them the emotional space and intellectual structures for thinking through the Memorial to the Murdered Jews of Europe, the Stolpersteine, and all the smaller, localized memorials in ways substantive and critical – but to help them to understand that Judaism in Germany cannot be confined to that register without doing both past and present a form of injustice. Ideally, we seek to use the plethora of memorials to move students into a discussion of the whys and hows of such structures: issues of collective memory and history, both Jewish and German; and audience and function. In turn, we can extend their critical awareness to consider what it means to refer to »The Jewish Museum« as »The Holocaust Museum« – what in their own minds leads to such slippage, and what in the museum itself, and what the (overlapping? complementary? competing?) roles of museums and memorials are. In turn, they can extend this awareness to topics far beyond Jewish Berlin, including the 9/11 memorial in New York, Civil War monuments in the American south, and any other of a host of contexts.

The final philosophical challenge of this course is, in fact, determining how strongly to encourage students to discern parallels between the history of Jews in Germany and other populations – the assimilation (successful or not) of Muslims into Europe, and the stereotyping about Latinos in the US, for example; the question of whether Islam can »modernize« and whether – again to cite an example from class – whether the reality TV show »The Shahs of Sunset« is a kind of cultural echo of the Jewish women's salons. While initially students may incline towards superficial or facile comparisons, learning to navigate the tensions between meaningful parallelism and parallelomania is itself powerful, and takes the experience of Jewish Berlin out of the classroom, out – even – of Berlin, and into the students' lives.

REITERATION AND MOVING FORWARD

A course like »Jewish Berlin« will always be a moving target. The course will change as Jewish life in Berlin changes, and in dynamic with the students in the class. That said, as I anticipate a third iteration of the course, I have several additions and alterations to the syllabus which I hope to make, in order to enrich the intellectual and experiential substance of the course even further.

The most potent and memorable counterbalance to the possible over-emphasis on memorialization and »past-tense Judaism« is, in my experience, a focus on lived and living Judaism. Guests – whom we generally host in cafes or other casual sites conducive to conversation – share their biographies, which inevitably brings up the compelling material from the readings from both primary sources (particularly memoirs and autobiographies), secondary sources (which stress historical background), and literature. Furthermore, Emma and I have found the more living, breathing individuals the students can meet, and the wider a variety of opinions and perspectives, the more the students come to understand the complexity of contemporary Jewish life in Berlin and Germany. We have been lucky to have as class guests noteworthy individuals such as Hermann Simon and Rabbi Andreas Nachama, who speak from experience with the Gemeinde in more and less critical ways; students in the rabbinical program at the Geiger Kolleg in Potsdam (and an instructor at Geiger, whose area of study is American Judaism – a good reminder for our students that they can themselves be objects of study); and, the perennial favorite Jonas Fegert, the founder of Studentim (the undergraduate Jewish student organization in Berlin), who always resonates in particular because he is a peer of our own students. We are continually attempting to think of new perspectives to add to this roster and hope, in the coming year, to add a meeting with Peter Schäfer, the new head of the Jewish museum, to facilitate a discussion about the role of the museum in Berlin life and beyond. By having some of the same guests over the years, furthermore, we are able to build up relationships with them which let us orchestrate discussions that take us into more difficult material. This upcoming summer, I expect our guests to share responses to this summer's episodes of anti-Judaism and vandalism in Berlin and Wuppertal.

Another important facet of »Jewish Berlin« which I have come to believe would be valuable, at least as an experiment, is for students to attend not a single synagogue service but, instead, a variety of services during the course of the six weeks. A single service would potentially mislead students into assuming that the service was somehow representative; attendance at a variety of synagogues – Reform, Progressive, Masorti, and Orthodox – would demonstrate the tremendous variety of Judaism as a religious tradition in a vividly experiential way. Such a component would not be simple to introduce, however, in part because of language issues and because making the service experience intellectually meaningful requires both a good bit of preparation and significant debriefing.

In addition to bringing these living voices to the course, a second avenue for enriching the class – but one perhaps more challenging to implement – would be to engage the students in research involving interviews or archival work. Research of this kind would deepen the intellectual content of the course even as it offered students a sense of competency, self-determination, mastery, and engagement with contemporary Jewish Germany in practical way. Furthermore, in an ideal world, it would also be possible to augment the pre-departure assignment with some form of preparatory seminar or colloquium for the students – perhaps via some form of »virtual classroom« so that Duke and Rutgers students may participate equally; and, creating a bookend, a similar virtual meeting could be arranged for after all the students have returned to their institutions. Such a follow-up would not only facilitate a discussion which would deepen the »take away« of the course by revisiting key elements one additional time, but it could also serve to encourage students to continue their study of the material, whether in terms of language, culture, or history, during the upcoming semester.

CONCLUSIONS

The challenges of teaching a course such as Jewish Berlin are manifold, even were it not compressed into a six-week period. It raises issues and questions that require students to engage with and understand, in at least nascent ways, questions arising from Jewish Studies, German culture and history, and the academic study of Religion. That said, I will confess it is perhaps the most energizing and rewarding teaching experience I have yet had, in part because I am learning with my students and because the experience of working in Berlin is inherently so dynamic. The course will, like all the best courses, always be a work in progress – because its subjects are not frozen in some mythic past we can study from a distance but living, thriving, and always surprising real people.

A Scaffolded Approach to Overcoming Unconscious Competence

Digital Learning Tools in the Intermediate German Curriculum

STEFFEN KAUPP

INTRODUCTION

In my intermediate German 2 (fourth semester) course in the 2016 fall semester, I was confronted with a problem, which probably all college instructors have faced at some point in their career: What I believed to be the most interesting topic of the whole course – an in-depth discussion of the Syrian refugee crisis, its effects on German society and politics, and how it is represented in German media – ended up causing a fair amount of frustration both for my students and me as the instructor.

The cause of frustration can best be described as what the scholarship of teaching and learning[1] has called »unconscious competence.« Unconscious competence refers to the highest stage on a progress continuum towards developing mastery in any given field of expertise. A learner who has reached this level of mastery not only has acquired all necessary component skills of her discipline, she also has internalized the procedural knowledge, in that she knows exactly when and how to apply the component skills. In fact, a learner at this stage utilizes her knowledge and skills without being aware of the complexity of interconnected processes that are required to fulfill more advanced tasks.

Unconscious competence thus describes an expert's blind spot in recognizing the challenges a less skilled learner faces in completing a task that to the professor, the expert, requires little effort. Learning how to drive is a simple every day example for this disconnect between novice and master learner. For someone who has been driving for a long time, the different aspects of safely maneuvering a car have become an automated process, about which the master driver does not have to think: Shifting gears, checking blind spots, holding cruising speed, checking the mirrors, using the blinkers. What to the master learner has

1 | See for example Susan Ambrose et al.: How Learning Works. Seven Research-Based Principles for Smart Teaching. Jossey-Bass 2010.

become second nature is still a chain of discrete steps for the novice learner, steps that individually and in combination pose a difficult cognitive challenge.

In the specific case of my class, there was a series of assumptions based on my unconscious competence that made the unit on the Syrian refugee crisis less rewarding than both my students and I had hoped. For one, I assumed that the students all had a solid understanding of the history of both the Syrian war and the European refugee ›crisis.‹ Based on this assumption, I did not spend enough time covering these basics, basics that would have been crucial for better understanding the newspaper articles we subsequently discussed. Secondly, and more crucially, when selecting the articles, my three primary goals were to find articles that covered interesting aspects of the Syrian refugee crisis, articles that presented a broad variety of viewpoints, and articles that are accessible linguistically for the students. I did not, however, think carefully enough about one important aspect: namely, how I would guide students, step by step, from wrestling with basic challenges of understanding the articles over forming first opinions about the topics to engaging more critically with the viewpoints in longer writing assignments. That is, my failure of accounting for the many intermediary steps between first reading a complex article and talking or writing about it became somewhat of a hindrance to the full learning potential.

In this essay, I discuss how I approached this unit on the Syrian refugee crisis when I taught it for a second time, early in the 2017 spring semester. Not surprisingly, at the heart of my redesign was a stronger focus on scaffolding. Scaffolding, simply put, means that a teacher temporarily relieves some of the cognitive load for students while they are completing a task, so they can focus on a specific dimension of learning. For example, if the goal is to identify the thesis of an article, scaffolding could take the form of vocabulary glosses to aid students' understanding of the text, a crucial pre-condition for the higher order task of distilling the author's main thesis. Scaffolding, however, in a broader curricular sense also meant for me to provide students with more low-stake opportunities to engage with any of the articles in speaking, reading, and writing. That is, by creating a sequence of tasks and assignments that all built on one another, students were slowly guided towards the task of writing an analytical essay about the portrayal of the refugee crisis in German media. For example, we practiced writing an introduction, we learned phrases that can be used for plot summaries, and we discussed expressions for posing or opposing an argument. These intermediary steps honed students' component skills required for the successful completion of an analytical essay.

In the remainder of this essay, I will focus on three specific scaffolding elements, which provided students with more systematic guidance in their exploration of the Syrian refugee crisis's representation in Germany media, while at the same time helping them to sharpen and refine their linguistic skills. What all three strategies have in common is the use of different digital tools – some specifically designed as learning platforms, like ActivelyLearn, and others that have been appropriated for educational purposes. I first discuss my approach to digitally responding to students' daily reading responses, and how that digital approach helped them acquire a better awareness of grammatical areas, on which they had to work more. This strategy was employed in direct response to my students' struggle in the fall semester to handle the different components of a critical analysis successfully. By providing early targeted feedback on component skills of the larger assignment, students were more successful in completing the critical essay. I then explain how I used the online platform ActivelyLearn[2] to extend the time students spend discussing a complex article on the Syrian refugee crisis beyond the classroom, since students in the first iteration of the class complained that they did not have enough time to adequately engage with the articles in depth if the conversation is limited to in-class discussions. Lastly, I elaborate on how collaborative writing enhanced not only students' writing skills but also their critical thinking. This last scaffolding strategy allowed students to better understand the complexity of writing, and the importance of multiple revisions. All in all, I show how a scaffolded approach enhanced by digital tools increased students' time on task, and how it provided them with a variety of channels outside of class through which they engaged with the complex topics.

Daily Reading Responses meets iPad Pro and Apple Pencil

While the subtitle of this section might read like an endorsement of Apple's latest tablet, my goal here is to comment on the benefits of creating a digital archive of annotated student work, in an effort to help them create a plan of action for improving their grammatical accuracy through continuous, targeted feedback on their writing, combined with moments of meta-reflection on their learning progress. In this fourth-semester course, students are asked to respond to, what I call, ignition questions in preparation for every class. Those questions serve a dual purpose: As the name suggests, they are meant to ignite students' thinking about the articles we would discuss the next day. On the language level, these writing exercises allow students to experiment with structures and words they might need to express their thoughts. The ignition questions thus present a low-stake environment for students to test and challenge their language production skills before they must discuss the topic in class.

In the first iteration of the course, I only gave students feedback and corrections on their responses to the ignition questions when they asked for it, since I wanted this exercise to be free of the »fear of getting a bad grade.« However, in reflecting on the students' improvement in terms of their writing during that first semester, I realized that the daily writing exercises would also present a productive way, both for me and the students, for tracking their progress, and

2 | Online www.activelylearn.com.

making them aware of grammatical areas, in which they still need more practice. The second iteration of the course also coincided with my acquisition of an iPad Pro with the Apple Pencil, a responsive, Bluetooth-enabled, active stylus. I thus decided that I would start annotating student work digitally on my iPad: Students submit their responses to the ignition questions as PDFs, I would annotate their work, and then put it into individual folders in Google Drive where students could access my corrections and annotations.

While I first only made the decision to digitally annotate their work (rather than using pen and paper) in an environmentally-conscious effort to save paper, I soon recognized that there was a significant learning benefit to this method as well. Since I used Google Drive to share the annotated work with students, they suddenly had an electronic archive of their written work, together with my feedback. That is, there was an archive of writing assignments over time that would allow them to track their own progress as a writer of German. Once I realized the pedagogical potential of this archive, I started asking students to go through my corrections, and compile a list of their most common mistakes. The task was to create a checklist they would use to correct their own future writing, based on prior mistakes they made. And secondly, I asked them to monitor if they improved over time with regard to certain common structural errors. While I do not have enough data to make statistically significant claims, I can safely say that students, on average, have become more aware of their own grammatical weaknesses, and the work they now turn in shows that a conscious reflection over time on their writing based on instructor feedback does aid their learning.

This new approach of responding to their daily writing led to a significant improvement for the unit on the Syrian refugee crisis. By receiving targeted, continuous feedback on their written engagement with the topics, students were able to complete the different tasks that culminated in the writing of a critical essay more effortlessly. By the end of the unit, they thus felt like they had »mastered« the task of writing a critical essay about this specific topic, while at the same time having made more general progress in their language skills. The digital annotations and reflections also allowed me to work with each student more in depth on their personal, individual weaknesses, something that is not always possible in class. Therefore, the digital annotations of their homework, in fact, turned into one-on-one opportunities of mentorship and learning.

One might ask if the same results could also have been achieved with traditional pen and paper annotations. In theory, I believe that is true. However, based on my experience, most students would not create an archive of their annotated work with the same care and reliability if they were handed back paper copies. Secondly, most students also, as digital natives, prefer to store and access their learning materials online. By providing them with feedback through channels of communication and in environments (the digital) that closely mirror their everyday modes of knowledge production and consumption anyway, student learning happens more seamlessly.

Expanding Time on Topic – Collaborative Group Readings with ActivelyLearn

As pointed out in the introduction of this essay, another aspect I wanted to improve in the second iteration of the Syrian refugee crisis unit was to provide students with more time on task. Intermediate German at my institution meets only three times a week for 50 minutes. I usually budget about two weeks for each one of my six thematic units, so that we have roughly 300 minutes per topic. I realized that this class time alone is not sufficient to both guide students through different tasks and exercises of increasing cognitive complexity with the goal of having them complete a major writing assignment at the end of the unit, while at the same time also just giving them enough time to grapple with the topic.

Therefore, I turned to the online platform www.activelylearn.com which allows instructors to upload texts and create interactive reading assignments for students. For example, it is possible to insert questions into an article, questions that guide the students' reading, and which help them to better understand the text. A significant benefit of this feature is that students cannot continue reading unless they engage with a question, and submit a response. The instructor, then, can see all the students' responses, and thus already gauge where most of them struggle. However, ActivelyLearn also introduces a social, community aspect to the reading experience. The platform allows students to pose questions to each other and add comments to the text. Those questions could be anything from asking for the meaning of a word, to requesting help with the understanding of a whole passage. The comment function can be used to alert others to an especially interesting sentence, or to highlight a paragraph that is very challenging. In a nutshell, students already start engaging with each other, discussing the text, before they even come to class. ActivelyLearn also has a ›flagging‹ function, which allows students with one click to flag a question the instructor posed, or a word, a paragraph in the text, as confusing or complicated. These flags, then, allow the instructor to identify passages that she might need to focus on more in class.

This spring, I used ActivelyLearn for the initial reading of an article that linked the Syrian War to issues of climate change. In the fall semester, this article caused a lot of frustration due to its complexity, and the lack of time in class to address all the interesting points adequately, while also making sure students understood it linguistically. By offloading some of that work to the digital realm, our class discussion was much more focused, and basic questions of understanding had already been answered. Furthermore, the students enjoyed the fact that they were able to engage with each other asynchronously, and at their own pace. This exercise helped the instructor to better anticipate where students needed the most help in understanding the article, and it also showed me what topics interested them the most.

ActivelyLearn is an excellent tool to expand the time students spend with the class materials, and in this case, it effectively added at least an hour of interactive time to the unit. While they could have also spent an hour reading the text by themselves, they would not have benefitted from the exchange with their peers while tackling a complex article. It is probably also safe to say that they would have missed out on some interesting aspects covered by the author. Since every person comes to an article with different interests, reading it together allows students to engage with topics they would have missed if their peers had not pointed them out.

Real-Time Collaborative Writing in Google Docs

It might seem counter-intuitive to have students interact with each other through Google Docs while they are all in the classroom. However, using collaborative writing has many benefits for the students' progress in writing German; but first, some explanations are in order. Collaborative writing in this context means that all students work at the same time on a single piece of writing using a shared Google Doc. In the case of my class, we had just talked about the activist project »Flüchtlinge fressen«[3] (Eating refuges), whose goal it was to force the German federal government to charter a plane with 100 refugees from Turkey to Germany to allow them safe passage. Since the project was rather controversial not only in Germany but also in our class, it triggered strong emotional responses in our class. In order to productively channel these emotions, we decided to draft a letter (in the style of a letter to the editor) to the organizers of the project, in order to share our class's response to »Flüchtlinge fressen.«

We had already covered the style conventions of such a letter, and now the task was to start a first draft, as a collaborative writing exercise. Google Docs allows multiple users to edit and write in the same document simultaneously, accounting for all the edits and additions that are being made. At first it may seem quite chaotic once text just starts to appear randomly all over the page, but there are some major benefits for this form of writing. First, there is a sense of accountability, in that everybody will need to contribute to the process in some way, since Google Docs shows who has made which edits. Secondly, collaborative writing provides an element of instant peer correction and review, since everybody is able to correct the writing of others. Thus, collaborative writing, in fact, is also a process of collaborative editing, and thus one of collaborative negotiation of grammatical accuracy. The students, in other words, are teaching each other about grammar through their corrections. Thirdly, collaborative writ-

3 | Online www.politicalbeauty.de/ff.html.

ing, in my experience, leads to a stronger progression in students' analytical and critical thinking. By combining the brain power of multiple people, the depths of their writing improves significantly over texts created by individual students.

Lastly, one of Google Docs' features also helps students to better understand writing as a process that requires multiple stages of revision in order to produce quality work. Since Google Docs allows to highlight all the changes that have been made, effectively switching between earlier and later stages of the writing process, students realize that the final product, in our case a strongly-worded, well-structured letter to the organizers of »Flüchtlinge fressen,« often bears little resemblance to the first draft. Based on that experience, students started to understand that they also need to allow time for revisions when completing writing assignments individually.

In this essay, I have reflected on three digital tools that helped me with the scaffolding of a thematic unit on the Syrian refugee crisis. These tools allowed me to give students both multiple instances of goal-directed practice, as well as targeted feedback. And due to the digital nature of the tools used, I was also able to expand time on task, and students' interactions with each other. Together, these benefits helped me overcome what I introduced as ›unconscious competence.‹

The implications of my insights, however, extend beyond this one thematic unit, and, in fact, beyond this course and disciplinary boundaries more generally. When employed strategically, digital learning tools can add a layer of complexity to class discussions, since they allow instructors to ease the cognitive load of challenging tasks by creating new spaces and channels for students to engage with the topic at hand, as well as with each other.

Peer-Reviewed Articles
Referierte Artikel

»›Was für ein Genre?‹, werden sie fragen. ›Natürlich das Katastrophengenre! Und es ist auf den Hund gekommen.‹«[1]

Gedanken (angelehnt an Kathrin Rögglas Texte) über Katastrophen als Ereignisse des Realen in Zeiten der Risikogesellschaften

Tanja Nusser

Wenn Jacques Derrida darin zu folgen ist, dass ein Titel »stets eine Ökonomie in Erwartung ihrer Bestimmung, *ihrer* Näherbestimmung, ihrer Bestimmtheit: derjenigen, die er bestimmt, und derjenigen, die ihn bestimmt«[2], ist, dann zeichnet sich mit diesem Bestimmungsversuch schon ab, dass der Titel des Beitrags auf Bezüglichkeiten verweist, die nicht nur in den folgenden Überlegungen aufzufinden sind, und dass die Rahmungen den Text nicht nur begrenzen, indem sie ein Innen und Außen herstellen, sondern gleichzeitig als die Grenze funktionieren, die weder dem einen noch dem anderen Bereich zuzurechnen ist. »Der Titel bezieht«, so Derrida weiter, »seinen Titelwert aus der ihm eigenen Macht, Wert und Mehrwert zu produzieren durch die von ihm vollbrachte ökonomische Operation: eine Operation der Ökonomie, Ersparnis und Potenzialisierung von Mehrwert«.[3] Als (Kontakt-)Zone, an der sich Innen und Außen treffen und Verbindungen hergestellt werden (zum Publikationsort usw.), stellt sich die Frage nun, was mit dem Titel bezeichnet und gerahmt wird. 1. In einem ersten Schritt markieren die Begriffe ›Katastrophe‹, ›Genre‹, ›Risikogesellschaft‹ und nicht zuletzt das ›Reale‹ das potenzielle Feld des folgenden Beitrags;[4] 2. setzt sich der Titel aus zwei Teilen zusammen, einem Zitat und einem zweiten, (nur) scheinbar erklärenden Nachsatz, der das Zitat einbettet

---

1 | Kathrin Röggla: Publikumsberatung. Eine Farce. Remixed: Leopold Verschuer. Zeichnungen von O. Grajewski. Musik von Franz Tröger. Berlin 2011, S. 11.

2 | Jacques Derrida: Titel (noch zu bestimmen) [1980]. In: Ders.: Gestade. Hg. v. Peter Engelmann. Wien 1994, S. 219-244.

3 | Ebd., S. 242.

4 | Vorab bleibt festzuhalten, dass weder das Genre noch das Risiko zentral in diesem Beitrag verhandelt werden.

und in einen neuen Zusammenhang stellt, entfremdet und für eigenen Zwecke verwendet; 3. damit die Frage nach dem Verhältnis der beiden Teile zueinander aufmacht.

***

Auf den folgenden Seiten wird es nicht um die Autorin und Vizepräsidentin der Akademie der Künste, Kathrin Röggla, gehen, sondern um die Themen, die sie in ihrem Textuniversum, in den verschiedenen Genres und Medien, die sie bedient, entfaltet, und um einen Fragenkatalog, der anhand der Texte gestellt werden kann. Einfach formuliert, fokussiert der Beitrag die Frage, wie über das Gegenwärtige gesprochen werden kann, wenn das Zukünftige als katastrophisch gedacht wird, der Moment zum Event erhoben wird, klassische Subjektdefinitionen, wie es scheint, verabschiedet werden müssen, der Performative Turn sich in eine Bewegung verwandelt, die das Performative als Spektakel inszeniert, und das Dokumentarische als die neue ästhetische Form des Realitätsbezugs gefeiert wird. Dieser kurze Aufriss von Themen, die im Hintergrund der folgenden Überlegungen mitlaufen werden, markiert den Horizont, vor dem die folgenden Ausführungen zum Verhältnis von Realismus und Katastrophe angesiedelt sind.

Doch wird sich der Aufsatz zunächst der einen Seite des Verhältnisses zuwenden: den Katastrophen und den Störungen (und nicht dass diese identisch sind).

I

> sei es aus sehnsucht nach einer kathartischen erfahrung, oder aus einem aggressiven verlangen heraus, im ausnahmezustand die bestehende ordnung negiert und gleichzeitig auf die spitze getrieben zu haben.[5]

Wie schon gehört und gelesen (also als bekannt vorauszusetzen und deshalb jetzt nur knapp skizziert), bricht eine Störung in normative Gefüge ein, sie stört sie. Diese zugegebenermaßen tautologische Feststellung markiert jedoch einen simplen, nichtsdestoweniger wichtigen Fakt: Eine Störung benötigt ein Objekt für ihre Aktivität, und dieses Objekt wird als eine Struktur, ein System oder eine Ordnung begriffen, die wir gerade dadurch als normal begreifen und definieren (um nur kurz den Normalitätsdiskurs zu streifen, um ihn auch gleich wieder zu verlassen), dass eine Störung (als Katastrophe hier verstanden) hereinbricht und damit erst das Funktionieren der Struktur, des Systems oder der Ordnung

5 | Kathrin Röggla: geisterstädte, geisterfilm. In: Dies.: disaster awareness fair. Zum katastrophischen in stadt, land und film. Wien 2006, S. 7-30.

aufzeigt.[6] In diesem Sinne markieren Störungen erst die Strukturen, die sie zerstören, infrage stellen, verschieben, verkehren, aber auch reinstallieren.

Nach einer erfolgten Störung erfolgt eine ›Ent-Störung‹, wenn man so will, in der eine Normalität des Systems, der Struktur, der Ordnung usw. (die Konzepte sind abhängig davon, was in welchem theoretischen Horizont thematisiert werden kann) erneut oder eine neue Normalität hergestellt wird.[7] So weit, so gut – dies ist keine neue Erkenntnis: auch nicht, dass Katastrophen eine Flut von interpretativen Zugängen hervorrufen, sozusagen eine mediale Welle erzeugen, damit das Unfassbare, der Moment oder Einbruch des Nichtsinns (das Aussetzen des Sinns), gefasst und Sinn produziert werden kann.[8] Dass wir in einer Zeit der Krise leben, die, ubiquitär geworden, die Katastrophe und das Katastrophische als die Zukunft sprachlich erzeugt, auf die wir hinsteuern (die wir bis jetzt aber offenbar nicht erreicht haben), oder die wir vielleicht schon überlebt und nicht wahrgenommen haben, ist auch nicht weiter überraschend.[9] Der Tenor scheint allumfassend: Wir stehen am Abgrund, die Frage ist nun, welche Katastrophe uns zuerst erreicht.[10]

Folgt man den Hollywoodproduktionen der letzten 20 Jahre, wird das kapitalistische System durch Flutwellen, Viren, Erdbeben, Tornados usw. bedroht: Die Natur schlägt gegen ihre Ausbeutung zurück; rächt sich, indem sie das Zentrum sowohl der politischen als auch der Kapitalmacht angreift; also die westlichen Hauptstädte, die Finanzzentren. Seltener kommen in den Groß-Hollywoodproduktionen Katastrophen zur Darstellung, die auf menschlich-

---

6 | Julia Fleischhack/Kathrin Rottmann: Störungen. Medien, Prozesse, Körper. Berlin 2011 (Schriftenreihe der Isa-Lohmann-Siems-Stiftung 5), S. 9; Lars Koch/Tabias Nanz: Ästhetische Experimente. Zur Ereignishaftigkeit und Funktion von Störungen in den Künsten. In: LILI. Zeitschrift für Literaturwissenschaft und Linguistik 44 (2014), H. 173, S. 94-115.

7 | Vgl. Eva Horn: Zukunft als Katastrophe. Frankfurt am Main 2011, S. 11; Carsten Gansel/Norman Ächtler: Einleitung. In: Dies. (Hg.): Das ›Prinzip Störung‹ in den Geistes- und Sozialwissenschaften. Berlin/Boston (Studien und Texte zur Sozialgeschichte der Literatur 133), S. 7-13, hier S. 9.

8 | Katharina Gerstenberger/Tanja Nusser: Catastrophe and Catharsis: Perspectives on Disaster and Redemption in German Culture and Beyond. In: Dies. (Hg.): Catastrophe and Catharsis. Narrative of Disaster and Redemption in German Culture and Beyond. Rochester 2015, S. 1-16.

9 | Das Futur II wäre die sprachliche Umsetzung dieses Phänomens; das ›es wird immer schon gewesen sein‹.

10 | Es lässt sich fragen, von welchem wie gesprochen wird in der jeweiligen Situation und welchem Kollektiv und Kollektivgefühl man sich zuordnet; wobei – so Kathrin Röggla – das Kollektiv eigentlich schon abgedankt hat (vgl. Karten und ihr Gegenteil. Kollektive und Revolten. In: Dies.: Die falsche Frage. Theater, Politik und die Kunst, das Fürchten nicht zu verlernen. Saarbrücker Poetikdozentur für Dramatik. Berlin 2015, S. 34-62).

technischer Intervention beruhen. Es scheint, als ob das Risiko für Mensch, Natur, Gesellschaft, Zivilisation und den gesamten Planeten (weitere Konzepte können an dieser Stelle gern mitgedacht werden) in der Hollywoodvariante des Katastrophenfilm-Genres nur als das konzipiert werden kann, das im Bilde der Natur beherrscht, eingegrenzt, verdrängt werden soll und sich dann gewaltsam und katastrophal wieder als ›das Andere‹ in Erinnerung bringt, aber nicht als ureigener Bestandteil der Risikogesellschaft an sich begriffen wird, wie Ulrich Beck sie schon 1986 in ihren Strukturen umriss: »Der Machtgewinn des technisch-ökonomischen ›Fortschritts‹ wird immer mehr überschattet durch die Produktion von Risiken«[11], die »nationalstaatliche Grenzen« unterlaufen »und in diesem Sinne *über*nationale und klassen*un*spezifische *Globalgefährdungen*«[12] entstehen lassen. Das heißt, was in den Hollywoodproduktionen zu sehen ist, könnte als eine Verleugnung und Verschiebung begriffen werden: Gezeigt wird nicht die Katastrophe als kalkuliertes Risiko der modernen neoliberalen und spätkapitalistischen Gesellschaften, sondern als eine Natur, die, als das Andere fungierend, immer noch nicht genug analysiert und gezähmt ist und somit als unberechenbare Gefahr für den transnational operierenden Kapitalismus hereinbrechen kann. Aber die Filme zeigen immer auch, sonst wären es keine Hollywoodproduktionen, den ›Lichtschimmer‹ in Form der Reetablierung sowohl der durch die Katastrophe bedrohten menschlichen Gemeinschaft als auch des kapitalistischen Systems.

Man könnte also argumentieren, dass diese filmischen Imagerien von Naturkatastrophen simpel als Spektakel im debordschen Sinne begriffen werden müssen,[13] in denen Hollywood seine neuesten Special Effects ausstellt, aber auf der diskursiven Ebene stellen sie eventuell noch etwas anderes bereit.[14] In einer Rede, die Slavoj Žižek im Oktober 2011 auf der *Occupy Wall Street* und im April 2012 in Yale gehalten hat, macht er eine einfache Feststellung: »It's easy to imagine the end of the world. An asteroid destroying all life and so on. But you

11 | Ulrich Beck: Risikogesellschaft. Auf dem Weg in eine andere Moderne. Frankfurt am Main 1986, S. 17.

12 | Ebd., S. 17 f.

13 | In dem 1967 veröffentlichten Text *Society of the Spectacle* definiert Debord das Spektakel nicht als »a collection of images; rather, it is a social relationship between people that is mediated by images.« (Guy Debord: Society of the Spectacle. Detroit 1983, § 4, o. P.) In der Revision seines Buches, *Comments on the Society of the Spectacle* (New York/London 1988), spitzt er das Argument noch weiter zu. Das moderne Spektakel, so Debord, ist »the autocratic reign of the market economy which had acceded to an irresponsible sovereignty, and the totality of new techniques of government that accompanied this reign« (§ II, 2).

14 | Siehe ausführlicher zu Katastrophenfilmen Tanja Nusser: *Beautiful Destructions*: The Filmic Aesthetics of Spectacular Catastrophes. In: Gerstenberger/dies.: Catastrophe and Catharsis, S. 124–137.

cannot imagine the end of capitalism.«[15] Ein ähnliches Fazit, wenn auch anders hergeleitet, hatte Ulrich Beck schon 25 Jahre zuvor formuliert und lässt somit tatsächlich die Frage zu, was sich denn geändert hat, wenn die Bestandsaufnahmen sich in den letzten 30 Jahren ähneln können:

> Wir können [...] noch nicht einmal die Möglichkeit eines gesellschaftlichen Gestaltwandels in der Moderne denken, weil die Theoretiker des industriegesellschaftlichen Kapitalismus diese historische Gestalt der Moderne, die in wesentlichen Bezügen ihrem Gegenteil im 19. Jahrhundert verhaftet bleibt, ins Apriorische gewendet haben.[16]

Diese beiden Überlegungen miteinbeziehend, könnten die Filme somit dahingehend interpretiert werden, dass sie die Katastrophe der Vernichtung zwar nicht als letzte Konsequenz eines sich selbst strukturell überholten Systems zeigen, dass sie jedoch mit der Fantasie des Untergangs des kapitalistischen Systems spielen, um dann vor den Konsequenzen zurückzuschrecken und das System – figuriert in der Kleinfamilie als quintessentiellem Träger des Kapitalismus westlicher Provenienz – zu retten. Die Katastrophenszenarien, die filmisch, narrativ, aber auch theoretisch entworfen werden, werden solchermaßen als Krisensymptome des neoliberalen Spätkapitalismus lesbar, der seinen Abg(-es-)ang als einen dramatischen, allerdings natürlichen und naturhaften Untergang entwerfen muss, da anscheinend keine Alternative zu diesem politischen, marktökonomischen System entwickelt werden kann. Als die radikale Alternative (die Zerstörung als Rettung und Anfang eines neuen Systems) wird jedoch in diesen Entwürfen die Katastrophe diskursiv als ein negativer Stabilisierungsfaktor und als Sinnstifterin etabliert; von der aus die Gegenwart (als auf die Katastrophe zusteuernd) interpretiert wird.

Noch einmal anders und mit Eva Horn formuliert: Katastrophe ist ein »Schlagwort der Zeitdiagnose. Irgendetwas ist immer im Begriff sich zu einer Katastrophe auszuwachsen oder bereits eine zu sein.«[17] Wenn unsere Welt oder die westlichen Gesellschaften aber, der Annahme Horns folgend, immer schon auf eine Katastrophe zusteuern und diese als ein Schlagwort fungiert, durch das wir den gegenwärtigen Gesellschaftszustand deuten, dann ist die Katastrophe nicht mehr das, was eine momentane Absage an Sinnproduktion, die Störung des Systems bedeutet, sondern sie wird zu dem Deutungsmuster (also zu einer Ordnungskategorie), nach dem wir die aktuelle gesellschaftliche Bedingtheit verhandeln, und zwar ohne dass der Einbruch, die Verstörung, das Aussetzen des Sinns im Angesicht des Unfassbaren überhaupt noch stattfinden muss.

---

15 | Sarahana: Slavoj Žižek speaks at Occupy Wall Street: Transcript (17.09.2013). In: Impose, online unter http://imposemagazine.com/bytes/slavoj- zizek-at-occupy-wall-street-transcript.

16 | Beck: Risikogesellschaft, S. 15.

17 | Horn: Zukunft als Katastrophe, S. 16.

Kein Wunder, dass das Gefühl des ständigen, nicht endenden Desasters dann als eine gesellschaftliche, aber auch individuelle Realität produziert wird, wenn der Ausnahmezustand zum projektiven Normalzustand erhoben wird.

Diese Wendung, in der die Katastrophe nicht mehr das Ereignis ist, das in die Normalität einbricht, sondern die Normalität als Worst-Case-Situation, aber auch die Worst-Case-Situation als Normalität positioniert (der kontinuierliche Ausnahmezustand,[18] der es erlaubt, immer mehr auf das private, singuläre Leben im Angesicht einer drohenden Katastrophe zuzugreifen und dieses so zu normieren), hat Kathrin Röggla 2009 in einem Theaterstück formuliert. Der *Worst Case* bezeichnet hier die Angst an sich vor den Katastrophen[19] und nicht die Realität dieser Katastrophen. Anders formuliert: Fokussiert wird die Omnipräsenz der Ereignisse, die immer und überall zu sehen sind; betont wird nicht die Erfahrung der Katastrophe, sondern die Allgegenwart der Katastrophen als visuelle und mediale Tatsachen. Die Evokation des Sehsinns auf den ersten Seiten des Textes – das »Mal sehen, ob«; »Seht euch das an«, »Ihr seht nicht«[20] – positioniert Katastrophen über den Distanzsinn als eine ständige Bedrohung, die »ins Unermessliche gesteigert zu einem gesellschaftlichen Zustand wird, in dem jeden Moment etwas Schreckliches geschehen könnte.«[21] Diese Möglichkeit versetzt in »Alarmbereitschaft, in ein Szenario von lähmender Panik und monströser Paranoia, welches jede reale Existenz unmöglich macht und eine Gesellschaft im Zustand der freiwilligen Sicherheitsverwahrung zeigt.«[22]

Die Frage ist nun, ob diese Erwartung der kommenden Katastrophe(n) (das Worst-Case-Szenario wäre der Untergang der westlichen, demokratischen, spätkapitalistischen und neoliberalen Staaten[23]) eine Art Derealisierung der Ge-

18 | Um eine Formulierung Giorgio Agambens in Bezug auf den Ausnahmezustand (als politische Kategorie) zu entleihen, die allerdings durchaus die Figuration kennzeichnet, um die es hier geht: Das »Problem seiner Definition betrifft genau eine Schwelle oder eine Zone der Unbestimmtheit, in der innen und außen einander nicht ausschließen, sondern sich un-bestimmen.« (Ausnahmezustand [Homo Sacer II.I]. Frankfurt am Main 2004, S. 33)

19 | Kathrin Röggla: worst case. Frankfurt am Main 2008 (Theater-Manuskript). – San Francisco, New Orleans, Houston und Denver werden als Stadt- und Platzhalter für die Omnipräsenz, die ständige Möglichkeit des Einbruchs der Katastrophe in die Zivilisation in dem Theaterstück genannt.

20 | Ebd.

21 | Antje Thoms: worst case [2012], online unter www.antjethoms.de/inszenierungen/worst-case.

22 | Ebd.

23 | Die Katastrophe wird dann als Strafe einer kapitalistischen Gesellschaft verstanden: »eine unvorhersehbare Katastrophe; die Zerstörung, mit der eine maßlose, nur im Wettlauf nach Vergnügungen und Geld befangene Gesellschaft gestraft wird; eine Handlung mit Guten und Bösen; Mut, Solidarität, moralische Besserung des Bösen; die Zeit nach der Katastrophe als Phase der Reinigung und Wiedergeburt mit dem Elan des

genwart produziert, die nur in dem Erlebnis einer Katastrophe das Gefühl des Realen produzieren kann. Das ultimative, nicht überbietbare Ereignis der Katastrophe als Einbruch der Realität konzipiert in diesem Ansatz die Gegenwart erst als Gegenwart. Zu denken wäre hier an das *Now* Barnett Newmans und in der Interpretation Jean-François Lyotards; in einer durchaus problematischen Wendung wird hier die Katastrophe als erhabener Moment etabliert, der im Umschlag und Überleben das Leben als Dasein feiert.[24]

Mit Röggla gesprochen, die sich in dem 2001 erschienenen Text *really ground zero* auf der thematischen Ebene mit den Auswirkungen von 9/11 beschäftigt: »1. life. jetzt also habe ich ein leben. ein wirkliches.«[25] Diese ersten durchaus ironisch zu lesenden Worte des Bandes situieren die Katastrophe als ein ›Geschehnis‹, das so real ist, dass es sogar dem Leben der Erzähler/-in eine Realität geben kann, eine Authentizität, eine Unmittelbarkeit: Während ›reale‹ Katastrophen existierende narrative Ordnungen unterbrechen oder sogar zerstören und anscheinend eine Art von Authentizität und Realität heraufbeschwören sowie diejenigen, die davon betroffen sind, in einen Raum ›katapultieren‹, der den Prozess von Sinnstiftung unmöglich macht und werden lässt, so verschwindet in diesem Begriff der Authentizität das Verhältnis zu dem, was das Objekt des Authentischen ist: »Es herrscht«, so Röggla in einem anderen Text,

> ein wenig Verwirrung über den Begriff der Authentizität. Eine brutale Deckungsgleichheit, ein Zwangsverhältnis zu sich selbst scheint alle Welt von sich zu erwarten. Also etwas, das keine Beweglichkeiten erträgt – oder in zu viel Bewegung verloren gegangen ist, eben kein Verhältnis mehr.[26]

An anderer Stelle bezeichnet sie diese Konstellation als eine zu geringe Distanz zur Präsenz, zur Gegenwart, die es unmöglich macht, eine kritische Haltung zu dem Geschehen der Gegenwart einzunehmen. Wenn das Ereignis der Katastrophe im Rahmen der Distanzlosigkeit betrachtet wird und der Sehsinn als Distanzsinn demnach nicht mehr eine kritische, reflexive Distanz ermöglicht, sondern eine Dauerpräsenz und ein Präsens der allgegenwärtigen Katastrophe als Gegenwart produziert, dann wird die Katastrophe als Ereignis strukturell nichts anderes als ein Event oder auch Spektakel; wobei bedacht werden

---

Wiederaufbaus, um das Unvermeidliche zu beschwören.« (François Walter: Katastrophen: Eine Kulturgeschichte vom 16. bis 21. Jahrhundert. Stuttgart 2010, S. 248)

24 | In das Auseinanderbrechen der Wahrnehmung tritt das Erhabene »gerade [als] das Unkonsumierbare, das man nicht verdauen kann« (Jean-François Lyotard: Das Undarstellbare – Wider das Vergessen. Ein Gespräch zwischen Jean-Francois Lyotard und Christine Pries. In: Christine Pries [Hg.]: Das Erhabene. Zwischen Grenzerfahrung und Größenwahn. Weinheim 1989, S. 319-347, hier S. 340).

25 | Kathrin Röggla: really ground zero. 11. september und folgendes. Frankfurt am Main 2001, S. 6.

26 | Röggla: Publikumsberatung, S. 26.

muss, dass das Event hierbei als das Neue und Außergewöhnliche, aber auch Bedrohliche einerseits neue Ordnungen und Wahrnehmungen von Realität zu versprechen scheint, andererseits aber auch genau nicht eingeordnet werden kann und offenbar aus einer kausalen Logik ausgeschlossen ist, weshalb es als einzelner Moment nicht in Sinnbildungsprozesse integriert werden kann. Aus dieser doppelten Positionierung entsteht anscheinend die Unmöglichkeit, das Event (im Extremfall die Katastrophe) in etwas anderes zu überführen, das über den Jetztpunkt als Umschlagspunkt und Bestätigung des ›Ich lebe‹ hinaus Wirkungsmacht entfaltet oder gar Sinnstiftung ermöglicht. Das heißt, um weiterhin dieser Logik zu folgen, dass ein Event das andere ablöst und wir, laut Röggla, im Zustand der Zerstreuung leben,[27] aber diese Eventisierung[28] des Daseins dennoch kein Leben (im Sinne von Kontinuität, traditionellen Subjektkonzepten usw.) bereitstellt, gleichzeitig aber das Event (auch der Katastrophe) zum Sinnstifter wird: Das nächste Event, aber auch die nächste Katastrophe kommt bestimmt.

Kann oder muss das Event dann nicht als ein Ereignis begriffen werden, das als Effekt »seine Gründe zu übersteigen scheint«, so Slavoj Žižek, und die Frage danach eröffnet, ob es Dinge gibt, »die irgendwo aus dem Nichts geschehen

27 | »Die Zerstreuung regiert und lässt einen ganz neuen Wahrnehmungsmodus entstehen – nur wie soll man mit ihm eine kritische Position einnehmen können?« (Kathrin Röggla: Blinde Flecken. Kritik und Realismus. In: Dies.: Die falsche Frage. Theater, Politik und die Kunst, das Fürchten nicht zu verlernen. Saarbrücker Poetikdozentur für Dramatik. Berlin 2015, S. 64–88, hier S. 76)

28 | Ich verwende den Begriff der Eventisierung, wie er sich in der Soziologie etabliert hat, »als erste Untersuchungen zur ›Erlebnisgesellschaft‹ vorlagen, die zeigten, dass sich Individuen in spätkapitalistischen Gesellschaften zunehmend von tradierten Formen des Feierns lösen und nach individuierten Anlässen suchen, die ihnen Vergnügen und Spaß bereiten und den Rang von ›Erlebnissen‹ einnehmen. Es wurde eine ›Verspaßung‹ immer weiterer Bereiche des sozialen Lebens sichtbar, die sich in der Anreicherung kultureller Traditionsveranstaltungen mit zusätzlichen Verlustierungselementen wie aber auch durch strategische Neuschöpfungen von Unterhaltungsformaten manifestierte, sich dabei zunehmend von den sozialen Einbindungen der Formate lösend und immer diffusere Adressatengruppen ansprechend. In nahezu allen diesen Neuformatierungen tritt das Individuum als Konsument auf, gewinnt seine Erlebnisse also in einem Warenformat. Zu den Merkmalen eines Events rechnen ihre Einzigartigkeit, ihr episodenhafter Aufbau, die durch das Event induzierte Gemeinschaftlichkeit der Konsumierenden, das hohe Maß an Aktivität und Beteiligung, das den Event-Teilnehmern angeboten wird, und die allenthalben spürbare Erlebnisorientierung aller Angebote. Eventisierung umfasst die dramaturgische Inszenierung von Identifizierungs- und Vergemeinschaftungsanlässen gleichermaßen.« (Hans Jürgen Wulff: Art. »Eventisierung« [2014]. In: Lexikon der Filmbegriffe, online unter http://filmlexikon.uni-kiel.de/index.php?action=lexikon&tag=det&id=8545)

[...] – ein Vorfall, der nicht auf ausreichenden Gründen beruht«?[29] Diese Überlegung, dass das Ereignis aus dem Nichts geschieht und sich kausal nicht herleiten lässt, kann an Samuel Becketts *Endgame* (1956) angeschlossen werden. In dem Theaterstück beschreibt Hamm das Leben als Abfolge von einzelnen Augenblicken, die narrativ und kausal nicht in Verbindung gesetzt werden können: »Ein Augenblick kommt zum anderen, pluff, pluff, wie die Hirsekörnchen des ... (er denkt nach) ... jenes alten Griechen, und das ganze Leben wartet man darauf, daß ein Leben daraus werde.«[30] Wenn wir Becketts *Endgame* als ein Endzeitszenario verstehen, das das Überleben der Katastrophe in einem letzten Akt, dem letzten Spiel als etwas darstellt, das nicht mehr als Leben erfahrbar, weil nicht mehr synthetisierbar ist,[31] dann lässt sich die Paradoxie Zenons, auf die Beckett mit dem alten Griechen anspielt, als eine Zustandsbeschreibung begreifen, die das Leben nur noch als einzelne Momente definieren kann, die keine Gesamtheit der Erfahrung mehr ergeben.

Man könnte aber Becketts *Endgame* auch als ein Endzeitszenario ganz anderer Art interpretieren: Die Katastrophe ist dann die Individualisierung innerhalb der weitergehenden Formierung der Risikogesellschaften. Mit Ulrich Beck argumentiert, bedeutet dies, dass die Menschen »immer wieder aus sozialen Bindungen herausgelöst und privatisiert werden«[32]. Daraus folgt eine doppelte Konsequenz.

> Einerseits werden die Wahrnehmungsformen privat, und sie werden zugleich – in der Zeitachse gedacht – *ahistorisch*. [...] die Zeithorizonte der Lebenswahrnehmung verengen sich immer mehr, bis schließlich im Grenzfall Geschichte zur (ewigen) Gegenwart schrumpft und sich alles um die Achse des eigenen Ichs, des eigenen Lebens dreht.[33]

Diese (ewige, ahistorische und private) Gegenwart scheint sich heutzutage dann als ein Gefühl des Realitätsverlustes zu artikulieren. Jedenfalls konstatiert Röggla eine ›Sucht‹ nach Erfahrung, die diesen Verlust der Realität durch kontinuierliche Gegenwart der immerwährenden und wiederkehrenden Momente, die nicht narrativ als Geschichte/n (im Sinne von geschichtlicher und zeitlicher Verortung im eigenen Leben) ver- und eingebunden werden können, aufheben soll:

> weil wir verrückt danach sind, etwas zu erfahren, und zwar nicht irgendetwas, wir wollen wissen, was los ist, und das ist gar nicht so einfach. denn wir leben in einer zeit,

29 | Slavoj Žižek: Was ist ein Ereignis? Frankfurt am Main 2014, S. 9.

30 | Samuel Beckett: Das Endspiel [1956]. Frankfurt am Main 1974, S. 99.

31 | Clov formuliert diese Situation als ein Paradoxon: »Ein Körnchen kommt zum anderen, eines nach dem anderen, und eines Tages, plötzlich, ist es ein Haufen, ein kleiner Haufen, der unmögliche Haufen« (Beckett: Das Endspiel, S. 11).

32 | Beck: Risikogesellschaft, S. 216.

33 | Ebd.

die bestimmt ist von dem gefühl eines gewaltigen realitätsverlustes und dem daraus resultierenden hunger nach dem »wirklichen leben«. ein irrsinnshunger muß das sein, blickt man auf all die echtzeit-reportagen, life-berichterstattungen und doku-soaps in unserer fernsehlandschaft.[34]

Jetzt also kommt der Beitrag auf der anderen/zweiten Seite des Verhältnisses an: der Realität, mehr aber noch dem vermehrt herumschwirrenden oder geisternden, wenn man Rögglas Terminologien folgt, Realismusbegriff, den Aufrufen des Authentischen, dem viel beschworenen Dokumentarismus der letzten Jahre.

II

»Bloßer Abbildungsrealismus wäre doch absurd und erinnert nur an den kommerziellen Realismus von Hollywood« oder: »Es hilft alles nichts: Die Suche nach einem Blick auf die Welt, wie sie ist, ist die Suche nach einer besseren Welt.«[35]

Es scheint, als ob im Angesicht der drohenden Katastrophe nur noch eine Ästhetik der Unmittelbarkeit möglich ist. Weiterhin, in Auseinandersetzung mit Röggla, lässt sich eine interessante Konstellation beschreiben: Es wird ein Realitätsverlust beschrieben, der nur durch einen wahren Schock, das Einbrechen des Unfassbaren, aufgehoben werden kann, weil er vermeintlich – so die Logik – Realität wieder spürbar macht (das: ›Wir sind dabei gewesen‹, die Ästhetik der Unmittelbarkeit sogar vor dem Fernseher, die Bilder als Garanten des ›es ist geschehen, es ist wahr‹).[36] Gleichzeitig entfaltet sich aber dieser Einbruch in-

34 | Kathrin Röggla: Das letzte Hemd, online unter www.kathrin-roeggla.de/meta/hemd.htm. – Sie verwendet eine zum Teil identische Formulierung in *Eine Stimme mit Eigensinn*: »die realistische methode, das könnte durchaus faszinierend sein in zeiten, die sich durch das gefühl eines gewaltigen realitätsverlusts und dem daraus resultierenden hunger nach dem ›wirklichen leben‹ auszeichnen. ein irrsinnshunger muss das sein, blickt man auf die doku-soaps, die jetzt überall in unserer lieben fernsehlandschaft entstehen. doch was geschieht darin?« (Kathrin Röggla: Eine Stimme mit Eingensinn, online unter www.kathrin-roeggla.de/meta/kluge.htm)

35 | Röggla: Blinde Flecken, S. 74 f.

36 | Žižek beschreibt diese Konfiguration innerhalb eines transzendentalphilosophischen Ansatzes in Heideggers Ausrichtung als »Enthüllung des Seins – des Bedeutungshorizonts, der bestimmt, wie wir die Realität wahrnehmen und uns zu ihr in Beziehung setzen.« (Žižek: Was ist ein Ereignis, S. 11) Davon ausgehend, dass die Erfahrungen der Einbrüche, der Ereignisse eine neue Qualität annehmen, »da wir in einem ›entzauberten‹ postreligiösen Zeitalter leben«, stellt er die These auf, dass deshalb »viel direkter« diese (gewaltsamen) Ereignisse »als sinnloses Eindringen des Realen

nerhalb der Event- oder Ereignislogik nur als Moment, der nicht synthetisierbar ist. Das heißt, dem Realitätsverlust soll durch Event(-kultur) begegnet werden, die die Gegenwart wieder als historische Zeit wahrnehm- und narrativierbar macht und somit eine Realität der Gegenwart produzieren soll. Aber das Event, als Moment konzeptualisiert, enthistorisiert genau die Gegenwart und schreibt sie auf den Jetztpunkt fest. Wird, wie es scheint, auf den Realitätsverlust diskursiv reagiert, indem die Event- und Katastrophenkultur zynisch als ›Retterin‹ der Realität positioniert wird, so lässt sich auf anderer Ebene vermehrt in den letzten 15 Jahren eine erneute Debatte über realistische Ästhetik in der Gegenwartskultur beobachten, die auf Vorgängerdebatten zurückgreift. Nun ist nicht davon auszugehen, dass der neue Realismus eine Reaktion auf den beschworenen und verschrienen Realismusverlust ist, eher stellt sich die Frage, ob beide zusammenzudenken sind und wenn ja, ob dies über den Katastrophendiskurs passieren kann als eine, wenn auch nicht ›die‹ Möglichkeit der Interpretation der Figuration? Und überhaupt, was sind Realismus, Realität und der Realitätsverlust, die Röggla wiederholt beschreibt?

Um diese Figuration kurz weiter im Blick zu behalten: In den verschiedenen Poetikvorlesungen, die Röggla inzwischen gehalten und veröffentlicht hat, verweist sie auf einen sogenannten »wirklichkeitshunger in der gegenwartsliteratur« (so der Titel einer Radiodiskussion, zu der Röggla eingeladen war),[37] der immer wieder an Autorinnen und Autoren in den letzten Jahren herangetragen wird. Röggla beschreibt die zugrundeliegende Annahme dieser Zuschreibung als »eine neue gier auf ›wirkliche verhältnisse‹«, die der deutschsprachigen Literatur »attestiert« wird, »als ob man bisher zu wenig wirklichkeit abbekommen hätte und diese nun wild in sich hineinstopfen müsse, komme, was da wolle«.[38] Nicht weiter überraschend, verwehrt sich Röggla in ihren Texten solchen Zuschreibungen. Der

> transfer der wirklichkeit in literatur eins zu eins [ist] eine chimäre [...] die so genannte wirklichkeit [ist] nicht eins zu eins zu haben [...], weil wir ihrer nur in der kommunikation über sie habhaft werden können und diese kommunikation immer verschiedene versionen liefert.[39]

Die Frage, die sich damit stellt, ist nicht mehr länger, wie die Texte soziale und politische Realitäten porträtieren oder wie sie Realität konstruieren, sondern

erfahren werden [...]. Alle unterschiedlichen Formen traumatischer Begegnungen (soziale, natürliche, biologische, symbolische) führen zu demselben Ergebnis: Ein neues Subjekt entsteht, das den Tod (das Auslöschen) seiner symbolischen Identität überlebt. [...] Nach dem Schock entsteht buchstäblich ein neues Subjekt.« (Ebd., 98 f.)

37 | Kathrin Röggla: das stottern des realismus: fiktion und fingiertes, ironie und kritik. Paderborn 2011, S. 4.

38 | Ebd.

39 | Ebd., S. 7.

welche Realitätskonstruktionen (von außerhalb der Texte) werden aufgegriffen und in den Texten verhandelt. Das heißt, von Interesse sind die Diskurse oder Strukturen, die das Verständnis von Formen und Realitäten als ein Objekt der Interpretation produzieren; interessant ist, wie der Katastrophendiskurs die gegenwärtigen Debatten informiert und Wahrnehmungen der Realität als krisen- und eventhaft und unmittelbar am Abgrund formt. Anders formuliert: Mich beschäftigt, wie oder vielleicht auch warum die Narrationen der Realität die Krise und die Katastrophe als Bilder wählen bzw. welche Krisen und Katastrophen in den sogenannten realistischen Narrativen gewählt werden, um den Zustand der westlichen, spätkapitalistischen und neoliberalen Gesellschaften porträtieren zu können.

Gleichzeitig entwirft der Realismusdiskurs aber im gleichen Maße eine Unmittelbarkeitslogik und -ästhetik, die als »Wirklichkeitshunger« begriffen werden kann, der durch das Einbrechen eines Ereignisses, das in einer ersten, vorläufigen Definition, mit Slavoj Žižek argumentiert, als »etwas Schockierendes« gefasst werden kann, als

> aus den Fugen geratenes, etwas, das plötzlich zu geschehen scheint und den herkömmlichen Lauf unterbricht; etwas, das anscheinend von nirgendwo kommt, ohne erkennbare Gründe, eine Erscheinung ohne feste Gestalt als Basis,[40]

und das den Alltag als Alltag wahrnehmbar macht sowie die existierende Ordnung fundamental infrage stellt, weshalb es gestillt werden muss. Oder auch nicht – denn wenn jedes Event (ob Katastrophe oder schlichtweg inszeniertes Event) genau in dieser Logik situiert werden kann und die Performanz zu einem Spektakel gerinnt, dann wird das Potenzial des Einbruchs massiv verschleudert und im Modus des ›Es wird immer schon gewesen sein‹ das Überleben nach dem Einbruch der Katastrophe als Event gefeiert, das das nächste kulturelle oder Katastrophenevent benötigt, um das Gefühl des ›Daseins‹ zu produzieren. In diesem Sinne wird das System der Krise als kurz vor der Katastrophe in der Möglichkeit der unendlichen strukturellen Wiederholung des Events bestärkt und gefestigt, aber auf keinen Fall ein Aussatz des Sinnes produziert. Kathrin Rögglas Aussage, dass der »Katastrophenfilm selten […], so paradox es klingen mag, von einem Epochenbruch, sondern eher von einer Rückkehr«[41] erzählt, folgt genau dieser Logik und markiert vielleicht auch den Punkt, der die Hollywoodfilme als wichtigen Bestandteil des Katstrophendiskurses etabliert.

Um noch einmal zu den Filmen zurückzukehren und ihre Bedeutung für den Katastrophendiskurs einzukreisen: Wenn man sich die Filme genauer auf den diskursiven und strukturellen Ebenen anschaut, dann erzählen sie immer

---

40 | Žižek: Was ist ein Ereignis, S. 8.

41 | Kathrin Röggla: Gespensterarbeit, Krisenmanagement und Weltmarktfiktion. Wien 2009, S. 30.

wieder ähnliche Geschichten und entwerfen ähnliche familiäre und soziale/gesellschaftliche Strukturen. Wenn dies nicht nur als ein Erfolgsrezept Hollywoods zu begreifen ist, mit dem Millionen umgesetzt werden, sondern der Katastrophendiskurs als Sinngeber begriffen werden kann, gerade weil er die unendliche Repetition zur Verfügung stellt, in der die Wirklichkeit in dem Sinne verhandelt wird, dass wir uns immer schon vor der nächsten Katastrophe befinden und der Untergang, die Störung des Ordnungsgefüges immer schon Teil des Systems gewesen ist – der Film *Snowpiercer* zeigt die Herstellung des Gleichgewichts durch immer wieder stattfindende Selbstregulierung ganz auf der Linie von Foucaults Homöostase-Konzept sehr plastisch –,[42] dann ist es kein Wunder, dass ein Gefühl des Realitätsverlusts entsteht, das vielleicht manchmal schlichtweg nur eine Langeweile bezeichnet.

Es könnte allerdings auch sein, dass genau diese Strukturen – Eventcharakter und gleichzeitige narrative Wiederholung in Bild und Text, der verbale Dauerzustand der Krise und drohenden Katastrophe – zu »jenem derealisierungsgefühl«[43], »diesem gefühl, nicht mehr zu sehen, was wirklich vor sich geht«[44], wie Röggla es in *disaster awareness fair. Zum katastrophischen in stadt, land und film* beschreibt, führen, das den Wirklichkeitshunger erklären könnte: Denn hinter all dem Beschriebenen scheint sich in den letzten Jahren das Gefühl breitgemacht zu haben, dass wir nicht mehr auf die externe Realität zugreifen können. Kathrin Röggla kommt in ihrem zeitnah zu 9/11 veröffentlichten Essayband über die Attentate auf das World Trade Center in *really ground zero* zu einem für diesen Zusammenhang interessanten Fazit:

- nur die ruhe, damit verbunden die informationsgestörtheit, die sich durch einen durchbewegt. medien und präsidenten full of jingoismen, die desinformation, die zensur. [...]
- aber seltsam wirr. [...]
- also der versuch, aus diesem haufen an ideologismen, aufgebrochenem vokabular, kontextverschiebungen, rhetorischen operationen, schrägen übersetzungen, einen überblick zu bekommen? also vom haufen der authentizität zum haufen der begriffsverschiebungen?
- das ist das spannungsfeld der schreibenden, was kann man anders, als darin herumzudümpeln.

42 | Michel Foucault: Vorlesung vom 17. März 1976. In: Ders.: In Verteidigung der Gesellschaft. Vorlesungen am Collège de France (1975–76). Frankfurt am Main 1976, S. 282–311; ders.: Leben machen und sterben lassen. Die Geburt des Rassismus. In: Sebastian Reinfeldt/Richard Schwarz (Hg.): Bio-Macht. Biopolitische Konzeptionen der Neuen Rechten. Duisburg 1993 (Diss_Texte 25), S. 27–50.

43 | Röggla: geisterstädte, geisterfilm, S. 18.

44 | Ebd.

- aber überblick gibt's doch nicht.
- ach was.[45]

Das »ach was« sind die letzten zwei Worte in Rögglas *really ground zero*. Sie signalisieren nicht nur Erstaunen, sondern auch eine Zurückweisung und Trivialisierung der Einsicht, dass wir keinen Überblick über die Geschehnisse, über das, was passiert oder – wie im Fall von 9/11 – passiert ist, haben können. Während *really ground zero* auf der thematischen Ebene mit den Auswirkungen der Katastrophe beschäftigt ist, muss der schmale Essayband auch als Reflexion über Realität und Wahrnehmungen von Realität begriffen werden. Der Band positioniert die Katastrophe als den Moment, der eine scheinbare Realität erst produziert, gleichzeitig aber eine »informationsgestörtheit« offensichtlich werden lässt und das Reale der Realität als eine ideologische Operation grundlegend infrage stellt. In der zweiten Saarbrücker Vorlesung bezieht sich Röggla auf Bertolt Brecht, um den Realismusbegriff weiter aufzufächern:

> Realismus speist sich, das wissen wir schon von Brecht, nicht mehr aus der Abbildung dessen, was ist - das Beispiel bei Brecht war die Fotografie eines Fabrikgebäudes, die nichts über dessen Funktion erzählen kann -; man muss das Funktionieren verstehen, und dies kann heute nicht mehr nur mit einem einzelnen theoretischen Ansatz erklärt werden.[46]

Um noch einmal auf die Frage des Abstands, dem richtigen Abstand (und was wäre die richtige, weil kritische Distanz?) zurückzukommen, um den Wald vor lauter Bäumen wieder zu sehen, so Röggla, sprich: nicht in einer Ästhetik der Unmittelbarkeit verhaftet zu sein, die nichts anderes als ein dokumentarisches Registrieren ist und im Eventcharakter hängen bleibt: Wie wäre eine Ästhetik zu entwickeln, die sich mit der Realität auseinandersetzt, ohne den Katastrophendiskurs aufzugreifen und, um nochmal Eva Horn zu zitieren, als »Schlagwort der Zeitdiagnose« zu benutzen?

Um zu Röggla zurückzukehren, denn um sie, ihre Texte geht es schließlich: »Wie soll ich überhaupt noch auf den Punkt kommen können«[47], wenn alles doch sowieso schon immer bekannt ist, wenn man »ohnehin schon weiß, was da gesagt wird«[48]? Nämlich dass wir in einer oder der Krise leben, uns am Abgrund befinden, wir in der Angst vor der nächsten Katastrophe leben, die offenbar, so das medial vermittelte Bild der Gegenwart, um ›die nächste Ecke‹ herum ›lauert‹, und wir bereit sind, den Ausnahmezustand als Normalität zu etablieren, wir gleichzeitig – so scheint es –, aber auch von dem Gefühl be-

45 | Röggla: really ground zero. 11. september und folgendes, S. 109.

46 | Röggla: Karten und ihr Gegenteil, S. 56.

47 | Röggla: Blinde Flecken, S. 76.

48 | Röggla: Gespensterarbeit, Krisenmanagement und Weltmarktfiktion, S. 71.

herrscht werden, dass uns die Realität abhandengekommen ist. In *Gespensterarbeit, Krisenmanagement und Weltmarktfiktion* wird das Reale der Realität von Kathrin Röggla grundlegend im Kontext von Risikomanagement und Börse als Narrationen befragt, die sich in einige wenige Genres einordnen lassen. »1. Der Katastrophenfilm«[49], »2. Der Gespensterfilm«[50], »3. Der Fernsehkrimi«[51], »4. Das Shakespeare-Remake«[52] und »5. Die Filmkritik«[53] suggerieren, dass ›New Economy‹, Börse und Risikomanagement entweder als Katastrophe, als gespenstische Situation, Verbrechen oder Tragödie beschrieben werden können; alle werden mit bestimmten Zielen und Rezipientinnen und Rezipienten avisierend vermittelt und gerahmt: »Und eines dieser Genres muss es ja sein, denn die öffentlichen Rhetoriken nehmen Tonlagen an, wie man sie eigentlich aus dem Suspense-Hollywoodkino kennt.«[54] Und während sich die verschiedenen Szenarios handlungstechnisch unterschiedlich entwickeln, so haben sie doch alle eines gemeinsam; die spätkapitalistische, neoliberale Realität scheint innerhalb bestimmter, an einer Hand abzuzählender narrativer Muster beschreib- und erzählbar zu sein.

Indem Rögglas *Gespensterarbeit, Krisenmanagement und Weltmarktfiktion* Bilder und Konzepte filmischer Genres verwendet, hebt der Text zum einen hervor, wie sehr Wahrnehmung und Verstehen von marktökonomischen Zusammenhängen durch, wie Arjun Appadurai sie nennt, Mediascapes geformt wird,[55] sodass Realität und Fiktion untrennbar miteinander verwoben werden bzw. dass Repräsentation der äußeren Welt nur in bestimmen Bildern formuliert werden kann – in dem Zusammenhang des Beitrags: in der Applikation der Filmgenres.[56] Man könnte an dieser Stelle auch zum Horrorfilm abbiegen, den Röggla als eine der großen Narrationen anbietet. Die Überlappung von Horror- und Katastrophenszenarien, wenn das nicht schon lange bewusst war, ist spätestens mit *World War Z* (aber schon seit der *Resident-Evil*-Reihe) offensichtlich; Zombietum als Folge von Infektion treibt das Bild der viralen Kopie als Stillstand und Tod gedacht, aber auch des Kapitalismus als Leben aussagend, auf die Spitze. Dementsprechend bezeichnet Röggla auch die »Agenten des

---

49 | Ebd., S. 18.

50 | Ebd., S. 31.

51 | Ebd., S. 37.

52 | Ebd., S. 42.

53 | Ebd., S. 50.

54 | Ebd., S. 18.

55 | Arjun Appadurai: Disjuncture and Difference in the Global Cultural Economy. In: Theory Culture Society 7 (1990), S. 295–310.

56 | Das beste Beispiel hierfür ist 9/11: Die Flugzeuge, die in das World Trade Center flogen, brachten jeden Katastrophenfilm in Erinnerung, in dem Hochhäuser durch Flugzeuge zum Einsturz gebracht wurden. Diese filmischen Bilder betteten unsere Wahrnehmung der Tragödie gleich vom ersten Moment an in existierende Narrative ein, die es unmöglich machten, die Katastrophe als singuläres Ereignis wahrzunehmen.

finanzmarktgetriebenen Turbokapitalismus« als »Scheintote, vor deren Wiederkehr zu warnen ist«.[57] Dieser Logik oder eher Metaphorik folgend, ist die Frage durchaus berechtigt, die Röggla dann auch stellt: »Sind wir schon im Horrorfilm gelandet?«[58] Eine Antwort könnte lauten: Kulturpessimistisch ja, wenn man die fortschreitende »disneyfizierung«[59] der westlichen Kulturen betrachtet. Aber hinter der Verniedlichung unseres Daseins im Modus des Derealen, für das Disney nur ein markanter Signifikant ist, verbirgt sich dann doch nur wieder die Krise und drohende Katastrophe und letztlich der Katastrophenfilm, der Erklärungsmuster zur Verfügung stellen kann, um mit dem Leben als nicht mehr synthetisierbare Eventkette umgehen zu können.

Vielleicht geht es darum zu sehen, »wie es wirklich aussieht bzw. eine hinter dem sichtbaren liegende wahrheit [zu] erkennen, eine kehrseite, die sich uns entzieht«[60]. Hinter der Eventisierung einerseits, dem Krisendiskurs andererseits, der »disneyfizierung« des Lebens und einer Rhetorik der Derealisierung wird das Narrativ der Katastrophe als das Genre positioniert, das einen Zugriff auf die Realität, jenseits einer Unmittelbarkeit (auch des Dokumentarismus) verspricht:

> steckt im wunsch nach katastrophenfilmen nicht – neben der lust an der zerstörung aller oberflächen, neben der sehnsucht nach der negation des bestehenden [also auch des neoliberalen, spätkapitalistischen Systems] – der wunsch nach klareren und einfacheren sichtverhältnissen? Steckt dahinter nicht der wunsch endlich angeschlossen zu sein am realen, dabei zu sein?[61]

In diesem Sinne bezeichnet nicht die Katastrophe eine Störung der Ordnung oder des Systems, sondern die (ideologische) Produktion der Realität ist eine Störung, da sie den Zugang zu Information verhindert bzw. schon in bestimmten Genres und Narrationen präsentiert, die eine Verwobenheit von Realität und Fiktion produziert, welche Röggla als »Vampirismus des Fiktionalen« bezeichnet:

> alles wird infiziert, mit hineingezogen in jene fiktive Drehschraube, nur leider ist dieses Drehbuch, das uns frisst, ein Genre-Drehbuch, d. h. in eine Wiederholungsstruktur eingespannt. Und leider ist das Genre selbst so ziemlich auf den Hund gekommen.[62]

---

57 | Röggla: Gespensterarbeit, Krisenmanagement und Weltmarktfiktion, S. 31.
58 | Ebd.
59 | Röggla: geisterstädte, geisterfilm, S. 17.
60 | Ebd., S. 11.
61 | Ebd., S. 18 f.
62 | Röggla: Publikumsberatung, S. 11.

Existenzielle Interrogativität und eschatologischer Horizont

Über einen Gedichtentwurf Gottfried Benns

Carsten Dutt

David Wellbery zum 70. Geburtstag

In einem augenscheinlich aufgegebenen, jedenfalls im Werdezustand belassenen Entwurf (Abb. 1), der indessen keineswegs bruchstückhaft wirkt und mit jedem Detail des vorläufigen Ganzen von der unverwechselbaren Gestaltungskraft seines Autors zeugt, ist folgendes Gedicht Gottfried Benns überliefert:

Das ist die 3 von diesem Tage
es schlägt die Uhr
u hat noch einer eine Frage,
so fragt sie nur.

Denn später könnt ihr nicht mehr frage‹n›
dann ist die Uhr, dann ist die 3
verklungen, lautlos, ausgeschlagen,
sie ist vorbei.

Doch wer vermöchte hier zu fragen
wer hat den Mut, wer k‹an›n bestehn,
der 3 der Uhr den [ganz‹en›⁻˃] eignen Tagen
in den verhangenen Blick zu sehn?
so kurzen
schnellen
treulosen
verlorenen[1]

---

1 | Vgl. Gottfried Benn: Sämtliche Werke. Stuttgarter Ausgabe [im Weiteren mit der Sigle »SW« und den entsprechenden Bandangaben]. Hg. v. Gerhard Schuster (Bde. I-V) und Holger Hof (Bde. VI-VII/2). Bd. VII/2: Vorarbeiten, Entwürfe und Notizen aus dem Nachlass. Stuttgart 2003, S. 327. Nach Einsichtnahme in das im Deutschen Literaturarchiv Marbach verwahrte Original (A: Benn 91.114.112, H. 18g, S. 39) habe ich die

Der Entwurf findet sich in einem Arbeitsheft, das Benn von August bis Oktober 1953 verwendete; er ist dort auf den 12. Oktober datiert. Ein spätes Gedicht also und von jener verssprachlichen Schlichtheit, wie sie für einige der berühmtesten Spätgedichte Benns – man denke an »Worte«, an »Kommt –«, an »Nur zwei Dinge«[2] – charakteristisch ist: drei Vierzeiler aus jambischen Reihen von unterschiedlicher Länge und Hebungszahl,[3] die durch Kreuzreime mit alternie-

Textwiedergabe der Stuttgarter Ausgabe an mehreren Stellen berichtigt, insbesondere in Vers 11 (»der 3 der Uhr den ganz [eignen] Tagen«). Das flektierte Adjektiv »eignen« ist nicht als nachträgliche Hinzufügung aufzufassen, vielmehr als prospektive Ersetzung des abbreviatorisch, ohne Flexionssuffix, notierten Adjektivs »ganz‹en›«. Zur Begründung dies: Auch in den Versen 5 und 10 begegnen kürzelhafte Schreibungen (»frage‹n›«, »k‹an›n«). Hätte Benn »ganz« nicht in dieser Art als Abbreviatur, sondern von vornherein als Adverb intendiert, hätte er bei der ersten Niederschrift gewiss Raum für die noch zu füllende Adjektivposition vor »Tagen« gelassen; dies hat er jedoch nicht getan. Hätte er hingegen eine ihm unterlaufene Auslassung korrigiert oder »ganz« erst nachträglich zum Adverb umverstanden, so hätte er die Interpolation von »eignen« gewiss seiner sonstigen Manuskriptpraxis gemäß positioniert und wohl auch grafisch einschlägig als solche kenntlich gemacht; »eignen« steht jedoch nicht über dem Spatium zwischen »ganz« und »Tagen«, sondern über »ganz« –: als dessen Substitut. Im Übrigen sprechen ästhetische Gründe gegen die Lesung der Stuttgarter Ausgabe. Der von ihr erzeugte Hebungsprall (/ – / – / – – / – /) würde das jambische Metrum und mit ihm die triadische Klimax beschädigen, die den vorletzten Vers rhythmisch, syntaktisch und semantisch beherrscht. Just auf seinem Höhepunkt geriete der Dreischritt aus dem Takt, ohne dass sich dieser Enttaktung eine überzeugende Funktion innerhalb des Gedichts zuweisen ließe. Im Gegenteil: Ein derart massiver Bruch des Metrums im vorletzten Vers würde die subtil gegenmetrische Struktur des letzten Verses – ich meine die daktylische Lockerung des Jambus im bedeutungsschweren Auftritt des akkusativischen Partizipialadjektivs »verhangenen« – übertäuben und damit den Gedichtschluss um seinen rhythmisch-semantischen Ereignischarakter bringen. Auch die gedankliche Pointe der Revision von »den ganz‹en› Tagen«, einem objektiven Zeitmaß, zu »den eignen Tagen«, der personalen Zurechnung gelebter Zeit, erführe durch das elativische »den ganz eignen Tagen« keine Intensivierung, sondern eine die Qualität der Komposition im Ganzen vermindernde Schwächung. Weshalb? Die Antwort liegt in der Parallele zu stereotypen Wendungen wie der von den »ganz eignen Ansichten« eines Menschen. Wendungen wie diese attribuieren nicht sowohl ein gesteigertes Maß an personaler Zugehörigkeit als vielmehr objektivierend die Besonderheit, Ungewöhnlichkeit, in bestimmten Kontexten auch die Absonderlichkeit der thematischen Ansichten. Und so analog die Lesung der Stuttgarter Ausgabe, in der sich das Bedeutungsmoment des Besonderen, Herausgehobenen der in Rede stehenden »Tage« vor das Moment ihrer existenziellen Zurechnung an den Einzelnen schiebt. Dass Benn eine solche Dekonturierung des Ausdrucks im Sinn und dichterisch beabsichtigt haben könnte, ist schwer vorstellbar.

2 | Vgl. SW I: Gedichte I. Stuttgart 1986, S. 282, 300 und 320.

3 | I: 4, 2, 4, 2, II: 4, 4, 4, 2, III: 4, 4, 4, 4.

rend weiblichen und männlichen Kadenzen verbunden sind. Auch die Syntax und das in ihr zur Verwendung kommende Vokabular sind von großer Schlichtheit: keine sperrige »Vormachtstellung des Substantivs«[4], keine Exotismen oder mythologischen Namen, ebensowenig Fremdwörter oder fachsprachliche Termini, auch kein Slang und keines jener kühn montierten Komposita – »Nervenmythe«, »Leichenkolombine«, »Asphodelentrust«[5] –, mit denen Gottfried Benn die Lexik der Lyrik andernorts revolutioniert hat; vielmehr durchaus einfache, ganz und gar kommune Lexeme, ein lebensweltlicher Elementarwortschatz gleichsam, der in kurzen, vorwiegend parataktisch aufeinander folgenden Sätzen entfaltet wird, um ein Alltagserlebnis, das Gewahrwerden der Zeit beim Schlagen einer Uhr, zur Sprache zu bringen und eine daran anknüpfende Gedankenbewegung zu artikulieren.

Abb. 1: Gottfried Benn: Arbeitsheft August–Oktober 1953 (DLA Marbach)
Die linksseitige Abschrift stammt von Marguerite Schlüter, Benns langjähriger Lektorin im Limes-Verlag.

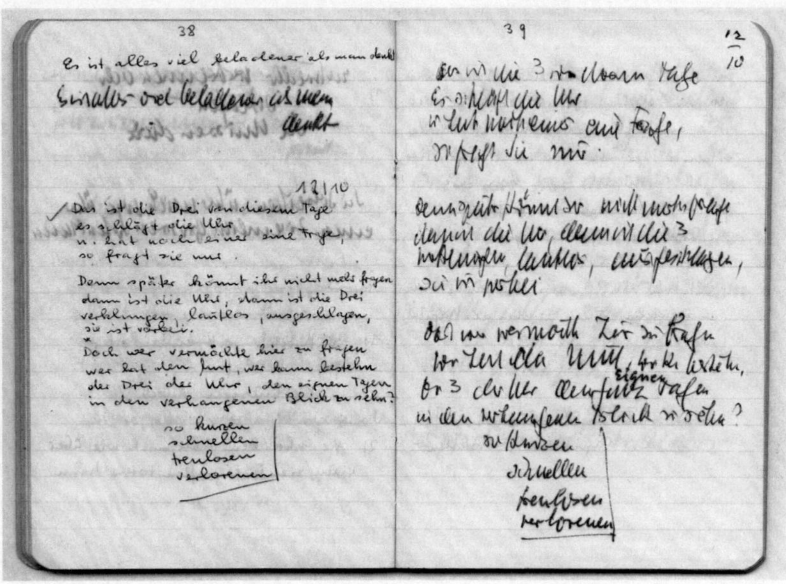

Indem die Eingangspositionen der Verse 5 und 9 mit logischen Partikeln – einem begründenden »denn«, einem entgegnenden »doch« – besetzt sind, tritt die strophische Ordnung markant als diskursive in Erscheinung. Es sind frei-

4 | Albrecht Schöne: Säkularisation als sprachbildende Kraft. Studien zur Dichtung deutscher Pfarrersöhne. Göttingen ^{2}1968, S. 254.

5 | Vgl. SW I, S. 46 (»O Nacht –:«), 78 (»Chaos«) und 114 (»Selbsterreger«).

lich nicht komplex verästelte, sondern wiederum sehr einfache Mitteilungen, die so in Form gebracht werden. Topisches Material aufnehmend – den Topos von der rasch und unwiederbringlich vergehenden Zeit[6] und den komplementären von der jetzt oder nie zu ergreifenden Gelegenheit[7], wobei in Vers 7 mit der zum geflügelten Wort gewordenen Schlussgnome von Schillers Gedicht *Resignation* eine besonders herbe Variante des *Occasio*-Topos anklingt[8] –, gelten sie zunächst ermutigend der Möglichkeit, sodann ermahnend der Dringlichkeit, endlich jedoch in Gestalt einer Reihe von Fragen zweiter Stufe, mit denen das Gedicht zum Selbsteinwand seines Subjekts wird, den Schwierigkeiten und Hemmnissen, gewisse Fragen zu stellen. Welche, bleibt dabei auf vielsagende und just so, je nach Fassungskraft und Naturell des Lesers, beunruhigende Weise offen – bis zum Acumen des Schlussverses, dessen Blick- und Schleiermetaphorik vor die motivationalen und epistemischen Aporien existenzieller Selbstbefragung und so in das opake Zentrum allen Fragens führt.

Die hervorstechendsten Gestaltungszüge des Gedichts sind Gattungsmerkmale oder Modulationen der Gattungsmerkmale eines bündig gebauten Epigramms. Echt epigrammatisch ist der im deiktisch präsentativen Gegenstandsbezug sich manifestierende Aufschriftcharakter des Textes;[9] desgleichen die

---

6 | Sed fugit interea, fugit irreparabile tempus (Vergil, Georgica III, 284).

7 | Occasio est pars temporis, habens in se alicuis re idoenam faciendi aut non faciendi opportunitatem (Cicero, De Inventione I, 27). – Zur Ideen- und Bildgeschichte dieses Topos vgl. Rudolf Wittkower: Gelegenheit, Zeit und Tugend. In: Ders.: Allegorie und Wandel der Symbole in Antike und Renaissance. Köln 1977, S. 186-206 und 387-390.

8 | [...]

Du konntest deine Weisen fragen,
Was man von der Minute ausgeschlagen
Giebt keine Ewigkeit zurück.

Friedrich Schiller: Resignation [1786]. In: Ders.: Nationalausgabe. Bd. 2,1. Hg. v. Norbert Oellers. Weimar 1983, S. 401-403, hier 403, V. 88-90. – Nimmt man den Anklang wahr, so gerät die Bedeutung des Partizips »ausgeschlagen« in Benns Gedicht derart in Bewegung, dass der zunächst im Anschluss an »verklungen, lautlos« allein wahrscheinliche akustische Sinn mit einem Mal von Bedeutungen wie ›nicht ergriffen‹, ›versäumt‹, ›verpasst‹ etc. überschichtet wird – ein schockästhetischer Kunstgriff im Kleinen, der das lyrische Thema der Entgänglichkeit des Augenblicks in der gegensinnigen Apperzeption eines einzigen Wortes verdichtet erfahrbar macht. Übrigens ist der das Asyndeton »verklungen, lautlos, ausgeschlagen« vorab überspannende Gebrauch des Hilfsverbs »sein« in Vers 6 nur im Falle der zweiten, der Versäumnis-Bedeutung von »ausgeschlagen« sprachrichtig.

9 | Siehe Lessing: »Ich sage nehmlich: das Sinngedicht ist ein Gedicht, in welchem, nach Art der eigentlichen Aufschrift, unsere Aufmerksamkeit und Neugierde auf irgend einen einzelnen Gegenstand erregt und mehr oder weniger hingehalten werde, um sie mit eins zu befriedigen« (Zerstreute Anmerkungen über das Epigramm und einige der

mit dem Gegenstandsbezug verquickte Leseranrede in der 2. Person Plural, die Fiktion also des Hier und Jetzt einer vom Sprecher und mehreren Angesprochenen geteilten Wahrnehmungssituation. Und auch der unvermutete Umschlag des adhortativen Redegestus in Skepsis und abschlusshaft überraschende Resignation weist strukturell auf die Gattungstradition des Epigramms zurück, so freilich, dass hier – antitraditionell – kein lösender, die erzeugte Aufmerksamkeit und Spannung intellektuell befriedigender Gedanke, sondern ein Ratlosigkeit einbekennendes Bild sich einstellt. Dunkle, monologisch sich verschließende, gar vorsätzlich geheimnishafte Lyrik ist dies nicht.

Man verkenne indessen nicht das Zeichenrepertoire und die daran geknüpften Verstehensvoraussetzungen des Gedichts. Obschon es mühelos zugänglich scheint, erschließt es sich unverkürzt doch erst, wenn man seine allusionssemantische Tiefendimension erfasst und mitversteht. Wie so oft in Benns Werk bringt sie christliche, durch die Bibel und ihre Wirkungsgeschichte vermittelte Vorgaben ins Spiel. Und es ist – minimaler Aufwand, maximaler Effekt – ein einziges Zeichen, das diese Vorgaben an der Textoberfläche des Gedichts repräsentiert: die dreifach – im ersten Vers der ersten Strophe, im zweiten Vers der zweiten Strophe und im dritten Vers der dritten Strophe – erscheinende 3, »die christliche Symbolzahl schlechthin«[10].

Dass Benn in seinem Entwurf durchgängig nicht das Wort, sondern die Ziffer schreibt, lässt sich denn auch gewiss nicht mit Abkürzungsabsichten im Prozess der Niederschrift erklären. Die gewählte Schreibung erbringt vielmehr Darstellungsleistungen im Funktionszusammenhang des poetischen Gebildes. Zunächst offensichtlich insofern, als sie den intentionalen Gegenstand eines Wahrnehmungsakts: das Zahlzeichen 3, wie es auf Uhren mit arabischem Ziffernblatt zu sehen ist, ikonisch in die Deixis des Gedichteingangs integriert. Die mit dem deiktischen Gebrauch des bestimmten Artikels einhergehende Suggestion sinnlicher Gegenwart – »Das ist die 3« – wird nach einer rhythmisch markanten Zäsur freilich sogleich durch die sprachliche Manifestation eines Reflexionsakts überholt, der die wahrgenommene Ziffer als die »von diesem Tage« bedenkt, das optische Datum also in zweiter, nunmehr eindeutig temporaler und durch das Demonstrativum rhetorisch intensivierter Deixis als *vergehende* Präsenz perspektiviert. Leise, aber vernehmlich wird damit auf Zeit als endliche Lebenszeit verwiesen. Und noch mehr steckt in diesem ersten Vers. So

vornehmsten Epigrammatisten. In: Gotthold Ephraim Lessings sämtliche Schriften. 23 Bde. Hg. v. Karl Lachmann. Stuttgart 1895-1924, Bd. 11, S. 211-315, hier 217). Zur Ästhetik der Epigrammatik Lessings vgl. Wolfgang Preisendanz: Die ästhetische Funktion des Epigrammatischen in Lessings Sinngedicht. In: Gedichte und Interpretationen. Bd. 2: Aufklärung und Sturm und Drang. Hg. v. Karl Richter. Stuttgart 1983, S. 216-224.

10 | So Ernst Robert Curtius: Zahlenkomposition. In: Ders.: Europäische Literatur und lateinisches Mittelalter. Bern/München [10]1984, S. 491-498, hier S. 492 f.

eingängig er einherkommt, so unidiomatisch, im Ausdruck fremd und verfremdet muss er als Bezugnahme auf eine chronometrische Angabe wirken. Dass »die 3« für die dritte Stunde steht, wird ja auch erst durch das nüchtern protokollierende »es schlägt die Uhr« des zweiten Verses klar. Um so mehr muss nun aber die sprachstilistische Devianz der Substantivierung des Zahlworts auffallen. Scheinbar kolloquial[11] durchbricht sie die kolloquialen Üblichkeiten des Sprechens über Zeit. Was normalerweise am Rande unseres Bewusstseinsfeldes und der in ihm aufsteigenden Wahrnehmungsurteile bleibt – die einen bestimmten Zeitpunkt repräsentierende Ziffer[12] –, rückt für den innehaltenden und schwermütig verharrenden Blick, der in Benns Gedicht zu Wort kommt, ins Zentrum. Im sprachlichen Abstoß und Abstand von den Ausdrucksschablonen alltagsüblicher Zeitumgangspragmatik wird sie für den, der hier spricht, zum kaptivierenden Wahrnehmungsding – und als Wahrnehmungsding reflexionsgegenständlich. Dass es sich dabei um eine Zahl mit christlichem Symbolhintergrund handelt, muss man allerdings hinzuwissen. Die lakonischen Verse sagen es nicht eigens; sie setzen es leserseitig als bekannt voraus.

Wird man des subintellegierten Bezugs inne, so ändert sich das Profil des Gedichts von Grund auf. Was ohne ihn als ein in seinem Motivbestand kontingentes, durch andere Uhrzeiten und Zahlzeichen – unter Wahrung der Reimstruktur ersichtlich durch das Zahlzeichen 2 – substituierbares Stück versifizierter Nachdenklichkeit erscheinen müsste, wird im Resonanzraum der theologischen und eschatologischen Determinationen der christlichen Perfektionszahl 3 unaustauschbar, gesteigert bedeutsam und literarästhetisch zwingend.

Paul Böckmann hat gelegentlich summarisch von einer »Intensivierung des Alltäglichen« als der Signatur des bennschen Altersstils gesprochen.[13] Dies ist gewiss richtig, bedarf im Blick auf unser Gedicht jedoch insoweit eines differenzierenden Zusatzes, als der notierte Effekt – präziser wäre er als *Intensivierung der Wahrnehmung und Reflexion des Alltäglichen* beschrieben – in Benns Spätlyrik nicht einspurig, sondern mehrspurig realisiert wird: durch unterschiedliche Verfahren, formsprachliche Kunstgriffe und Bauformen des Gedichts. Da sind zum einen jene (von Gottfried Willems treffend sogenannten) »Bewußtseins-

11 | Linguistisch mag man sie als Umbesetzung des gängigen Satzschemas »Das ist die Zeitung von diesem Tag« interpretieren.

12 | Wenn wir eine Uhr ablesen, urteilen wir »Es ist drei [Uhr]« – das Zahlzeichen ist dabei ersichtlich nur Durchgangsstation, nur »thematischer Zeiger« (Husserl) innerhalb eines weiter ausgreifenden und typischerweise durch praktische Zwecke orientierten Wahrnehmungs- und, gegebenenfalls, Ausdrucksgefüges, nicht aber wie bei Benn »thematisches Ende«, das den Aufmerksamkeitsstrahl der wahrnehmenden und sprechenden Instanz auf sich zieht.

13 | Paul Böckmann: Gottfried Benn und die Sprache des Expressionismus. In: Der Deutsche Expressionismus. Formen und Gestalten. Hg. v. Hans Steffen. Göttingen ^{2}1970, S. 63–87, hier S. 64.

inventuren«[14], in denen Benns lyrisches Ich aus erlebnishaft gegebenen Anlässen, die ihrerseits situativ konturiert oder auch nur angedeutet sein mögen, in jeder Version ihrer gedichtinternen Präsenz jedoch den Stempel alltäglicher Erfahrungswirklichkeit an sich tragen, den jeweiligen Bestand, das jeweils bewusstseinsaktuelle »Sammelsurium«[15] der anlassbedingt in ihm hochtauchenden Wahrnehmungen, Empfindungen, Vorstellungen, Erwägungen, anderweitigen Reflexionsansätze und – immer wieder – »Fragen, Fragen!«[16] zur Sprache bringt, ohne dabei »aus der Alltagswelt herausführende, von einem gesteigerten Lebensgefühl begleitete, außerordentliche Erfahrungen zu gestalten«.[17] Im ostentativ lässigen Parlando des späten Benn liest sich dies zum Beispiel so:

> Im Nebenzimmer die Würfel auf dem Holztisch,
> benachbart ein Paar im Ansaugestadium,
> mit einem Kastanienast auf dem Klavier tritt
> die Natur hinzu –
> ein Milieu, das mich anspricht.[18]

In Gedichten aus gereimten Strophen wiederum so:

> Nachts in den Kneipen, wo ich manchmal hause
> grundlagenlos und in der Nacktheit Bann
> wie in dem Mutterschoß, der Mutterklause
> einst, welternährt, kommt mich ein Anblick an.

14 | Vgl. Gottfried Willems: Großstadt- und Bewußtseinspoesie. Über Realismus in der modernen Lyrik, insbesondere im lyrischen Spätwerk Gottfried Benns und in der deutschen Lyrik seit 1965. Tübingen 1981, S. 85 ff. Auch nach über 30 Jahren ist Willems' kurze, aber gehaltvolle Monografie noch immer der wichtigste Beitrag zur Spätlyrik Benns. Was an Willems' Befunden und Begriffsbildungen gleichwohl ergänzungs-, ja korrekturbedürftig ist, kann ich im Folgenden nur umrisshaft zeigen.

15 | Zur deskriptiven Legitimität dieser üblicherweise mild pejorativen Bezeichnung vgl. man Benns programmatische Stellungnahme in einem Brief an Hans Paeschke, den Herausgeber der Kulturzeitschrift *Merkur*, vom 17. Juli 1952 (in: Ausgewählte Briefe. Hg. v. Max Rychner. Wiesbaden 1957, S. 237): »Bedenken Sie bitte, wie skrupellos die Ausländer ihre Lyrik starten – ohne Rücksicht auf das Edle, Getragene, Schulbuchfähige, Präsidentengefällige, Pour-le-mérite-würdige – in Deutschland entsteht die meiste Lyrik in Provinzorten, mit Kindern u. Enkeln u. in Einehen. Lassen Sie auch einmal Banalitäten u. Melancholien ihr Recht u. dem Sammelsurium unserer illegalen Seelen.«

16 | Vgl. Teils-Teils, In: SW I, S. 318 f., hier S. 319.

17 | Willems, Großstadt- und Bewußtseinspoesie, S. 89.

18 | Notturno. In: SW I, S. 243.

Ein Herr in Loden und mit vollen Gesten,
er wendet sich dem Partner zu,
verschmilzt mit Grog und Magenbitterresten:
sie streben beide einem *Abschluß* zu.[19]

Neben Gedichten dieses Typs – nennen wir die in ihnen wirksame Intensivierungspoetik die einer *ironisch forcierten Alltagsimmanenz*[20] – kennt Benns Spätlyrik jedoch auch Gedichte, die das gereimte oder ungereimte Zusammen- und Gegeneinanderführen, Durchmischen und Kreuzen, wechselseitige Silhouettieren und Relativieren alltagsweltlich anfallender Bewusstseinsinhalte dadurch intensivieren, dass sie es *allusionssemantisch transzendieren*. Dies geschieht näherhin derart, dass so oder so gestimmte, in aller Regel explizit subjektreflexive Thematisierungen des Gewöhnlichen und *prima facie* Banalen, erlebnishaft Transitorischen und oftmals Tristen mit Anklängen an schlechthin Außeralltägliches, nach christlicher Auffassung Vollkommenes, Endgültiges und Heilbringendes verspannt werden. Das Alludierte bleibt dabei allerdings strikt implizit, auf charakteristische Weise unausdrücklich. Es wird in den fraglichen Gedichten weder selbst redegegenständlich noch durch markant wörtliche Zitate als Objekt des sprachlichen Verfügens und der durch sprachliches Verfügen performativ modellierten Intentionalität lyrischer Subjektivität exponiert. Vielmehr wird es, um hier einschlägige Begriffe der Phänomenologie aufzurufen, *horizonthaft appräsentiert*: als ein »gegenwärtig Nichtgegebenes«[21], das

19 | Abschluß. In: SW I, S. 303.

20 | In den von Willems vorgeschlagenen Beschreibungsbegriffen der »Erlebnisunmittelbarkeit« (Großstadt- und Bewußtseinspoesie, S. 91) und des »Realismus des Allernächsten« (ebd., S. 118) scheint mir demgegenüber verkannt zu sein, dass die Bewusstseinsinventuren des späten Benn jeweils von Elementen höherer Ordnung durchformt und so gleichsam gestisch unifiziert werden, insbesondere vom Element der Ironie. Ironie aber ist kein Datum von Introspektion und vollends kein Erlebnis, vielmehr ein Distanz und a fortiori Selbstdistanz schaffendes Verfahren sprachlicher Erlebnisverarbeitung. Die durch Ironie gewonnene Intensivierung der Wahrnehmung und Reflexion des im Alltag Nahen und Allernächsten ist denn auch keine Intensivierung aus Erlebnisunmittelbarkeit, sondern Intensivierung aus Erlebnisdistanz – siehe in den zitierten Beispielstrophen die ironisierende Kursivierung des Wortes »Abschluß« oder den gleichfalls ironisierenden, die evozierte Szene und ihren Attraktionswert gleichsam in Anführungszeichen setzenden Gebrauch der Jugend- und Technikjargon imitierenden Präpositionalphrase »im Ansaugestadium«.

21 | Zum Begriffsgefüge Thema – Horizont – Appräsentation, das ich für die Phänomenologie und Hermeneutik des hier in Rede stehenden Typs literarischer Allusionssemantik in Anspruch nehmen möchte, siehe Edmund Husserl: Cartesianische Meditationen. In: Husserliana. Bd. I. Den Haag ²1973, S. 150 f., Alfred Schütz: Das Problem der Relevanz. Frankfurt am Main 1982, S. 56–64, sowie ders./Thomas Luckmann: Strukturen der Lebenswelt. Bd. 2. Frankfurt am Main 1984, S. 178–184.

das thematisch Gegebene und intentional Gegenwärtige, nämlich im Gedicht Besprochene, aus kontrastiver Distanz beleuchtet und seinerseits von diesem, dem thematisch Präsenten, in Kontrastspannung beleuchtet wird – wofür freilich eine vom Leser in denkender Betrachtung des Gelesenen zu vollziehende Inversion der allusionssemantisch hergestellten Thema-Horizont-Struktur unabdingbar ist.

Anders als prominente Texte des bennschen Frühwerks halten sich die entsprechenden Spätgedichte frei von lautstarken Dementis christlicher Narrative, Dogmen und Symbole. Über biblisches Material wird in ihnen überhaupt nicht mehr im engeren Sinne zitatweise disponiert. Vorgaben des Alten und des Neuen Testaments figurieren vielmehr rein horizonthaft oder, mit einer ihrerseits treffenden Raummetapher, als ein stillschweigend vorausgesetzter Hintergrund, vor dem Benns lyrisches Ich spricht, ohne sich noch zitatgestisch nach ihm umzuwenden.

Ein Vergleich vermag die so erreichte *Elliptisierung textprägender Bibelbezüge* in Benns Spätlyrik zu veranschaulichen. Man blicke einerseits auf die paradigmatisch zitatgestische Massierung biblischen Vokabulars in *Requiem*, dem oft interpretierten Schlussgedicht des 1912 erschienenen Zyklus *Morgue*. Angesichts von Eingeweiden frisch sezierter Leichen heißt es in dessen zweiter Strophe:

Jeder drei Näpfe voll: von Hirn bis Hoden.
Und Gottes Tempel und des Teufels Stall
nun Brust an Brust auf eines Kübels Boden
begrinsen Golgatha und Sündenfall.[22]

Es kann hier selbstverständlich nicht um eine einlässliche Interpretation dieses Aufeinanderpralls der Idiome – der Sprache und Weltansicht gottverlassener Sterblichkeit einerseits, der (in ihren Hauptstationen plakativ invers gekehrten) Semantik christlicher Eschatologie andererseits – im Meta- und Montageidiom des lyrischen Subjekts dieses Gedichts gehen. Evident ist, dass die in *Requiem* und anderen Frühgedichten inszenierten Kollisionen als *zitatweise verfügte* Kollisionen inszeniert sind: Das unversöhnte, auf zerrissene Weise bifokale Welt-, Sprach- und Selbstbewusstsein der »Verzweiflung des betrogenen Gottsuchers« (Albrecht Schöne) wird in ihnen laut.[23]

22 | SW I, S. 13.

23 | Schöne, Säkularisation als sprachbildende Kraft, S. 234. Vgl. auch die ausführliche Interpretation von Joachim Dyck: Es gibt keine Hoffnung jenseits des Nichts. In: Harald Steinhagen (Hg.): Interpretationen. Gedichte von Gottfried Benn. Stuttgart 1997, S. 13-28. In *Requiem* liegen die Dinge freilich komplex, komplexer jedenfalls als es nach Schönes und Dycks Darstellungen, die beide ganz auf die schmerzvoll empörte Negation biblischer und näherhin neutestamentlicher Eschatologie abheben, den Anschein hat. Es dürfte sich daher lohnen, die genaue Figur der gespaltenen Emphase,

Ganz anders hingegen der Eröffnungsteil des berühmten Parlandogedichts *Menschen getroffen* aus dem Jahre 1955:

> Ich habe Menschen getroffen, die,
> wenn man sie nach ihrem Namen fragte,
> schüchtern - als ob sie gar nicht beanspruchen könnten,
> auch noch eine Benennung zu haben -
> »Fräulein Christian« antworteten und dann:
> »wie der Vorname«, sie wollten einem die Erfassung erleichtern,
> kein schwieriger Name wie »Popiol« oder »Babendererde« -
> »wie der Vorname« - bitte, belasten Sie Ihr Erinnerungsvermögen nicht![24]

Irgendwelche Zitatsspitzen springen hier nicht mehr ins Auge. Nichts »Höheres«[25] wird der durchaus alltagsimmanent und profan bleibenden Rede als Kontraststück einmontiert. Und doch versteht man die tief melancholischen, von teilnehmender Schwermut durchwirkten Reflexionen über das Thema Namen und Namensgedächtnis zureichend erst dann, wenn man sie im Horizont ihres allusionssemantisch, durch hauchfeine Anklänge und Similaritäten hergestellten Bibelbezugs versteht, vor dem Hintergrund nämlich des wie aus großer Ferne in ihnen nachhallenden Herrenworts aus Jesaja 43,1: »Ich habe dich bei deinem Namen gerufen, du bist mein.« Dies aber bedeutet, dass die spezifische Haltung existenzieller Interrogativität, die Benns Verse in Gestalt von Erinnerungen an die Bescheidenheit, die Entsagungen und Versagungen entfernter Mitmenschen objektivieren und zweifellos auch zu wecken bestimmt sind, ihre eigentümliche Intensität aus einer vom Leser zu realisierenden Kontrastspannung gewinnt. Auf eine propositional und illokutionär bestimmte – sei's affirmative, sei's negatorische – Stellungnahme zum Geltungswert der – nochmals: nicht länger ausdrücklich zitierten, vielmehr allusiv appräsentierten – Sprache biblischer Individualeschatologie lässt sich diese Kontrastspannung freilich nicht abziehen. Sie bleibt ihrer kommunikativen Intention nach opak. Aber just

---

mit der Benns Gedicht christliche Inhalte und Ausdrucksformen zunächst defiguriert und verwirft, abschlusshaft jedoch in dialektischen Bildern erlöster Leiblichkeit und Sinnlichkeit bewahrt, noch einmal neu zu bedenken:

> Der Rest in Särge. Lauter Neugeburten:
> Mannsbeine, Kinderbrust und Haar vom Weib.
> Ich sah, von zweien, die dereinst sich hurten
> lag es da, wie aus einem Mutterleib. (SW I, S. 13)

24 | Menschen getroffen. In: SW I, S. 301.

25 | Vgl. Gottfried Benn: Probleme der Lyrik [1951]. In: SW VI, S. 9-44, hier S. 32: »Wie, ruft die Mitte, Sie wollen nicht über sich hinaus? Sie dichten nicht für die Menschheit? [...] - es geht um den Fortbestand des Höheren überhaupt -. / Lassen wir das Höhere, antwortet das lyrische Ich, bleiben wir empirisch.«

so wird die bildlich-gegenbildliche Spiegelung des appräsentierten Bibelverses in der Erinnerung an das vornamenlos bleibende »Fräulein Christian [!]« zum Anlass und Gegenstand der Kontemplation kontemplationsfähiger Rezipienten.

Analoges gilt für den hier interessierenden Gedichtentwurf, den man in spezifisch literarhistorischer Beziehung allerdings durchaus ein Zitat nennen darf: ein kunstvolles *Formzitat* nämlich, das mit Raffinement auf die zahlenkompositorische Tradition großer christlicher Dichtung zurückgreift.[26] Dass die ikonisch repräsentierte 3 dreimal in den drei Strophen des Gedichts erscheint und dabei – auch dies ein triadisches Element – vom ersten Vers der ersten Strophe über den zweiten Vers der zweiten Strophe zum dritten Vers der dritten und letzten Strophe vorrückt, hatte ich schon bemerkt. Doch ist dies nicht alles. Auch grammatisch wird das Gedicht von triadischen Strukturen beherrscht, und zwar anwachsend, in offensichtlich kalkulierter Steigerung, die aufseiten des Lesers gesteigerte Wahrnehmungsintensität erheischt: Vers 7 besteht aus einem dreiteiligen Asyndeton; der nachfolgende Kurzvers wiederholt das triadische Prinzip in Gestalt eines anaphorischen Satzes aus drei Wörtern, wobei Präsenz und Absenz dramatisch gegeneinander spielen. Denn die formal manifest werdende Dreizahl wird ja in einem Vers manifest, der seinerseits vom Entzug oder genauer: im Moment des Entzugs schon von der irreversiblen Entzogenheit der von dem Zahlzeichen bezeichneten Zeitstelle spricht: »sie ist vorbei«. Es hat insoweit untergründig oppositive Qualität, die Qualität eines zum Nachhall gedämpften Widerstandes gegen jenes »vorbei«, dass die dritte Strophe erneut triadisch, mit drei durch das Interrogativpronomen »wer« eingeleiteten Fragen, beginnt und in ihrem vorletzten Vers nochmals ein dreigliedriges Asyndeton realisiert, dessen letztes Glied wiederum aus drei Wörtern besteht, also eine Trias innerhalb der Trias bildet: »der 3, der Uhr, den [ganz‹en›⁻›] eignen Tagen«.

Dass es sich bei all dem nicht um arabeske Spielereien, sondern um einen ernsten Gestaltungszug handelt, dürfte evident sein. Andererseits wird niemand auf die erbauliche Naivität verfallen, sich Benns Gedicht als eine zahlenkompositionell versteckte Huldigung an die heilige Zahl der Trinität und das, was mit ihr in den Narrativen des Christentums zusammenhängt, zurechtzulegen. Und doch ist es die Trinität und sind es die mit ihr verbundenen Erzählungen, Lehren und Vorstellungskomplexe, die Benn dergestalt ausdrucksvoll unausdrücklich in Erinnerung ruft: *Denotativ* und *thematisch*, so ließe sich die in Rede stehende Appräsentationsleistung zusammenfassend kennzeichnen, bedeutet »die 3« in unserem Gedicht das Flüchtigste, eine existenzielle Sekunde, die angesichts des Verfließens chronometrisch erfasster Zeit bedrängend und bedrückend zu Bewusstsein kommt; *konnotativ* und *horizonthaft* hingegen steht sie für die präsente Absenz, das »gegenwärtig Nichtgegebene« der zeitüberwindenden Heilszusagen christlicher Religion.

26 | Zum Traditionshintergrund mit besonderer Beziehung auf Dante siehe den Überblick von Curtius: Europäische Literatur und lateinisches Mittelalter.

Ich wüsste nun keinen treffenderen Begriff als den kantischen der ästhetischen Idee,[27] um den in eins zentrierten wie an seinen Rändern in unausschöpflichen Weiterungen verschwebenden Vorstellungs- und Beziehungsreichtum zu charakterisieren, den Benns Anspielungskunst insoweit zur Erfahrung des verstehenden Lesers werden lässt. Denn es ist ja nicht etwa nur ein theologisches Konzept von bestimmter Bedeutung und Extension, das mit dem intertextuellen Scharnierzeichen der heiligen Zahl und der beschriebenen Proliferation ihrer formsprachlichen Instantiierungen zum Hintergrund der schwermütigen Zeit- und Daseinsreflexion des Gedichts wird. Indem »die 3« auch sein übriges Sprachmaterial allusionssemantisch aktiviert, eröffnet sich vielmehr »die Aussicht in ein unabsehliches Feld verwandter Vorstellungen«[28], die den mitgedichteten (und freilich beschwiegenen) Horizont des von Benn gedichteten Augenblicks existenzieller Interrogativität erfüllen.

Schon gleich der erste, scheinbar so schlichte, im Ausschwingen der nicht apokopierten Dativ-Singular-Form freilich auch wieder den Ton feierlichen Ernstes ausstrahlende Eröffnungsvers ist in diesem Sinne als die assoziations-

27 | Vgl. den Einführungskontext in KdU § 49: »Man sagt von gewissen Produkten, von welchen man erwartet, daß sie sich, zum Teil wenigstens, als schöne Kunst zeigen sollten: sie sind ohne Geist; ob man gleich an ihnen, was den Geschmack betrifft, nichts zu tadeln findet. Ein Gedicht kann recht nett und elegant sein, aber es ist ohne Geist. [...] Geist, in ästhetischer Bedeutung, heißt das belebende Prinzip im Gemüte. Dasjenige aber, wodurch dieses Prinzip die Seele belebt, der Stoff, den es dazu anwendet, ist das, was die Gemütskräfte zweckmäßig in Schwung versetzt, d. i. in ein solches Spiel, welches sich von selbst erhält und selbst die Kräfte dazu stärkt. Nun behaupte ich, dieses Prinzip sei nichts anderes, als das Vermögen der Darstellung ästhetischer Ideen; unter einer ästhetischen Idee aber verstehe ich diejenige Vorstellung der Einbildungskraft, die viel zu denken veranlaßt, ohne daß ihr doch irgendein bestimmter Gedanke, d. i. Begriff, adäquat sein kann, die folglich keine Sprache völlig erreicht und verständlich machen kann. [...] Mit einem Wort, die ästhetische Idee ist eine einem gegebenen Begriffe beigesellte Vorstellung der Einbildungskraft, welche mit einer solchen Mannigfaltigkeit der Teilvorstellungen in dem freien Gebrauche derselben verbunden ist, daß für sie kein Ausdruck, der einen bestimmten Begriff bezeichnet, gefunden werden kann, die also zu einem Begriffe viel Unnennbares hinzu denken läßt, dessen Gefühl die Erkenntnisvermögen belebt und mit der Sprache, als bloßem Buchstaben, Geist verbindet.« Die Literatur zu Kants kunstphilosophischer Konzeption der Darstellung ästhetischer Ideen ist selbstverständlich immens. Systematisch und historisch erhellende Bemerkungen findet man bei Gottfried Gabriel: Bestimmte Unbestimmtheit – in der ästhetischen Erkenntnis und im ästhetischen Urteil. In: Gerhard Gamm/Eva Schürmann (Hg.): Das unendliche Kunstwerk. Von der Bestimmtheit des Unbestimmten in der ästhetischen Erfahrung. Hamburg 2007, S. 141–156.

28 | Ebd.

trächtige Spur erhabener Hypotexte[29] zu lesen: »Diesen hat Gott am dritten Tage auferweckt« (Apg 10,40) – in der Tat, wie dürfte man das charakteristisch gebrochene Echo dieser Bibelstelle, ihrer Parallelstellen (Lk 24,7; 1Kor 15,4) und mithin der zentralen, der österlichen Heilsbotschaft des Christentums in Benns bitter lakonischem Zeigesatz »Das ist die 3 von diesem Tage« unbeachtet lassen? Und wie dürfte man übersehen, dass in diesem Vers zugleich das passionsgeschichtliche Komplement des Auferstehungsdatums: die »dritte Stunde« nämlich anklingt, zu der Jesus nach Markus 15,25 gekreuzigt wurde. Und weiterhin: Die Verknüpfung des Motivs der 3 mit dem Motiv der Frage und des Fragens ruft emblematische Episoden der Bücher des Neuen Testaments in Erinnerung: Ich denke an die dreimalige Befragung der die Kreuzigung Jesu verlangenden Menge durch Pontius Pilatus (Lk 23,22); ich denke ebenso an jene drei Fragen, die die dreifache Verleugnung Jesu durch Petrus nach sich ziehen (Joh 18,15–27); und ich denke an die dreifache Frage »Hast Du mich lieb?«, die der Auferstandene an eben jenen Simon Petrus richtet (Joh 21,15–22). Gemeinsam ist diesen Passagen, dass sie menschliches Versagen und menschliche Schuld thematisieren – so freilich, dass Versagen und Schuld Obdach im Erlösungshandeln dessen finden, der »um die neunte Stunde«, um drei Uhr nachmittags also, schrie und starb (Mk 15,34). Wie durchaus anders, transzendental obdachlos eben, wirkt demgegenüber die Reihe der zunächst temporalen, sodann moralischen, schließlich physisch-metaphysischen Deprivationsadjektive, in die Benns Gedichtentwurf unterhalb seiner letzten Zeile tastend ausfranst: »so kurzen / schnellen / treulosen / verlorenen«.

Gewiss, von Jesus Christus spricht Benns Gedicht nicht. Und es ist entscheidend, dass es dies nicht tut. Das Gedicht ist ja ein Säkularisat: die aussichtslos weltliche Umbesetzung der Zeitstelle und Ausdrucksposition eines kanonischen Stundengebets. Ebenso entscheidend ist aber, dass es über das, wovon es im beklemmenden Umschlag seines Redegestus spricht – zunächst adhortativ nach außen gewandt von der Nötigkeit, sodann nach innen resignierend von der Not des Versuchs, sich in endlicher Lebenszeit fragend auf den Grund zu gehen –, im Horizont biblisch vermittelter Eschatologie spricht. Maleachi 3,2: »Wer wird aber den Tag seiner Zukunft erleiden können, und wer wird bestehen, wenn er wird erscheinen?« Die ihrerseits topischen Fragen »Wer hat den Mut?« und »Wer kann bestehen?« liest man nur dann richtig, wenn man versteht und bedenkt, was sie von den Fragen des messianischen Propheten, zu denen sie durch sprachliche Reste Verbindung halten, trennt. Existenzielle Interrogativität im Horizont thematisch und *a fortiori* doxastisch unverfügbar gewordener Eschatologie zum Thema zu machen, ist die in eins literarische und meditative Leistung dieses Gedichts, an dessen Allusionskunst übrigens auch sein Schluss teilhat. Die Metapher vom »verhangenen Blick« der eigenen

29 | Zum Begriff des Hypotextes vgl. Gérard Genette: Palimpsestes. La littérature au second degré. Paris 1982, S. 11 f.

Tage nämlich, deren verssprachlicher Auftritt den zuvor so taktsicheren Jambus für einen Moment daktylisch ausgleiten lässt (/ – / – – – / – /) und dieses Ausgleiten zum rhythmischen Ausdruck der im Bilde fixierten Entzogenheit eines haltgebend transparenten Selbstverhältnisses macht, hat ihrerseits den Status einer Anspielung. In Similarität und Differenz verweist sie auf die wohl berühmteste Blickmetapher neutestamentlicher Eschatologie: die paulinische des dereinstigen Sehens »von Angesicht zu Angesicht« (1Kor 13,12). Was die damit ins Werk gesetzte Kontrastspannung ›bedeutet‹, teilt Benns Gedicht, anstatt es verkündigend zu sagen, seinen Lesern als eine sie möglicherweise selbst angehende Frage mit.

Special Section
Schwerpunkt
I

Margarethe von Trotta

Approaching a biography

Rosa Luxemburg, Hildegard von Bingen, Hannah Arendt

MARGARETHE VON TROTTA

After my film *Hannah Arendt* [2012] came out, Piper Verlag, Munich, which published almost all of Hannah Arendt's writings, suggested I write a book about Arendt. Initially, I was surprised by the proposal, since, as I saw it, there are already so many books, biographies and texts about her that there wasn't really any need for me to add yet another one. But then they explained to me that it wasn't a new biography that they had in mind, but rather that they wanted me to describe my approach to Arendt and how I »unlearned being afraid of her.«

I turned down the offer because I wanted to let my film speak for itself and couldn't imagine that readers might be interested in my doubts or fears. The editor was disappointed by my refusal. Unlike me, she was convinced that people who had enjoyed the film might be curious to find out why I had taken on such a significant woman and philosopher and whether I hadn't sometimes lost my nerve.

Today, in front of this audience, I will try belatedly to comply with this request. And I'll describe the challenges of this approach using not just my film about Hannah Arendt, but also those about two other historical female figures: Hildegard von Bingen and Rosa Luxemburg.

In doing so, I'd like to quote a statement Hannah Arendt made in an interview late in her life: »I would like to say that everything I did and everything I wrote – all that is tentative. I think that all thinking [...] has the earmark of being tentative.« The same is true of anything I may say in and about any of my films.

What does it mean for a filmmaker to ›expose‹ herself to a historical figure? Because, if you don't expose yourself, if you don't attempt to recognize, to see yourself reflected in him or her, to struggle to achieve an intimacy of sorts with someone who started off as a stranger to you, ultimately your viewers won't be able to sympathize with this person either.

As I've already pointed out, Hannah Arendt isn't the only woman in my filmmaking life I've tried to win over, as it were. That said, I suspected from the start that she would make it even harder for me than the others. Unlike her American writer friend Mary McCarthy, Arendt was extremely reticent about discussing her private life and feelings, especially with strangers. Yet merely exploring a person at the intellectual level isn't enough for me.

There are films that emerge entirely from within you. You sit down and begin to let your imagination roam and it's as if you were opening a zipper to your unconscious and, with it, of course, to your own hidden life. That's what happened to me with my film *Sisters, or The Balance of Happiness*.[1] In it, I presaged or intuited that I have a sister, whom I'd known nothing about until that point.

And then there are films, material or figures that are brought to you from the outside, which you initially refuse to believe you might have anything in common with and for which it takes you a long time to develop a feel for the ›correspondences,‹ in Baudelaire's sense of the term.

It wasn't my idea to make a movie about Hannah Arendt. Martin Wiebel, an old friend, longtime supporter of my films and an editor at WDR, downright ambushed me with the idea after I had finished shooting *Rosenstraße* [2003]. It had been an extremely strenuous shoot and I had been planning to take my time to think about my next film project. So my immediate reaction was to shake my head; his suggestion made no sense to me: A movie about a philosopher whose principal pursuits were thinking and writing? Completely impossible; you can't represent that on film. And, with that, for the time being, the subject was off the table for me.

But after a while I remembered that I'd had a similar knee-jerk reaction before. Rainer Werner Fassbinder's last project had been a film about Rosa Luxemburg, and after his death his producer had approached me, declaring that I owed it to my friendship with Fassbinder to take over the film. Especially since I was a woman. This – in the fall of 1982 – was the first time I was hearing that my being a woman might work to my advantage! I turned down the offer.

At the time, I didn't know that much about Rosa Luxemburg, even though she was one of the icons of the Sixty-Eight generation, her picture showing up alongside portraits of Marx, Lenin and Ho Chi Min on the signs students carried through the streets back then. Just this one lone woman in the midst of all these men. I had noticed that she looked rather sad and not as defiant as you'd expect for a revolutionary. This contradiction had sparked my curiosity. Maybe this was a reason to give in to the producer's urging after all. Contradictions have always appealed to me. I did set one condition, though: namely, that I would be allowed to write my own screenplay; in other words, that I could find out what about Rosa Luxemburg resonated with me – with me personally. In the mood for love, as it were.

I often deal with History in my films and, in doing so, try to draw a connection to my own biography. Rosa Luxemburg was a revolutionary; my mother and her family, as Baltic aristocrats, were expelled from Moscow by the very revolution Rosa enthusiastically supported, and they become stateless and homeless as a result. As a child, all I ever heard was that their misfortune was the ›Bolshe-

---

1 | Editor's note: Schwestern oder Die Balance des Glücks (BRD 1979).

viks‹ fault, and some of them had even been grateful to Hitler for starting the war against Russia.

My mother read the memoirs of Alexander Fyodorovich Kerensky, Wolfgang Leonhard's *Child of the Revolution*[2], and other writers who had broken with communism. She read neither Marx nor Rosa Luxemburg. Suddenly I saw the offer to make a movie about Luxemburg – and consequently about a period I hadn't experienced myself – as an opportunity to understand something about our past: Where did we come from and what had this century done with us?

It was a long, you could almost say ›rocky‹ road – that is, a road across a great deal of asphalt. In order to consult unpublished texts by Rosa Luxemburg, I had to trek to the Institute of Marxism-Leninism in East Berlin. Every time I went there, I had to take the S-Bahn to the Friedrichstraße station. The platforms were patrolled by Vopos – East Germany's People's Police; at the passport control counter, I would be rudely ordered to show my ear, and I never once managed to elicit so much as a hint of a smile from the impassive controllers. From the Friedrichstraße station, to reach the institute, I had to cross Karl-Liebknecht-Straße and walk to the corner of Pieck-Allee[3]. It was only thanks to a misunderstanding that I had even been allowed to enter this temple of Marxism.

At the time, access was denied to many West German historians and scholars. The reason I had escaped this ban was that, completely ingenuously, I had joined a West German peace movement that, as I later discovered, was financed by East Germany.

As a result, the censors assumed that I was favorably disposed to East Germany, maybe even a member of the German Communist Party. Even so, I wasn't allowed to take a single unsupervised step; even when I went to the smoking room – I was still a smoker at the time – a historian would accompany me, always having to pretend that he was dying for a cigarette, too.

Luckily, I soon met the institute's Rosa Luxemburg expert, Annelies Laschitza, whom I'm friends with to this day. But even she, despite our friendship, was required to report back about me – as I learned from the Gauck papers after the fall of the Wall. She did so without denouncing me. She even warned me, despite being a member of the party, not to pursue a co-production with East Germany. »They'll expect you to make a cinematic hagiography, just like our film about Clara Zetkin,« she cautioned me. I took her warning to heart.

For me, this research – like my research for my film *Rosenstraße* later on – ended up being like a belated history lesson.

I not only spent many weeks traveling to East Berlin, but to Warsaw as well, where Rosa Luxemburg spent time in prison at the beginning of the century. Yet the more I learned of and about Rosa Luxemburg, the more insecure I became. A Polish colleague of mine, a vehement anti-communist like so many Poles at

2 | Editor's note: Wolfgang Leonhard: Die Revolution entläßt ihre Kinder. Köln 1955.

3 | Editor's note: Wilhelm-Pieck-Straße in Prenzlauer Berg (Berlin).

the time, told me: »Leave her in the Landwehr Canal where she belongs; why are you trying to pull her back out?«

In the biographies, mostly written by leftist historians, I found virtually nothing about her private life. They were about the Party, the correct interpretation of Marxism and the class struggle, but not about love or friendships – especially not those that weren't strictly political in nature. And, reading these biographies, I felt a little like Rosa Luxemburg herself, who once complained in a letter to Leo Jogiches, her Polish lover and comrade: »Pages and pages of information about the work of the Party, but not a crumb of normal life. I was so tired sometimes that I almost passed out from your scribbling. When did we actually truly live?« Normal life – where could I find out something about it? Fortunately, Rosa left behind some 2 500 letters. They provided me with information about her likes and dislikes, her amorous encounters and her moments of despair.

And yet! To get to the hidden parts of her character, I even resorted to the Active Imagination technique described by C. G. Jung. You sit down on the floor, close your eyes and wait for what your imagination offers up. I decided to meet Rosa in this way, so that she could reveal things to me that I couldn't find in the books. During one of these sessions – just to give you an example of how this works – she told me: »Remember that I had very beautiful long hair, and whenever I was with a man I would spread it out over him.« There are, after all, only photographs of her in which she wears her hair pinned up, like all women did at the time, so we automatically make the mistake of only imaging this chaste version of her.

My search for her – not least using this adventurous approach – took me on a veritable emotional roller-coaster ride. Reading one of her letters to a friend, she struck me as warmhearted and likable; reading a speech against the members of the Party, she seemed self-righteous and arrogant. Then I'd go back to reading her letters, and would find myself admiring her again. Occasionally she'd get on my nerves with her infatuation with plants and birds, and I'd have to pick up one of her incisive political texts again. That's how it went for a while, back and forth, until she became increasingly clear and three-dimensional to me as a person, and increasingly rich and contradictory, too.

As my idea of her become increasingly solid and nuanced, I was once again gripped by fear. How could I convey this complexity, the richness of her personality, in a two-hour film?

Ultimately, my admiration carried the day. How she challenged and goaded the men of the social democracy again and again; how she laid siege – in word and deed – to this phalanx of indolence. And I was moved by her confidence. As a member of the post-war generation, who already knew the horrors the twentieth century held in store, I was touched by her belief that everything would take a turn for the better despite the adverse times. Even from within prison, she encouraged her friends, advising them to have faith in History, so much wiser than humanity.

Two years into my research, I began to trust her and my idea of her. I recognized many aspects of my own life in hers. Toute proportion gardée, of course. I, too, often had to defend myself against male prejudices and scorn. For Rosa, there was the added fact that she was Jewish, and many in the society at the time, even in her party, were anti-Semitic. There are caricatures of her that would cause an outcry today. And how often she was dismissed as a ›hysterical woman,‹ even by her own comrades. This allegation of hysteria, usually lobbed at smart women trying to assert themselves and their ideas, is still familiar to us today.

Rosa Luxemburg, however, was no feminist. No more so than Hannah Arendt was. Both were exceptions and, as such, felt no need to take a stand for other women. Seen from the point of view of the present, however, they conform to everything that feminists desire for and from women. And yet, ultimately it was something else that drew me to them: both women – who appeared to be so exceptionally strong seen from the outside – were no strangers to loneliness, sadness, romantic betrayal and pain. It's these hidden aspects of them – their second face, you could say – that allowed me to feel close to them.

In conclusion, I will read to you from one of Rosa Luxemburg's letters that conveys her capacity for suffering and compassion. She wrote it while in prison to Sonja Liebknecht, the wife of Karl Liebknecht, her comrade-in-arms.

> Oh, Sonitschka, I experienced a sharp pain here. A few days ago, a wagon loaded with sacks drove into the prison. The cargo was piled so high that the oxes couldn't make it over the threshold of the gateway. The soldier accompanying them, a brutal character, began to beat the animals so savagely that one of them bled [...].
>
> Then, during the unloading, the animals just stood there, completely still, exhausted, the one that was bleeding staring ahead with an expression on its black face like that of a tear-stained child. I stood before it and the animal looked at me, tears streaming down my face – they were its tears; you couldn't wince with greater pain for your dearest brother than I did in my powerlessness over this silent suffering. [...] Oh, my poor buffalo, my poor, beloved brother, we both stand here so silently, united only in pain, powerlessness and longing [...].
>
> Sonjuscha, dearest, in spite of it all, be calm and cheerful. That's life and that's how one must take it: courageously, intrepidly and smilingly – in spite of all.[4]

---

4 | Editor's note: Rosa Luxemburg: Briefe aus dem Gefängnis. Berlin 2000, Letter from December 1917 (Breslau), online www.lexikus.de/bibliothek/Rosa-Luxemburg-Briefe-aus-dem-Gefaengnis/Breslau-Mitte-Dezember-1917. Original: »Ach, Sonitschka, ich habe hier einen scharfen Schmerz erlebt, auf dem Hof, wo ich spaziere, kommen oft Wagen vom Militär, voll bepackt mit Säcken oder alten Soldatenröcken und Hemden, oft mit Blutflecken [...]. Die Tiere standen dann beim Abladen ganz still erschöpft und eins, das, welches blutete, schaute dabei vor sich hin mit einem Ausdruck in dem schwarzen Gesicht und den sanften schwarzen Augen, wie ein verweintes Kind.

The first time I read this letter, I knew I had to include it in my film. It allowed me to contradict the image of ›bloody‹ red Rosa that many people still predominantly had of her at the time.

In the 1970s, there was a postage stamp with a portrait of Luxemburg on it. And there were actually people who refused to accept a letter if it had this stamp on it.

I've already mentioned the importance of letters in helping me approach a historical figure. The same is true of Hildegard von Bingen. Approaching her was, on the one hand, more difficult because the era in which she lived seems so infinitely far from us – an era in which people still believed that the world was flat; on the other, for that same reason, I also felt freer towards her. When we think about the beginning of the last century, we still feel a certain connection – there are photographs of the period and even moving images. But the Middle Ages?

Hildegard was born in 1098 and died in 1179, reaching the age – very unusual for the time – of 81 years. Nun, visionary, abbess, healer, researcher, composer, believer. I am neither a nun, nor a scientist or composer, and I grew up Protestant. So what could possibly lead me to her? Nothing but my curiosity and many questions. The most important of which for me was: What did this distant era have to ›offer‹ – in today's sense of the word – an intelligent and talented woman? Did she have the opportunity to recognize her gifts? And how was she able to assert them?

The women of the early years of the so-called new women's movement in the 1970s – the Nazis had also amputated and rendered grotesque the women's movement – were looking for role models from the past. Did they even exist? After all, women almost only appeared in history books if they were rulers like Queen Elizabeth of England or Catherine the Great of Russia. Apart from them, world history was made and described by men. And while these men may have had mothers, wet nurses, governesses, cooks, lovers or wives, apparently they didn't have much to say about them – unless they possessed a certain political power as lovers, like Madame de Pompadour.

I begin the film by showing a group of people at the end of the first millennium. Many people then believed that the world would end during the night to

Es war direkt der Ausdruck eines Kindes, das hart bestraft worden ist und nicht weiß, wofür, weshalb, nicht weiß, wie es der Qual und der rohen Gewalt entgehen soll ... ich stand davor und das Tier blickte mich an, mir rannen die Tränen herunter, – es waren seine Tränen, man kann um den liebsten Bruder nicht schmerzlicher zucken, als ich in meiner Ohnmacht um dieses stille Leid zuckte. [...] O, mein armer Büffel, mein armer geliebter Bruder, wir stehen hier beide so ohnmächtig und stumpf und sind nur eins in Schmerz, in Ohnmacht, in Sehnsucht. [...] Sonjuscha, Liebste, seien Sie trotz alledem ruhig und heiter. So ist das Leben und so muss man es nehmen, tapfer, unverzagt und lächelnd trotz alledem.«

the year 1000 and they prepared for it with self-chastisement and prayer. Not unlike how we feared the year 2000, because we thought the computer world would collapse. I imagined how inconceivable it must have seemed to people back then when the sun came up again the next morning, the world still existed and they were still alive. The sun. Light. The night was over; a new era was dawning. And it was in the first century of this new era that Hildegard was born and received messages from the ›living light.‹

In the very beginning of the film I let the young Hildegard ride gradually from blurriness and indistinctness into visibility. To me, that means: she is approaching us from the distant past. And we will watch her through the eyes of our present-day secular knowledge.

My first trip this time was to the Hildegard convent in Eibingen near Rüdesheim. There, I met Sister Philippa, who, as a former journalist, is responsible for contact with the outside world. She eagerly provided me with information, like Annelies Laschitza had for Rosa Luxemburg. She advised me on which biography I should read – Barbara Beuys' *Denn ich bin krank vor Liebe* (*For I Am Sick with Love*);[5] unfortunately, an infinite amount of trash and kitsch has been written about Hildegard – and pointed me to her correspondence in particular. Sister Philippa asked just one thing of me: »Please, not too many herbs. Don't turn her into a herb lady.« As you may know, Hildegard is known today primarily for her herbal knowledge; there are pharmacies named after her, mueslis and teas and all kinds of alternative medicine treatments. But I really wasn't interested in reducing her to her herbal knowledge.

At the end of our first meeting, Sister Philippa invited me to a profession – that is, someone taking her final vows – at the convent two weeks later. A real opportunity for me, since hardly any young women want to become nuns anymore. I was then able to speak with this nun, as well as with her father, who had come to the novices' reception celebration – a craftsman, who didn't hide his displeasure at his daughter's decision from me.

I was very impressed by the young woman and her delight – so seemingly genuine – at being allowed to take the veil. In the Middle Ages, joining a convent wasn't uncommon. Hildegard was given over to the Church already as a little girl, as payment for the so-called tenth (the tenth child), with no opportunity to object. She did not join the convent voluntarily.

How does a person act who is born into an era she didn't chose, into a society that wants to force her to behave in certain ways? Will she try to think »without a banister,« as Hannah Arendt put it? Hildegard's banisters were Christianity, the Bible, the psalms, the Word of God. How did she manage to recognize her strengths and desires within the confines of these clearly defined borders? And how did she manage to express them?

---

5 | Editor's note: Barbara Beuys: Denn ich bin krank vor Liebe. Das Leben der Hildegard von Bingen. München 2001.

Hildegard had visions and was convinced that they were sent to her by God. But at first she wasn't sure if she could even talk about them. After all, she could have been accused of receiving these visions from the devil. Which would have meant excommunication – a death sentence of sorts for a person of faith, eternal damnation.

Today, we know that particularly severe migraines can trigger hallucinations like these – Oliver Sacks has written very impressively about it. We can assume that this was the case of Hildegard's visions, since she suffered from poor health her entire life and repeatedly had to retire to her bed for weeks at a time.

After writing down her ›visions,‹ she turned ›in all humility‹ to Bernhard von Clervaux, the most powerful clergyman of his time, to ask him to take it to the Pope for his authentication. This was, to put it a bit flippantly, her first coup: Hildegard managed to get the Church to recognize her as a visionary. And, with that, she no longer owed obedience to her abbot. Next, the voice ordered her to found her own convent and to leave behind the one where she was supposed to stay until her death.

From a mixed monastery, where both monks and nuns reside, Hildegard now switched to a convent for women only, where, in keeping with the rules of the Benedictines, she was the sole authority. What fascinated me about Hildegard was how this smart woman succeeded in »emancipating« herself, as we would put it today, from the rules of her time even as she continued to believe firmly that she was obeying God's voice and God's voice alone. She couldn't see that it was actually the voice of her own unconscious and secret desires. As a result, she continued to believe that women were weak. She repeatedly emphasized: »I am but a weak woman.« Even so, she didn't escape the wrath of the men of her time. Many revered her, but many would have welcomed her excommunication. The fact that it took almost a thousand years before she was canonized by a pope supports this hypothesis.

So, with Hildegard von Bingen it was once again the contradictions in her biography that appealed to me. On the one hand, as an abbess and visionary, she corresponded with the powerful men of her time, with emperors and popes, even admonishing them and giving them orders – since these orders weren't coming from her but from God. On the other hand, when a young nun, Richardis von Stade, whom she had grown particularly close to, wanted to go her own way to become an abbess in her own right at another convent, Hildegard turned into a completely ordinary, loving woman driven to frenzied behavior by passion and pain.

To try to get Richardis back to her convent and back to her, Hildegard even wrote to the Pope, but he rebuffed her. In the end, she had to resign herself to her fate. Here is an excerpt from a letter she wrote to Richardis von Stade:

Woe is me, mother, woe is me, daughter. Why have you left me behind like an orphan? I loved the nobility of your manners, your wisdom and chasteness, your soul and your whole life, to the point that many said: »What are you doing?« Now everyone suffering a pain like my pain must lament with me, anyone who has felt love for a person out of the love of God in their hearts and soul, as I did for you – a person wrested from them in an instant, as you were wrested from me.

May the angel of God walk before you, may the Son of God protect you and may his mother watch over you. Remember your poor mother Hildegard, so that your good fortune doesn't fade away.

»So that your good fortune doesn't fade away«! That sounds a bit like a veiled threat, doesn't it. Which can also be understood as a vision, since, as it happens, Richardis died just a year after leaving Hildegard's convent. And it is difficult not to suspect that Hildegard, in some small corner of her heart, wished for her death, just as women today sometimes do when abandoned by their lovers.

And now on to Hannah Arendt! When, after my initial resistance, I decided to at least try to approach her life and work, I began by listening to her famous conversation with Günter Gaus, a German TV-anker, at first just as an audio recording [26 October 1964]. She struck me as arrogant and self-righteous, constantly interrupting and correcting Gaus. To the point that I immediately considered abandoning the project, before I had even really started it. Not long afterwards, I watched the same conversation on DVD and was surprised by what a different impression she made on me.[6] Charming and captivating. And I could understand Gaus, who, when asked once who his favorite conversation partner was, had answered: Hannah Arendt. He and his wife had been truly in love in with her. I, on the other hand, was far from being in love.

Günter Gaus told another story that may also come as a surprise to us: Hannah Arendt, he said, was so nervous before the conversation started, and even during the recording, that he was worried she might get up and leave the studio. Thankfully, one of the cameramen – in 1964, cameras were still enormous machines, very difficult to move – interrupted suddenly, saying that he couldn't keep shooting like this – there was a nail sticking out of the floor that the camera kept getting stuck on; he couldn't work this way. And so Gaus and Hannah went back to the dressing room, smoked a few cigarettes, chatted and came back to the set once the problem with the nail had been resolved. And from that point on, Hannah was calm, any noticeable nervousness gone. So, as it turns out, we have a nail to thank for this marvelous document.

Later, in New York, Hannah Arendt's last assistant, Jerome Kohn, confirmed to me that Hannah suffered from serious stage fright before every lecture and speech she had to give. I had thought of her as fearless. And no doubt she was

6 | Editor's note: Vgl. Günter Gaus: Die klassischen Interviews. Set B: Politik & Kultur 1963 - 1969. Ed. by Manfred Bissinger. Hamburg 2005 (3 DVDs): Zur Person: Hannah Arendt im Gespräch mit Günter Gaus (1964), online www.youtube.com/watch?v=J9SyTEUi6Kw.

in the way she looked at and analyzed the world. Being afraid of people she had to address publicly, on the other hand, was something I was familiar with and could empathize with.

And so I set off again. Like I had for Rosa Luxemburg and Hildegard von Bingen. Even traveling all the way to New York this time.

During my first trip there, I asked Pam Katz, with whom I'd written the screenplay for *Rosenstraße*, if she could imagine a movie about Hannah Arendt. I was expecting a negative response, like my own initial one. But no – Pam was enthusiastic from the start; in fact, if it had been up to her, she would've started working on the project right away. Pam is Jewish and a New Yorker, so she has two important things in common with Arendt.

The next day, we drove to the Upper West Side to look at 370 Riverside Drive, where Hannah Arendt had last lived with her husband. I already knew the area, because Uwe Johnson, whose *Jahrestage* I had adapted for the screen,[7] had also lived on Riverside for a while. Johnson had been friends with Hannah Arendt; the two of them even corresponded. But I didn't know that yet at the time. We took pictures of the building, entrance and lobby. An initial approach. I need this sort of concrete image. In my imagination, right away, I pictured Hannah walking in and out of the entrance.

Even so, I couldn't quite believe that Pam was so readily willing to take on Hannah Arendt – that she didn't have to struggle through a forest of doubt first, as I had had to do. And so I suddenly found myself caught between two people pushing me to take the leap. Yet neither of them was a director. Their imaginations didn't have to transform a text into a living, moving picture. That's an enormous difference. Writing may not be easy, but as long as images remain in the imagination, anything is possible and imaginable.

A director's work begins the moment you have to turn images in your head into externally visible ones – and that's also where the agony begins.

To give you just one example. In the screenplay for *Marianne and Juliane* (*Die bleierne Zeit* [1981]), I had written, carelessly and succinctly: »They climb Mount Etna.« Just one, harmless-sounding sentence. And then the whole team, plus the actors, had to drag themselves up the mountain. It was especially tough for me because I was still a heavy smoker at the time, and the smell of sulfur was so intense I could hardly breathe. In the end, our gaffer had to push me from behind, which was pretty humiliating.

At the time, I cursed that one sentence in the screenplay. But most of the time it's a question of much more difficult transpositions. An author describes a certain atmosphere – between day and night, let's say, in the twilight of feelings or in a certain landscape. And then there you are, standing on the set, and that atmosphere just refuses to materialize. You're working against the clock, you're

7 | Editor's note: Jahrestage. Aus dem Leben von Gesine Cresspahl (BRD 2000).

under pressure from your producer because every day of shooting is tremendously expensive, so you have no choice but to make compromises.

Hannah Arendt! It's easy to write: she is a thinker – or, she thinks. But how can you convincingly show that in a movie? And what was she, anyway? Jerome Kohn wrote:

> She is usually called a philosopher and often described as a political and moral philosopher. But I wonder. Was Socrates a philosopher? He was a thinker, to be sure, and a lover of wisdom, which is what philosopheia means in Greek. But do we know what wisdom is? We should not forget that Socrates insisted he knew nothing. Might that have been the reason the Delphic Oracle proclaimed him the wisest of all men? Hannah Arendt was a thinker with a need to understand. She said she could not live without trying to understand whatever happened, and the times she lived through were replete with events, many of them unprecedented, each of them difficult to understand in itself, and more difficult to understand collectively. Catastrophic events, one after the other, »cascading like a Niagara Falls of History,« as Hannah Arendt put it.

Since the history of the twentieth century – and, with it, Hannah Arendt's life – was packed with events »like […] Niagara Falls,« where should we start describing her life? With her childhood in Königsberg? When she took part in Martin Heidegger's seminar – the master of thinking, as Arendt later called him? When she escaped from Germany in 1933, via Prague to France? With her exile in Paris, where she met Walter Benjamin and her future husband Heinrich Blücher? When the German armies invaded France and Hannah was sent to an internment camp? Or with her escape from there to Marseille and from Marseille via Lisbon to New York?

Perhaps you're familiar with the excellent film trilogy by Axel Corti, written by Georg Stefan Troller, that describes the fate of Vienna Jews who flee, via France, to the United States, where they are forced to live in extreme poverty at first. Hannah Arendt and Heinrich Blücher didn't have any money when they arrived in New York, either, and they didn't speak English. Like a much younger woman, Hannah Arendt had to find work as an au pair for a middleclass American family to learn the language. In 1941, when she was already 35 years old. Any one of these episodes could have been made into a riveting, dramatic film. So which one should we choose?

It quickly became clear to us that we didn't want to write a love story à la »Hannah and Marty,« even though we undoubtedly would have found the money for it much faster. We were convinced that her husband Heinrich Blücher was the more important man in her life.

After *Rosa Luxemburg* and *Hildegard von Bingen*, I wasn't really in the mood for a so-called bio-pic. Moreover, it seemed like a leap in the dark to me, with no chance to linger, no time to think or reflect.

Luckily for me, I found out that Lotte Köhler, a colleague and friend of Hannah Arendt, was still alive and living in New York. She welcomed me warmly, but also with skepticism.

She couldn't imagine that a film could do justice to her friend, and she had just had an unpleasant experience with a writer to whom, years earlier, she had entrusted Martin Heidegger's letters to Arendt, when they were still unpublished. This writer had used the letters to cobble together a kitschy play that had infuriated Köhler. As a result, she was wary of me. It was only after seeing *Rosa Luxemburg* that she opened up to me more. She told me that Hannah Arendt had been a great admirer of Rosa Luxemburg, that she had even written an essay about her. In time, Lotte Köhler told us many anecdotes nowhere to be found in any of the biographies.

Köhler also put us in touch with Elisabeth Young-Bruehl, Hannah Arendt's first biographer, who had studied with her. She had since become a psychoanalyst, which, by her own admission, would not have pleased Arendt. She, too, helped us – thanks in particular to her different, psychoanalytic point of view. She described Hannah's fixation on older men – Heidegger, Jaspers and Blumenfeld, for example – as a search for her father, who had died much too early.

But it was Jerome Kohn who became – and has remained to this day – our key contact. These three people – Lotte Köhler, Elisabeth Young-Bruehl and Jerome – soon became as important and close to us as this ›tribe‹ had been to Hannah Arendt. Every time I went to New York, we would meet for dinner, feeling a bit like romantic conspirators.

The last member of the ›tribe‹ that we met was Hans Jonas's widow, Lore Jonas, in a senior-citizens home in Philadelphia. She gave us an unpublished letter her husband had written, in which he breaks off his friendship with Hannah after having read her articles in the New Yorker.

In the meantime, four years had passed, we had read almost all of Arendt's books and writings, and yet we still couldn't decide what period of her life to focus on and what scene to begin with. Finally, we had our eureka moment: we would concentrate on the Eichmann years. Reporting for the New Yorker, Hannah Arendt travels to Jerusalem to witness Adolf Eichmann's trial [1961]. This gave me a counterpart for her: a flesh-and-blood human being sitting in a glass box; not an abstract idea, but a man we could observe together, allowing us participate in her thought process.

Hannah Arendt and Adolf Eichmann were both born in Germany – and even in the same year: 1906. But what diametrically opposed life stories! A German Nazi opportunist and a Jewish intellectual forced to flee Germany. The philosopher and the man who willingly abdicated his ability to think to »the Führer.«

It was only when we hit upon this solution that my fear gradually faded and I became cautiously optimistic.

It quickly became clear to me that in order to convincingly portray this meeting of two worlds I would have to use the original black-and-white footage from the Eichmann trial. Years earlier, before I had even the slightest idea that I'd be asked to make a movie about Hannah Arendt, I had seen a documentary, *The Specialist*, by Eyal Sivan, entirely about the Eichmann trial.[8] I wanted to be sure that I could use this material. By this point, we had found a producer who was willing to go to bat for the film. She contacted Yad Vashem and managed to get us access to the footage we needed.

As had already been the case for Rosa Luxemburg and Hildegard von Bingen, letters were my main source for understanding both Arendt's political and private self. There was her correspondence with Karl Jaspers, who initially was supposed to play a part in the film; with Mary McCarthy, her American friend; and with Heidegger, though it is almost exclusively his letters that have survived. Hannah Arendt carefully collected and saved them in the drawer of her bedside table, while he seems to have been more inclined to »get rid of« hers – either because they weren't important enough to him or because he feared arousing his wife's jealousy. Arendt also exchanged letters with Kurt Blumenfeld, Hermann Broch, Gershom Scholem and many others, which we were able to consult in the archives of the New School, where Hannah Arendt taught.

Since every person shows every other person a different side of his or her character, I find I'm best at bringing into focus a picture of a complex person from this kaleidoscope of impressions.

The more I read, the more Arendt became a friend to me. Lotte Köhler called her a »genius of friendship.« And, in conclusion, I'd like to read an excerpt from one of her letters that confirms this. It is a reply to a letter from Gershom Scholem, who accused her of not loving her people.

> You're quite right to say that I have no such love – and for two reasons. Firstly, I've never loved any people or collective in my life – not the Germans, French or Americans, nor the working class or anything else of that sort. The truth is that I love only my friends and am completely incapable of any other kind of love.

I could say the same of myself.

8 | Editor's note: Eyal Sivan/Rony Brauman: Un Spécialiste: Portrait d'un Criminel Moderne. Paris: Lotur Film 1999.

Margarethe von Trotta

Interview conducted by MEREDITH PEARCE[1]

Frau von Trotta, hat sich Ihr Prozess als Filmemacherin geändert, seit Sie Ihren ersten Film gedreht haben?

Na ja, natürlich, weil, zu der Zeit, als ich anfing, zu drehen, drehte man noch auf richtigem Filmmaterial, und man hatte nur eine bestimmte Menge von Filmmaterial zur Verfügung, weil es natürlich teuer war. Also man musste genau vorher wissen, was man drehen will. Wir konnten nicht so viel rumprobieren, weil wir jedenfalls arme Filmemacher waren, ja, und ich als Frau war noch ein bisschen ärmer als meine männlichen Kollegen, und deswegen habe ich mit dem Kameramann immer schon vorweg, bevor wir überhaupt anfingen zu drehen, genau einen Plan gehabt, wie wir eine Szene auflösen, und so. Das hat sich natürlich mit der Digitalkamera und mit den neuen Möglichkeiten geändert. Jetzt kostet das Material nichts mehr und man kann so viel rumprobieren, wie man das vorher eben nicht konnte, und das nutze ich auch aus. Also insofern ist es leichter geworden, aber auch gefährlicher, weil man sich oft eben nicht genügend vorher überlegt und einfach, einfach mal was versucht, und manchmal wird es besser und manchmal auch ein bisschen schlechter, als wenn man besser vorbereitet ist.

Das ist total interessant. Haben Ihre Erfahrungen als Schauspielerin eine Wirkung auf Ihre Regiearbeit?

Auf jeden Fall, auf jeden Fall. Und ich sage auch immer, denn ich unterrichte ja manchmal in Filmhochschulen und ich unterrichte, wie man mit Schauspielern arbeiten muss, weil das eigentlich gar kein Studienfach ist, die lernen das nicht. Aber das ist ganz wichtig, und dann sage ich immer: Ihr müsst einmal auch vor der Kamera stehen und nicht nur hinter der Kamera. Weil das Gefühl hinter der Kamera ein Allmachtsgefühl ist. Sie können sagen, ›machen Sie das, und gehen Sie hierhin und dahin‹, aber wenn man vor der Kamera steht und gefilmt wird, ist man sehr, sehr viel verletzlicher, und das muss man als Regisseur wissen, wie verletzlich Schauspieler sind und wie nackt sie sich fühlen. Und

1 | Editor's note: The transcription corrects minor infelicities of oral expression. Transcribed by Dolores Vargas, edited by Steffen Kaupp and Mary Elsa Henrichs.

deswegen muss man sie besonders lieben, und man muss besonders vorsichtig mit ihnen umgehen, und man muss sie besonders viel loben, aber *auch* kritisch sein. Aber ich habe zum Beispiel die Methode, wenn ich etwas gut finde, was sie machen, dann lobe ich es ganz laut, sodass alle es hören können. Aber wenn ich sie kritisiere, gehe ich zu dem Einzelnen und sage nur dem Einzelnen das. Also man muss sehr viel psychologisches Feingefühl haben, um erst mal Vertrauen zu schaffen, denn ohne Vertrauen geht es nicht. Die müssen vertrauen, dass ich genau sehe, ob sie gut oder nicht so gut sind, und jeder Schauspieler will natürlich so gut sein, wie irgendwie es möglich ist in seiner Kapazität. Und deswegen nach einer gewissen Weile vertrauen mir die Schauspieler einfach und die wissen, wenn ich sage, »das war gut«, dann war es auch wirklich gut, und wenn ich komme und kritisiere, dann wissen sie, dass das stimmt. Und das Vertrauen ist sozusagen der Grund und das kann ich schaffen, weil ich weiß, wie man sich als Schauspieler fühlt.

In meinem Deutschkurs haben wir Heinrich Bölls Die verlorene Ehre der Katharina Blum *(1974) gelesen. Nachdem Sie den Film gedreht haben (1975), haben Sie Auswirkungen von der Polizei oder vom Staat erfahren?*

Ja, natürlich, wir waren schon vorher etwas verdächtig. Allein dadurch, dass wir den Film gemacht haben und also auch als Sympathisanten galten, genau wie Heinrich Böll. Und aber nachdem wir den Film gemacht haben, sind wir richtig von der Polizei in Italien überfallen worden, weil sie vermuteten, dass wir Terroristen verstecken in unserem Landhaus. Und das war wirklich eine sehr schlimme Erfahrung, weil die ganz früh um fünf Uhr morgens schon kamen und uns geweckt haben mit Lautsprechern: »Kommen Sie raus! Rauskommen! Sofort rauskommen! Hände hoch!« usw. Also das war schon sehr, sehr bedrohlich. Und sie waren mit zwei Helikoptern und mit ganz vielen Hunden unterwegs; und also es war wirklich eine Armee, die plötzlich vor dem Haus stand, und das mitten auf dem Land! Wir wohnten in einem Landhaus, was darum herum war, war gar nichts, und auf einmal standen alle diese, diese schwerbewaffneten Leute da. Das war schon für uns eine schlimme Erfahrung, ja.

Was ist Ihnen lieber: Ihre eigenen fiktiven Drehbücher zu schreiben oder ein Drehbuch zu schreiben, das auf einer wahren Geschichte beruht?

Man darf nichts unversucht lassen. Also manchmal will ich einfach eigene Geschichten schreiben oder loswerden. Es ist ja auch eine Befreiung vielleicht von etwas, wenn man Filme über sein eigenes Leben macht, aber natürlich sagt man nicht, das ist jetzt mein Leben, das ist dann versteckt in den Drehbüchern. Aber ich sehe auch in die Welt, ich lebe in einer bestimmten Zeit, ich gucke in die Welt und natürlich bin ich interessiert, was da passiert. Also das, ich könnte nicht sagen, was ich lieber mag. Ich finde, am schönsten ist diese Alternierung von einem zum anderen.

Wie betreiben Sie Forschung für Ihre Filme, die an einem historischen Handlungsort stattfinden?

Na ja, ich glaube, ich studiere so viel, wie Sie das auch tun an der Universität. Bei *Rosa Luxemburg* zum Beispiel habe ich zwei Jahre lang nur gelesen und recherchiert. Und ich habe versucht, dann alles, und vor allen Dingen auch Briefe, zu lesen und natürlich auch Personen zu finden, die unter Umständen noch die Person, die ich beschreibe, gekannt haben. Bei *Hildegard von Bingen* konnte man natürlich niemanden finden, der im Mittelalter gelebt hat, aber bei Rosa Luxemburg habe ich noch zwei alte Leute gefunden, die sie persönlich gekannt haben. Bei *Hannah Arendt* habe ich natürlich auch, glaube ich, noch mehr gefunden. Das ist dann auch wichtig für mich, dass ich ganz persönliche Erinnerungen auch noch erfahre.

Wie würden Sie Ihre Filme beschreiben? Sind Ihre Filme feministisch?

Na ja, also ich meine, das wird von außen so gesehen, weil man ja immer so gerne so Labels aufdrückt, was ich gar nicht gern habe. Ich bin eine Frau und weiß über Frauen mehr Bescheid als über Männer. Folglich, die Männer machen ja auch ihre Filme über Männer. Denen wird nicht dauernd gesagt, sind Sie Macho oder sind Sie maskulin oder machen Sie, machen Sie nur Männerfilme. Aber uns fragt man immer, sind Sie Feministin, wenn man Filme über Frauen macht. Das ist sehr reduzierend. Ich kenne mich einfach mit Frauen besser aus, und ich muss dazu sagen, Frauen interessieren mich mehr.

Mir geht das auch so! Wie finden Sie Ideen für neue Filme, und warum haben Sie sich jetzt entschieden, Ihre erste Komödie zu drehen?

Na ja, ich meine, ich habe ja so ein gewisses Alter und gelte immer als so ernst und so streng usw. Und ich muss einfach, das ist eine Challenge. Und meine Koautorin, ich habe es ja nicht selber geschrieben, ich glaube, da wäre ich nicht so unbedingt fähig, aber meine Koautorin Pam Katz ist eine New Yorker Jüdin. Die hat so ein bisschen den Humor von Woody Allen. Und das aber auf Frau bezogen. Und ich hoffe, mir gelingt das. Ich weiß es nicht, das ist einfach, bevor ich aufhöre Filme zu machen, will ich das auch einmal probieren.

Sie haben mit Barbara Sukowa und auch Katja Riemann vielmals gearbeitet. Wenn Sie mit einer Schauspielerin erneut arbeiten, beeinflusst das Ihre Arbeit?

Na ja, es erleichtert sie, es erleichtert sie. Man kennt sich einfach, man weiß, was man vom anderen erwarten kann, ja, und man braucht nicht so viele Erklärungen abzugeben, einfach das Feeling und es ist meistens ja auch schon Freundschaft da. Ich bin sowohl mit Barbara Sukowa als auch mit Katja Riemann befreundet.

Und es gibt auch mehr Vertrauen, vielleicht.

Ja, unbedingt, unbedingt.

Was denken Sie über die Flüchtlingskrise in Europa?

Ach du liebe Zeit, das ist eine ganz andere Frage. Na ja, ich meine, das ist schon ein großes Drama. Ich denke, Europa muss die Menschen aufnehmen, und es, es erschüttert mich, dass so viele europäische Länder sagen, ihre Fronten sozusagen schließen, und sagen, hier mit uns nicht. Also diese Egoismen, die auf einmal da wieder auftreten, dass Europa eigentlich darüber zerfällt und sich darüber auch verfeindet fast. Wieder, nachdem wir glücklich waren, dass es ein Europa gibt und dass wir vielleicht keinen Krieg mehr wie den Zweiten Weltkrieg erleben müssen. Ja, und auf einmal sieht man, dass die alle wieder zurück in einen gewissen Nationalismus fallen, und das finde ich sehr traurig.

Wieder zurück zu Filmen – was ist Ihr Lieblingsfilm von den Filmen, die Sie gedreht haben?

Mein zweiter, *Schwestern oder Die Balance des Glücks*. Aber vielleicht, weil es mein zweiter war, und das war das erste Mal, dass ich von mir selber gesprochen habe – indirekt. Man hat das dem Film nicht unbedingt angesehen. Bei meinem ersten Film hatte ich noch ein Vorbild in einer lebenden Person. Ich habe das dann zwar mit viel Fantasie ausgeschmückt. Das war nicht eins zu eins ihre Geschichte, aber es war immerhin ein Vorbild. Und bei meinem zweiten Film saß ich vorm weißen Blatt Papier und habe einfach angefangen zu schreiben und wusste überhaupt noch nicht, was da rauskommt. Ich habe mich einfach von meinem inneren Strom führen lassen und da kam eben dieses Drehbuch raus. Das heißt, es hat am meisten mit mir selber zu tun.

The Misplaced World *ist die englische Übersetzung von Ihrem Film* Die abhandene Welt. *Was halten Sie von dieser Übersetzung?*

Ich weiß es nicht. Wir haben ja lange überlegt, was ist die beste Übersetzung, und niemand hat ein wirklich entsprechendes Wort gefunden. Und das war natürlich dann der Weltvertrieb – die knallen einem dann eine Übersetzung auf, weil sie damit sodann den Film verkaufen können. Ich weiß nicht, vielleicht wissen Sie ein besseres?

Ich finde es ganz gut, aber vielleicht »The Lost World«, »The Misplaced World« ...

Ja, nein, *Die abhandene Welt*, das kommt natürlich von dem Lied von Gustav Mahler, was er 1901 vertont hat, ein Rückert-Gedicht, und darin heißt es: »Ich bin der Welt abhanden gekommen«. Und ich habe daraus eigentlich ein Unding kreiert, weil *Die abhandene Welt* gibt's eigentlich nicht als Adjektiv. Das habe ich also sozusagen erfunden, deswegen gibt es keine wirkliche Entsprechung.

Special Section
Schwerpunkt
II

Poets in Residence:
Marion Poschmann, Klaus Modick

Marion Poschmann und Klaus Modick anlässlich einer Podiumsdiskussion in Essen am 18. November 2015 (Foto: Andreas Erb)

Marion Poschmann und die Kunst der Überschreitung[1]

Andreas Erb

Zunächst ein paar Zahlen. 15 kg das Gewicht, rund 3750 € der Kaufpreis heute, 30 Bände umfassend, über 1000 Figuren Personal, 7000 Seiten. Das Ganze ein Roman, für den Marion Poschmann nach eigenem Bekunden schwärmt – ihre Begeisterung diente mir als Ausgangspunkt zum Nachdenken über ihr Werk. Ich spreche übrigens von Anton Ulrich Herzog von Braunschweig und Lüneburg bzw. von seinem gewichtigen Barockroman *Die römische Octavia*, der ab 1677 entstand und in vielen Teilausgaben bis nach seinem Tod veröffentlicht wurde und der in Marion Poschmanns Dankesrede zum Wilhelm Raabe-Literaturpreis 2013 eine zentrale Rolle spielt. Was uns in dem Roman begegnet, ist ein barockes Welttheater, in dem, so der Historiker Georg Gottfried Gervinus im dritten Band seiner Geschichte der deutschen Dichtung, Vergangenheit und Gegenwart miteinander verwoben werden – und das so komplex, dass es dem Verfasser »gar zu schwer« erscheint, den Roman »nur zu lesen«, geschweige denn zu verstehen: »[S]chon Bodmern brachten die[] zahllosen Episoden und diese zehnfach verschlungene Geschichtserzählung zu einer ungeduldigen Verzweiflung.«[2] Soweit Gervinus 1853; und Marion Poschmann 2013? Sie scheint weit weg von Verzweiflung zu sein, erkennt in der *Octavia* aber auch eine »maximal verschachtelte Handlung mit heimtückischen Intrigen, unübersichtlichen Wendungen und Vorgeschichten über mehrere Generationen.« Was sie aber in diesem Gewimmel von »Liebe, Abenteuer und Politik« findet, ist die große Inszenierung von

---

1 | Die Poetikvorlesungen von Marion Poschmann (20.–24. April 2015) waren überschrieben mit dem Titel: *Kunst der Überschreitung*. An drei Tagen sprach die Autorin über *Der Raum und die Dinge: Mondbetrachtung, Geistersehen – Zeit und Handlung: Survivalmodus – Das Ich und die Deutungshoheit: Sonnenkönig und versprengtes Wir.* Die Vorlesungen sind inzwischen zusammen mit anderen poetologischen Aufsätzen bei Suhrkamp erschienen: Marion Poschmann: Mondbetrachtung in mondloser Nacht. Über Dichtung. Berlin 2016.

2 | Georg Gottfried Gervinus: Geschichte der deutschen Dichtung. Dritter Bd. Hg. v. Karl Bartsch. Leipzig: Wilhelm Engelmann [5]1872, S. 509.

> Täuschung, Verkleidung und Maskerade. Die ohnehin schon unübersichtlich vielen Figuren wechseln recht häufig die Identität, sie geben ständig vor, jemand anderes zu sein. [...] Es wird eine Octavia entführt und gerettet, aber dann ist es gar nicht *die* Octavia, sondern eine andere Dame, die zufällig auch Octavia heißt, oder, noch enttäuschender, eine Dame, die sich nur vorübergehend Octavia nennt.[3]

Niemals, so erzählt sie weiter, haben die Lesenden den Überblick, »nie können wir voraussehen, was passiert, niemals eine Person durchschauen. Handlungen sind zwar möglich, aber kaum zielführend, weil uns das Vermögen fehlt, Ursache und Folge im nötigen Maße in Einklang zu bringen«.[4] Was sich nun anhört wie eine erfolgreiche Aufhebung von linearer und kausaler Narration, ist lediglich der Versuch, letztlich die Unerkennbarkeit von Welt, mehr noch: von Wahrheit, vorzuführen – unser beschränkter Blickwinkel muss vor der Komplexität kapitulieren, der Roman führt damit auf 7 000 Seiten die Beschränktheit des menschlichen Seins angesichts der sich nach göttlichem Plan vollziehenden Weltgeschichte vor. Nach der Lektüre der Raaberede habe ich zumindest die drei großen Romane von Marion Poschmann, *Baden bei Gewitter* (2002), *Schwarzweißroman* (2005) und *Die Sonnenposition* (2013), anders/neu verstanden.

Ich möchte die drei genannten Romane kurz skizzieren, ohne allzu inhaltlich zu werden. Die Umschlaggestaltung des letzten Romans von 2013 führt dabei zu einem zentralen Anknüpfungspunkt, der an das Maskeradeprinzip von Anton Ulrich anschließt und bei Marion Poschmann eine gewichtige Rolle spielt.

Sie sehen einen Ausschnitt aus einer Arbeit der peruanischen Künstlerin Cecilia Paredes, deren Stilprinzip die Camouflage ist, die scheinbare, das heißt die optische Verschmelzung von Objekten mit ihrer Umgebung, der Versuch einer Anpassung an die jeweilige Umwelt. Übertragen auf das soziale Leben, verweist ein solches Spiel auf die grundsätzliche Frage nach der Unterscheidbarkeit der Subjekte von ihren jeweiligen Lebenssystemen: Wie dominant sind zum Beispiel die alltäglichen Korruptionsprozesse in der Anpassung – an das Geld, an den Luxus, an die Lebenspartner, an das Berufsleben, an Konventionen, an Normalitätsregeln usw.? Fragen, die ich mit zahlreichen Zitaten aus dem Werk von Marion Poschmann beantworten könnte. Was dabei zum Ausdruck kommt, ist eine grundsätzliche Skepsis gegenüber Festlegungen, etwa im Namen einer vorschnell herbeigerufenen Identität, wie auch immer diese ausgestaltet sein mag. Dass diese Skepsis spielerisch, bisweilen bis ins Absurde hinein geformt wird, gehört zum ästhetischen Programm von Marion Posch-

3 | Marion Poschmann: Romane in Kugelform. Dankrede. In: Marion Poschmann trifft Wilhelm Raabe. Der Wilhelm Raabe-Literaturpreis 2013. Hg. v. Hubert Winkels. Berlin 2014, S. 31–39, hier S. 32 (Hervorh. im Orig. gesperrt).

4 | Ebd., S. 33.

mann, wie ich sie bislang verstanden habe. Sie finden in den Romanen weder Lehr- oder Moralsätze, keine anmaßenden Deutungshoheiten und keine Hinweise auf Lebensregeln. Nicht über eine Erzählstimme, aber auch kaum in der Figurenrede – im Gegenteil stoßen Sie beständig auf Menschen, die sich selbst nicht geheuer sind, die aus »Selbstzweifel« handeln, die sich gegenseitig eher beäugen als in die Augen sehen, die sich bei aller Sympathie fremd bis abstoßend bleiben, die in der »halb-unfreiwilligen« Annäherung an den Anderen die »Unterwerfung unter eine bedrohliche Triebhaftigkeit« erkennen, die letztlich solipsistisch durch die Welt streifen – dabei immer erkennbar oder camoufliert unerkennbar.

Gewohnheiten ablegen, unbestimmt werden. Eine Pflastersteinreihe werden, eine Asphaltdecke, mit der Hauswand verschmelzen. Es gelingt mir am besten bei Hauswänden aus den fünfziger Jahren, ornamentfreie, langweilige Flächen, der Anstrich stark eingedunkelt und verschmutzt, klapprige Briefkastenschlitze, der Sockel verklinkert, Garagentore. Mich als Garagentor vor eine solche Wand spannen [...]. Chamäleon der Innenstädte. Parkbank werden. Telefonzelle werden. Verkehrsschild werden. Es fällt leicht, wenn ich mich neben länglichen Objekten aufstelle. Ich kann mich verschatten, dem immer dichteren Schatten angleichen, mich vom Schatten der Objekte überlappen lassen. Neben einem Abfallkorb, wenn ich also Abfallkorb, Schatten des Abfallkorbs bin, werfen die Leute ihre Zigarettenschachteln und Plastikflaschen auf mich.[5]

---

5 | Marion Poschmann: Die Sonnenposition. Berlin 2013, S. 74.

Über solche Anverwandlungen gewinnen wir gleichzeitig auch einen intensiven Blick auf die Welt – das ist die andere Seite der Camouflage. Auf dem Umschlag sind Hände zu erkennen, die ins Bild hineinführen, zeigend, deutend, dennoch merkwürdig leblos; zu sehen ist aber vor allem eine floral strukturierte Welt, die man beschreiben, mit botanischer Kenntnis vielleicht gar benennen kann. So gehörte die Darstellung von Welt zu meinen besonderen Höhepunkten beim Lesen der Arbeiten von Marion Poschmann. Wenn ich Welt sage, ist das jedoch so irreführend wie treffend. Die Autorin entfaltet lauter Miniaturen, die sie durch ein Brennglas betrachtet und im Sinne eines ›blow-up‹ zum Panorama auferstehen lässt, oder anders: Die »Lakonie des Alltäglichen« verwandelt sich schnell in ein poetisches Bild und verschiebt sich binnen weniger Worte in eine gesellschaftskritische Betrachtung sozialer Lebensräume. Eine Federbettzudecke mutiert auf diese Weise zur wunderbaren Darstellung einer schwebenden Berglandschaft, oder eine Gardine erhält in mehreren Erzählabschnitten unterschiedliche kulturhistorische wie kulturkritische Bedeutungen:

> Semipermeabel: nur in eine Richtung durchlässige Membran. Der Schutzwall ist zugleich das Angriffslager. Stirn und Wangen von innen an den Stoff geschmiegt. Heimlichkeiten, verknüpft mit dem Einatmen des dumpfen, staubigen, alten Geruchs. Die spähenden Blicke von Fäden durchkreuzt. Eine Welt aus fadenscheinigen Ereignissen. Bilder, die gerastert sind wie Zeitungsfotos.[6]

Dabei sind es kaum anheimelnde, ›schöne‹ Ausschnitte, die hier zum Vorschein kommen. Ins Licht gesetzt wird vielmehr und nahezu durchweg eine Alltagstristesse, die durch die Illumination ästhetisiert wird, die aber durch den Prozess der Ästhetisierung nicht verklärt, sondern einen zusätzlichen Anschein erhält. Soweit die Miniaturen, wo bleibt die Welt? Ein kleiner Rückgriff auf *Die römische Octavia* macht das deutlich. Die Begeisterung von Frau Poschmann für Anton Ulrich hat einen poetologischen Hintergrund. Selbst wenn solch ein Roman wie die *Octavia* heute verlegerisch durchsetzbar, wenn er dann auch für den Literaturbetrieb mit all seinen Institutionen tragbar, wenn er schließlich les- und übersehbar wäre – selbst dann würde, so vermute ich, Marion Poschmann nicht auf die Form des Romanmonuments zurückgreifen – denn sie arbeitet in all ihren Texten gegen eine Form von obsessiver und letztlich autoritärer Totalität an, ohne aber das ›Ganze‹ (Welt in ihren Widersprüchen) aus den Augen zu verlieren. Alle ihre Prosaarbeiten, incl. der essayistisch-theoretischen Schriften, sind als kleine Erzählpartikel angelegt und sind mit zum Teil gewichtigen Überschriften versehen. Ihre Form ist die der Verdichtung, der Andeutung, die sich wiederholt, leicht verschoben in ihren Akzentuierungen, und eben die Miniatur. Ihre Art, gegen die Schwerkraft der Alltagswelt anzugehen, ist eben nicht das Monument, sondern sind kleine Bilder, deren Aussagekraft

6 | Marion Poschmann: Baden bei Gewitter. Frankfurt am Main 2002, S. 25 f.

gerade in einer Flüchtigkeit liegen. Dabei jedoch, im Kontinuum der Poschmannlektüre, entsteht plötzlich doch etwas wie ein *roman-fleuve,* die sich langsam voranschiebende, auch mal mäandernde, große Erzählung, die dabei alles zueinander in Beziehung setzt. Die Miniaturen, von denen ich sprach, die kurzen Romankapitel, die alles Erzählte strukturieren, schaffen so tatsächlich eine beachtliche Ausdehnung von Raum und Zeit. Dabei sind es nicht die großen Geschichtserzählungen mit einem komplexen Handlungsgerüst, die entfaltet werden, vielmehr scheint Geschichte, Vergangenheit als Erinnerungsleistung, durch das Textgewebe wie durch eine Gardine hindurch, gerastert und nur in Andeutungen, etwa, wenn es um die Farbe der Nachkriegszeit geht, die genau die Ideologie der Adenauerzeit beschreibt und dabei nur im Bild bleibt:

> Es war das Weiß der deutschen Nachkriegszeit, die Jahre, in denen die Leute an allen Ecken und Enden sparten, um dieses Weiß zu erzeugen, weißes Eigenheim, weiße Garage, weiße Kacheln in den Bädern und Waschküchen, weiße Sanitäranlagen. Es gab Gardinen und Bettlaken in einem neuen Weiß, es schien weißer als zuvor, weißer denn je, es gab weiße Papiertaschentücher, weiße Windeln, strahlend weißes Toilettenpapier. [...] Auch mein Vater tünchte die Wände, er tapezierte, malerte, lackierte, kaschierte, er gipste, verspachtelte, er erreichte einen Zustand, der selbstverständlich schien, als wäre er immer so gewesen.[7]

In einer Kritik des Feuilletons wird Frau Poschmann als Archivarin des Alltäglichen bezeichnet;[8] das gefällt mir, auch wenn der Archivbegriff in der Diskussion um die sog. Popliteratur der 1990er- und 2000er-Jahre etwas überstrapaziert wurde – ich sehe aber tatsächlich eine Archivarin der alten Schule am Werk: als jemanden, die mit viel Offenheit und Liebe fürs Detail, aber auch mit Sorgfalt bis hin zur Akribie die kleinen Partikel des alltäglichen Lebensvollzugs sammelt und beschreibt und ihnen damit einen neuen Ort gibt, die immer auch hinter die Oberfläche blickt und das Schweigen hinter den Dingen ertönen lässt.

Ich habe versucht, Ihnen unsere Poetin in Residence über ihre drei großen Prosawerke ein wenig vorzustellen, immer mit dem Ziel, Ihnen Lust auf die Lektüre zu machen. Unterschlagen habe ich dabei eine verstörend schöne *Hundenovelle,* so auch der Titel, in der ein zugelaufener Hund das erzählende Ich in seiner ganzen prekären Gefühls- und Lebenslage aufspürt und ein Stück begleitet. Auch hier will ich nicht auf den Plot eingehen und verzichte auf eine Nacherzählung, möchte aber über die *Hundenovelle* abschließend noch einen Erzähltopos kurz vorstellen, den Sie in allen Arbeiten antreffen können – die literarische Gestaltung von Natur, genauer: von Landschaft. Dabei habe ich selten so viele Brachen erlebt wie bei Marion Poschmann – ob das den Erinnerungs-

7 | Marion Poschmann: Schwarzweißroman. Frankfurt am Main 2005, S. 102.

8 | Barbara von Becker: Helden des Alltags. Marion Poschmann probt die verhaltene Annäherung. In: Frankfurter Rundschau vom 18. März 2003.

bildern ihrer Kindheit und Pubertät geschuldet ist, die Autorin ist bis zu ihrem Studium im Ruhrgebiet aufgewachsen, übrigens in Essen geboren, das weiß ich nicht, jedenfalls steckt in den Brachen, überhaupt in den Flächen zwischen den einer Zweckrationalität gehorchenden Verbauungen unserer Lebensräume, ganz offenbar eine ästhetische Kraft, die immer wieder in Augenschein genommen wird.

Stadtbrache, vages Terrain. Nichtort, wo jederzeit alles möglich war und nie etwas geschah. Ruderalflora siedelte sich an, erhob sich an windigen Stellen, auf offenen Flächen, in Übergangsgegenden. Langsam, sehr langsam schraubten sich Pflanzen aus dem verhärteten Boden hervor, sie wuchsen spiralförmig, drehten sich unmerklich nach oben, zu den Seiten, füllten Raum aus, ließen Knospen klaffen, Blätter lappen, verstreuten Blütenstaub, all das sah niemand, zu langsam, man sah es nicht mit bloßem Auge, sah vielleicht das Resultat, eine Verlängerung, eine Verdickung.[9]

Es sind die »Übergangsgegenden«, hier in Form von Menschen hinterlassenen Ruderalflächen, die ihre eigenen Biotope ausbilden; hier entstehen Wachstumsinseln eigener Art mit einer eigenen Anpassungspraxis. Die Aufmerksamkeit, die sich darauf richtet, zeugt vom Blick auf das Nebenliegende, das für gewöhnlich übersehen und verschwiegen wird, das aber für das erkennende Auge beredt ist und selbst über einen poetischen Mehrwert verfügt. Ähnlich verhält es sich mit der Leere der »non-lieux«, wie Marc Augé jene Räume ohne Geschichte und ohne Zukunft genannt hat, die bauliche Inszenierung der Durchgangsräume, des Nichtsesshaften, des Uneingerichteten. Sie verweisen auf Globalisierungsprozesse, sind in einer anderen theoretischen Terminologie »Macht-Effekte«, beeinflussen unsere Lebenspraxis, bilden die Folie unserer Anpassung. Auf diese Weise entsteht ein kompliziertes Wechselspiel von Innen- und Außenwelten, das im Grunde die zentrale ›Handlungsstruktur‹ der Texte von Marion Poschmann ausmacht. – »Was die Poesie betrifft«, schreibt sie über gestörte Habitate, was

die Poesie betrifft, so stellen die neuen ökologischen und auch ökonomischen Zusammenhänge, der Stellenwert neuer Pflanzen und Tiere im allgemeinen Bewußtsein, die Störungen, die damit einhergehen, ein enormes Reservoir an neuen Naturbildern dar. Die Energie des Neuen könnte auch in der Poesie für Aufregung sorgen, vor allem aber würden wir anhand der Beschäftigung mit den Zivilisationsfolgen mehr über uns selbst erfahren.[10]

9 | Marion Poschmann: Hundenovelle. Frankfurt am Main 2008, S. 8.

10 | Marion Poschmann: Energie der Störung. Bemerkungen zu Naturbildern und Poesie. In: Bild und Eigensinn. Über Modalitäten der Anverwandlung von Bildern. Hg. v. Petra Leutner und Hans-Peter Niebuhr. Bielefeld 2006, S. 103–110, hier S. 108.

Mit dem Hinweis auf die Poesie komme ich jetzt zum Schluss und muss es bei einem Hinweis belassen. Unerwähnt blieb bislang nämlich, dass Frau Poschmann zu den anerkannten Lyrikerinnen der unmittelbaren Gegenwart gehört. In steter Regelmäßigkeit veröffentlicht sie zwischen der Prosa auch Lyrik, in steter Regelmäßigkeit wird sie dafür ver- und geehrt: Bekommt sie für den letzten Roman 2013 den begehrten Raabe-Preis, erhält sie zuvor, 2011, für den Lyrikband *Geistersehen* nebst dem Ernst Meister-Preis den renommierten Peter-Huchel-Preis: Das ist bemerkenswert. Für die Lyrik gilt viel vom Gesagten über die Prosa. Die Verdichtungsenergie nimmt weiter zu, die Bildszenarien wirken noch konzentrierter und bedürfen noch stärker der lesenden und einbildenden Verflüssigung – aber auch hier arbeitet Marion Poschmann an einer Sprache jenseits der Sprache der herrschenden Ordnung, versucht zudem, die Erdschwere der Alltagssprache aufzuheben. Anton Ulrich und seine monumentale *Octavia* sind zeitverhaftet und erzeugen in der Lektüre eine Aufhebung von Zeit und Raum, weil sich das Erzählen darin verstrickt, die Lyrik von Marion Poschmann, ihr Schreiben überhaupt befreien dagegen Zeit und Raum von ihren Koordinaten, machen sie leicht, erzeugen, wie sie sagt, eine »Schwebelage«. Wir gönnen uns in den folgenden Tagen ein bisschen Schwerelosigkeit: Es kann uns nur guttun.

Herzlich willkommen, Marion Poschmann!

Drei Verbeugungen

Oder: Über drei Neuerscheinungen von Marion Poschmann

Andreas Erb

> Wahre Höflichkeit, so lehrt es Knigge, gründet auf Respekt, und zwar zu gleichen Teilen vor dem anderen und vor sich selbst, unabhängig vom Status des einzelnen.
>
> Marion Poschmann[1]

I

»Manche Leute haben die Schwachheit, mit ganzer Seele *gewissen Liebhabereien nachzuhängen.*« Dazu könnte das lustvolle Blättern, das Lesen von schönen Büchern zählen, der Genuss des Ästhetischen, wozu die haptische und olfaktorische Erfahrung eines frisch ausgepackten Buches ebenso gehört wie die Gestaltung samt Abbildungen. Adolph Freiherr von Knigge hatte dies nicht im Sinn, als er von den »gewissen Liebhabereien« sprach; zu verantwortungsvoll ist ihm wohl die Stellung der Leserin (oh, mit ihr tut er sich etwas schwer), also vor allem des Lesers, als dass der Umgang mit dem Buch gleichgesetzt werden könnte mit noblen Passionen wie »Jagd, Pferde, Hunde, Katzen, Tanz, Musik, Malerei«, dem Sammeln von Schmetterlingen und Pfeifenköpfen, oder mit »Kindererziehung, Mäzenatenschaft, physikalische[n] Versuche[n]«.[2] Entscheidend dabei ist übrigens gar nicht so sehr die Liebhaberei, vielmehr das Bedürfnis der Liebhaber, sich beständig über die Objekte ihrer Begierde auszulassen, unabhängig davon, ob sich das Gegenüber überhaupt für dies oder das interessiert. »Nun, wer wird denn wohl so hartherzig sein, diese kleine Freude einem Manne, der übrigens redlich und verständig ist, nicht zu gewähren?« Zurück zum schönen Buch also, in diesem Fall gleich zu dreien. In allen habe ich gelesen und geblättert – mit Vergnügen und Staunen. Und da dem Staunen bekannterweise gerne die Aneignung folgt, konnte ich nicht umhin, den einen und anderen Gedanken, das eine und andere Bild, die eine und andere Wendung meiner eigenen Gedanken- und Bildwelt hinzuzufügen.

---

1 | Adolph Freiherr von Knigge: Über den Umgang mit Menschen. Hg. und mit einem Nachwort v. Marion Poschmann. Illustriert v. Irmela Schautz. Berlin 2016, S. 139.

2 | Ebd., S. 57 f.

2016 erschienen im Suhrkamp Verlag gleich drei Arbeiten von Marion Poschmann. Einmal Knigges Vorschläge *Über den Umgang mit Menschen*, die die Autorin herausgegeben und mit einem Nachwort versehen hat – eine Auswahl an Verhaltensregeln, die zeigen, wie sich das bürgerliche Subjekt am Ende des 18. Jahrhunderts form(-at-)iert hat und dass dementsprechend viele Ratschläge bis heute bedenkenswert sind, vor allem wenn man Knigge nicht als ›Benimmregelwerk‹ liest, sondern als emanzipatorischen Versuch des Bürgertums, sich einen gesellschaftlichen Ort zu geben. »Das Anliegen Knigges, mittels sozialer Intelligenz einen Platz in einer Gesellschaft zu erringen, die diesen Platz von sich aus nicht einräumt, ist heute ebenso virulent wie damals.«[3] Poschmanns Textauswahl und Neulektüre erfolgt vor dem Hintergrund einer genauen Kenntnis der zeitgenössischen Entstehungsbedingungen. Sie macht dabei deutlich, wie sehr die Vorstellungen über den Umgang mit Menschen bis heute von den »Regeln des Kapitals«, die solche »des Scheins« sind, bestimmt werden und schon deshalb immer wieder neu gedacht werden müssen. Die Aufmachung des in jeder Hinsicht schönen Buches aus der Reihe der *Insel-Bücherei* mit fabelhaften und augenzwinkernden Illustrationen von Irmela Schautz macht den Band zudem zu einem Gegenstand mit affektivem Potenzial, und für mich zu einem Ding der Liebhaberei.

II

Affektiv besetzt ist auch der Mond. Und die Mondbetrachtung gehört unzweifelhaft zu den überkommenen Liebhabereien – weit vor und weit nach der Romantik. Wie die Mondschau allerdings in mondloser Nacht abläuft, diese Antwort bleibt wiederum Marion Poschmann und ihrem Essayband vorbehalten, der eben diesen wunderbaren Titel trägt: *Mondbetrachtung in mondloser Nacht*. Dass es dabei um Literatur geht, steht außer Frage, und beim ersten Blättern finde ich gleich den zentralen Zugang zum Titel des Bandes, zum Vermögen von Literatur überhaupt:

> Wir leiden an einem Übermaß an Rationalität. [...] Literatur, die sich als Kunst versteht, ist imstande, diesen exzessiven Verstand für eine Weile stillzustellen. Mit literarischen Mitteln wie der Paradoxie, der Umgehung logischer Schlüsse, mit Fuzzy-Logik oder einer Bildsprache, die Räume erweitert, mit eindringlichen Klangfolgen und Rhythmen kann eine Unvernünftigkeit erzeugt werden, die den Leser vom Glauben an Ursachen und Wirkungen befreit.[4]

---

3 | Ebd., S. 143.

4 | Marion Poschmann: Mondbetrachtung in mondloser Nacht. Über Dichtung. Berlin 2016, S. 25.

Es ist das Plädoyer für das Wunderbare, das sich bei Marion Poschmann immer wieder findet – nicht jedoch als Maskerade der Oberfläche, vielmehr als durchscheinende Kraft hinter den Oberflächen. Die Literatur vermag das Dahinter zum Vorschein zu bringen, dasjenige, das entweder bewusst verdrängt wurde oder unbewusst in Vergessenheit geraten ist, wobei die Spielarten, etwas ins Abseits, in den Schatten, kurz: ins Abwesende zu stellen, mannigfaltig sind. Marion Poschmann plädiert für das Sensible, vielleicht auch für das Empfindliche, das dem Blick auf jene Welt des Verborgenen anhaftet.

Der Essayband enthält über 20 Aufsätze und Reden, die zwischen 2009 und 2015 an unterschiedlichen Stellen veröffentlicht bzw. vorgetragen wurden, unter anderem auch die drei Poetikvorlesungen, die die Autorin im Rahmen ihres Poet-in-Residence-Aufenthaltes unter dem Titel *Kunst der Überschreitung* in Essen gehalten hat. Die Betrachtungen, das ist wohl die geeignetste Genrebezeichnung dieser Prosa, handeln von Orten: Schreyahn, Bad Münstereifel, Limlingerode, Kyoto, Bonn, Fischbeck; von Naturerscheinungen: Moosen, Steinen, Wolken, Springkraut, Pilzen; von Literatur: Mörike, Ernst Meister, Peter Huchel, Goethe, Benn; und immer wieder von Gärten. Zusammengehalten werden die Essays von einem erfahrenden, erlebenden, sehenden Ich, das mal deutlicher, mal versteckter hinter den Zeilen hervortritt und seine Mitteilungen über das Beobachtete verbindet mit poetologischen Überlegungen.

> Wenn Sprache, wenn Literatur etwas verändern soll, sei es im Bewußtsein der und des einzelnen, sei es in der Gesellschaft, sei es in der Politik, muß sie zuerst diejenige verändern, die sie schreibt. Das sind Grenzerfahrungen. Dazu ist Hingabe nötig. Selbstvergessenheit. Leichtigkeit vielleicht.[5]

Nicht neutralisierende, distanzierte Kathederbeobachtungen reihen sich in Poschmanns Band aneinander, vielmehr das in Worte gefasste dauerhafte und genaue Hinsehen, fast zurückgenommen, tastend, immer staunend, nie aufdringlich behauptend, Fragmente des Begreifens, zusammengefasst in kleinen Miniaturen, die alle mit einem Titelbegriff (Schlichtheit, Asymmetrie, Straßenbelag, Glanz, Inspiration, Traum, Wolkendichtung, Taxonomie ...) überschrieben sind und an ein Lexikon erinnern. Das vermeintlich Hintergründige und Beiläufige gewinnt so Bedeutung und Gestalt, gleichzeitig befragt der Blick auf alle belebten/unbelebten Dinge, ob darin ein poetologisches Vorbild, eine Struktur zu entdecken ist, die dem des Schreibens gleichkommt. Und wenn man (wie ich) als Leser den »Hallraum« der Essays verlässt, hat sich die Aufmerksamkeit und der Blick auf die Welt geweitet.

---

5 | Ebd., S. 56.

Abb. 1: Formsteine in Nischnij Novgerod[6]

III

> Der Ausdruck Garten [...] bedeutet ursprünglich Zaun. Ein Teil der Natur wird aus dem Zusammenhang herausgelöst und in ein kleines Juwel umgewandelt und umgedeutet, wenn nötig in ein Refugium, eine Schutzzone, ein Museum eingewiesen, unter Umständen eingesperrt. Die rohe Natur steht dem kultivierten Stück Land gegenüber.
>
> Aurel Schmidt[7]

Neun mal neun das Maß, das Schema, die Ordnung, das Geviert. Sieben Orte bilden die Kartografie: Kaliningrad, Lichtenberg, Coney Island, Kyoto, Matsushima, Shanghai, Helsinki – dazu kommen »künstliche« und »geliehene Landschaften«. Ihre Kontur, Struktur, ihr Gepräge erhalten die Orte durch jeweils neun Gedichte. *Geliehene Landschaften. Lehrgedichte und Elegien* (2016) heißt der neue Lyrikband von Marion Poschmann, geliehene Landschaften erweitern

---

6 | Die beiden Fotografien zeigen zwei Beispiele aus der Welt der Formsteinästhetik, die ich im Mai 2016 in Nischnij Novgerod gefunden habe und die ich ohne Marion Poschmann übersehen hätte; in dem Abschnitt *Über Steine* schreibt sie: »Die nutzlosen, die zweckfreien, die schönen Dinge heben den Raum hervor, in dem sie erscheinen. Sie erforschen die Möglichkeiten, die der Raum ihnen bietet, sie bilden alle möglichen Formen, sie gestalten die Leere.« (Mondbetrachtung in mondloser Nacht, S. 200)

7 | Aurel Schmidt: Was ist Natur? Möglicher Versuch einer unmöglichen Erklärung. In: Kunstforum 145 (1999), S. 60–70, hier S. 65 f.

den – begrenzten – Garten um die Außenwelt, die kunstvoll einbezogen wird in die Gesetzmäßigkeit, die Formensprache des Inneren. 81 Gedichte über Park- und Gartenlandschaften, ein Refugium, hergestellt durch neun mal neun Bildfolgen. Und wie in den Essays, die übrigens wie ein Prospekt hinter den Gedichten auf die Lyrik verweisen, ist es auch in allen Gärten ein erlebendes Ich, das sich und seine Beobachtungen mitteilt, Korrespondenzen zur Welt jenseits der Park-/Gartenanlagen herstellt, das sich in eine zweite Person verwandelt und dabei selbst beobachtet:

Dies ist ein Jahr, in dem alles gedeiht. Die Lampe des Tages geht an, die Landschaft erscheint, und das Ich ist auf Posten. Unruhige Felsformationen rücken noch kurz hin und her, dann ist alles bereit.

Du schreibst ein Gedicht »Beim Anblick des Fuji«.

So der Beginn von *Seismographie*, einer von neun (in Blocksatz gesetzten) Prosaminiaturen, die sich in dem Kapitel *Kyoto: Regional Evacuation Site* finden und formal den Lyrikbogen des gesamten Bandes unterbrechen. Das entsprechende Gedicht, von dem hier gesprochen wird, findet sich mit eben diesem Titel dann im letzten Zyklus, der (wie der gesamte Gedichtband) *Geliehene Landschaften* heißt:

Ich sah seine Vorderseite und sah
seine Rückseite zur gleichen Zeit.
Er trug lange Handschuhe aus eleganter
Bewölkung. Trug Schnee oder

Kirschblüten: war dieser haltlose Ort, dieser
schwebende Gipfel, ein Zuckerhut, schon
halb geschmolzen in der Feuerzangenbowle,
der langsam den Fächer aufnahm und tanzte.

[...][8]

---

8 | Marion Poschmann: Geliehene Landschaften. Lehrgedichte und Elegien. Berlin 2016, S. 59. Eine ausführliche, kundige und lesenswerte Rezension, die vor allem die philosophische Grundierung des Gedichtbandes deutlich macht, findet sich in Patrick Bahners: Wir sollen ein Volk von Parkbesuchern werden. Lyrik von Marion Poschmann. In: Frankfurter Allgemeine Zeitung vom 15. März 2016, online unter www.faz.net/aktuell/feuilleton/buecher/poschmanns-lyrikband-geliehene-landschaften-14111165.html.

Empfehlenswert ist auch das Video, in dem der erste Zyklus des Gedichtbandes (Bernstein Kaliningrad) von der Autorin eingeführt und gelesen wird, aufgezeichnet anlässlich der Münsteraner Magus Tage 2013, online unter www.youtube.com/watch?v=HpDDkBeWjfM.

Die doppelte Ansicht, zeitgleich, physikalisch unmöglich, eher das ›utopische Spiel‹ der Poesie, die Zusammenführung von Zeit und Raum im Denken, ein Vexierbild, das sich durch Sprache mitteilt. Die Wahrnehmung kreist um den heiligen Berg, selbst schon unendlich oft besungen und visuell fixiert, das Gedicht verflüssigt die überkommenen Bilder, stellt eigene dazu, der Fuji, eine geliehene Landschaft in den Stadtparks von Kyoto (von denen man den Berg nicht sehen kann), im Gedichtband, in unseren Vorstellungen.

Bilder in Bildern, aus Bildern heraus: Die Übersetzungen der Bilder im Park führen zu einem Kaleidoskop – und plötzlich beginnt zum Beispiel der Lunapark zu leuchten, sich zu drehen um die sprachliche Achse der Marion Poschmann, die beschleunigt, verlangsamt, anhält, ganz wie sie will. Zeitschichten auf Bildschichten auf Erlebensschichten. Poschmann befreit die Gedichte von der Erdanziehung, befreit ihre Sprache von der Pragmatik. Bilder wirbeln und setzen sich in anderen Bildern fest.

> Loop the Loop
>
> Den Atem bezahlen. Fahrgeschäfte ahmen das Meer nach.
> Achterbahnen namens Tornado, Thunderbolt, Cyclone
> stoßen Wogen nach vorn, und die Möwen gefrieren im Flug.
> Du kaufst einen Fahrchip im Faltcontainer. Fahrchips
> nach Möwen werfen, bis die wieder auftauen. Fahrchips
> auf Seetiere schnipsen, die an den Aquarienaußenwänden
> erstarrt sind, gemalt in ein falsches Blau. Bugwelle.
> Schockfront. Plötzlicher Stop und dann Monster, Loop.
> Die Giganten: Kaventsmann - 1 x nach Luft schnappen,
> nichts wird erstattet. Drei Schwestern - mit ihrer 4-Lagen-
> Wahrheit. White Wall = Weiße Wand - der Erscheinung nach
> Zuckerwatte. Viel zuviel Zuckerwatte. Dann Wellental.[9]

Hier in Coney Island, im Lunapark, die Loops: Verdrehungen, die Oberfläche verwandelt sich durch die Geschwindigkeit in ein Mehr, flüchtig in der Erscheinung, mächtig in der Wirkung, sie machen atemlos, rütteln an Sprach- und Bewusstseinsgrenzen. Antipodisch zur amerikanischen Mondgöttin dann der *Park des verlorenen Mondscheins* in Matsushima, Japan. Der Ton wird ruhiger, fast bedächtig, das Ich kommt zu sich – zumindest vorläufig. Eine letzte Probe, die letzten beiden Strophen aus *Die Kieferninseln*:

> Inseln der Seligen, Hunderte Inseln, manche
> bieten nur Platz für einzelne Möwen, ausgehöhlt,
> schroff von der Flut geformte Gesteinsbrocken,

9 | Poschmann: Geliehene Landschaften, S. 109.

auf denen knorrige Schatten schwanken, hagere
Greise, die sich dort anklammern, Kiefern, gebeugt
über die dunstige Strömung der Bucht.

Du bist am Ziel, stehst inmitten der Dinge,
die Raum einnehmen,
um deine Uferlosigkeit einzudämmen.[10]

Der lyrische Raum entgrenzt den seiner Objekte: die Bemessenheit der Gärten, das beengte Paradies, die Inseln der Ruhe und Beschaulichkeit im Weit der tönenden Unordnung erhalten bei Marion Poschmann neue Umrandungen. Auch sie werden, wie die Sprache, entkoppelt von der Materialität, von den Gesetzen der Physik, von der Ordnung der Zeit – die Gedichte werden zu Übungen des Utopischen, befriedigen dabei nicht die Bedürfnisse des Flüchtigkeitslesens (was zumeist für Lyrik gilt), gleichzeitig versteigen sie sich nicht in eine Hermetik des bloß Enthobenen oder in einen nur sich selbst bespiegelnden Ästhetizismus. Die Gedichte als Liebhabereien gedacht erfordern Hinwendung und intellektuelle Pflege – und das Erzählen darüber.

10 | Ebd., S. 73.

Vom Lesen und Schreiben und Leben

Klaus Modick ist Jubiläumspoet in Residence[1]

Rolf Parr

1. Poeten in der Universität?

Am 21. Oktober 1975 – so berichtete im Herbst 2015 die *Westdeutsche Allgemeine Zeitung* in der Spalte »Vor 40 Jahren« – sei der Schriftsteller Martin Walser an der Universität-Gesamthochschule Essen »unter die Lehrenden« gegangen. »Walser werde aber«, so hieß es weiter, »nicht über Regeln der Dichtkunst sprechen, sondern darüber, was Dichtung« sei, und zwar »ohne alle Regeln«. Ein solches Vorhaben stand dem Anspruch der Universität auf Erklärbarkeit der Dinge diametral entgegen, sodass Horst Albert Glaser, damals Professor für Allgemeine und vergleichende Literaturwissenschaft, sich als Einladender genötigt sah, explizit darauf hinzuweisen, »dass der bekannte Schriftsteller in den fünfziger Jahren mit einer Arbeit über Kafka promoviert habe«. Dieser Versuch, den Schriftsteller Walser durch Verweis auf seine Dissertation ein wenig näher an die Universität heranzurücken und sein angekündigtes nicht regelhaftes Sprechen über das Wesen der Dichtung durch den Nachweis seiner prinzipiellen Fähigkeit zur Wissenschaft zu kompensieren, scheint aber nicht allzu erfolgreich gewesen zu sein. Denn weiter wusste die Zeitung zu berichten, dass sich bei Walsers erster »Vorlesung in Essen [...] der große Hörsaal in der ehemaligen Pädagogischen Hochschule als viel zu groß« erwiesen habe. Es seien »nur wenige interessierte Bürger«[2] gekommen (ich nehme mal an, dass Studenten damals noch oder vielleicht besser schon wieder zu den Bürgern gezählt wurden).

Heute jedoch ist der Bibliothekssaal mit studentischen wie auch städtischen Bürgern sehr gut gefüllt. Das mag zum einen daran liegen, dass der Essener Poet in Residence – einer der ersten in Deutschland – nach 40 Jahren zu so etwas wie einer Institution im literarischen Leben der Region ebenso wie demjenigen der Stadt und dem der Universität geworden ist. Viel wahrscheinlicher

---

1 | Die Poetikvorlesungen von Klaus Modick (16.–19. November 2015) trugen die Titel: *Dichter wollte ich nicht werden, Ein Bild und 1 000 Worte, Autobiographie und Fiktion.*

2 | Anonymus: Vor 40 Jahren. Gastprofessor Martin Walser lehrt Dichtkunst. In: Westdeutsche Allgemeine Zeitung v. 21. Oktober 2015, online unter www.nrz.de/staedte/essen/gastprofessor-martin-walser-lehrt-dichtkunst-id11205371.html.

aber ist es, dass es unser Jubiläumspoet in Residence ist, der für den großen Zuspruch zu dieser Veranstaltung gesorgt hat, Klaus Modick, den ich ganz herzlich begrüße.

Sicher wäre es nun verlockend, auch im Detail auf 40 Jahre Poet in Residence zurückzublicken und von Autorinnen und Autoren zu erzählen, die nach Essen kamen und keine Poetikvorlesung halten wollten; von solchen, die ihren Leibarzt holen lassen wollten, oder solchen, die als überzeugte Lyriker meinten, nicht vor Studierenden sprechen zu können, die mit Medien zu tun haben (in der irrigen Annahme, beides schlösse sich aus). Zu berichten wäre dann aber auch davon, wie die Teilnehmerinnen und Teilnehmer der mit dem Essener Poet in Residence verbundenen Schreibwerkstätten ihre Mentorinnen und Mentoren weinend und weiße Taschentücher schwenkend am Bahnhof verabschiedeten oder wie das Langgedicht – 13 Meter im Leporelloformat – des dänischen Kollegen Søren R. Fauth aus Aarhus ungeahnten Erfolg hatte.

2. Der aktuelle Poet in Residence: Klaus Modick

Heute soll jedoch unser ›amtierender‹ Poet in Residence im Mittelpunkt stehen, der in den nächsten Tagen erstens davon erzählen wird, wie er Schriftsteller wurde, obwohl er eigentlich keiner werden wollte; der am Beispiel seines jüngsten Romans, *Konzert ohne Dichter*,[3] zweitens davon berichten wird, wie ein Roman entsteht und in die Öffentlichkeit gelangt; und der sich drittens über den Zusammenhang von Autobiografie und Fiktion Gedanken machen wird, sodass Sie so etwas wie ein textuelles Selfie präsentiert bekommen werden.

Lässt man das bisherige, nicht gerade kleine literarische Werk von Klaus Modick Revue passieren, dann wird man auf den ersten Blick nur schwer so etwas wie einen kleinsten gemeinsamen Nenner ausmachen können, auf den sich sein Schreiben bringen lässt, denn neben einem Roman mit kolonialem Hintergrund (*Das Grau der Karolinen*[4]) steht mit *Moos* ein Essay, von dem man heute denken könnte, dass er in den nicht allein mehr nur US-amerikanischen literaturwissenschaftlichen Boom des Ecocriticism geradezu hineingeschrieben ist,[5] neben dem Roman, der postmoderne Literaturtheorien durchspielt (*Weg war weg. Romanverschnitt*[6]), steht das Kinderbuch[7] und neben den literatur-

3 | Klaus Modick: Konzert ohne Dichter. Köln 2015.

4 | Klaus Modick: Das Grau der Karolinen. Roman. Reinbek bei Hamburg 1986.

5 | Klaus Modick: Moos. Die nachgelassenen Blätter des Botanikers Lukas Ohlburg. Reinbek bei Hamburg 1987.

6 | Klaus Modick: Weg war weg. Romanverschnitt. Reinbek bei Hamburg 1988.

7 | Klaus Modick/Jub Mönster: Sommerschauer. Oldenburg 2002.

und kulturwissenschaftlichen Essays[8] hier und da auch einmal ein lyrischer Text.[9] Und auch die weiteren Romane zeigen thematisch und stilistisch ein recht breites Spektrum.[10]

Vielleicht lassen sich aber trotz dieser Vielfalt einige Einstiegsschneisen ausmachen, die zumindest ein Stück weit bei der Erkundung des ebenso umfangreichen wie vielfältigen Œuvres von Klaus Modick hilfreich sind, gleichsam als Schuhanzieher für differenziertere Lektüren, die dann folgen müssen und die die viel zu groben Einstiege gleich wieder infrage stellen. Drei solche Schneisen möchte ich Ihnen anbieten und kurz skizzieren.

2.1 Literaturwissenschaftlich sozialisierter Schriftsteller

Die erste nimmt Klaus Modick als gelehrten Schriftsteller in den Blick, der zwischen 1971 und 1977 – in der Chronologie der Essener Poets gesprochen von Martin Walser über Peter Rühmkorf bis Rolf Hochhuth – Germanistik, Geschichte, Pädagogik, Theaterwissenschaft und Philosophie in Hamburg studiert hat, ein Studium, das er im Poetjahr von Heinar Kipphardt und Herbert Heckmann mit einem ersten Staatsexamen abgeschlossen hat, und der dann

---

8 | Traumtanz. Ein berauschendes Lesebuch. Hg v. Klaus Modick. Reinbek bei Hamburg 1986; Kabelhafte Perspektiven. Wer hat Angst vor den neuen Medien? Hg. v. dems. und Matthias J. Fischer. Hamburg 1984; Man müßte noch mal 20 sein. Hg. von dems. und Bernhard Lassahn. Reinbek bei Hamburg 1987; Klaus Modick: Das Stellen der Schrift. Essays. Siegen 1988; ders.: Ein Schatzgräber im Lavafeld. In: Merkur 45 (1991), S. 60-65 (= Rez. von Karl Robert Mandelkow: Goethe in Deutschland); ders.: Lion Feuchtwanger im Kontext der 20er Jahre. Königstein im Taunus 1981; ders.: Literatur und Deutschland? In: literatur für leser 3 (1995), S. 101-111; ders.: Mehr als Augenblicke. Polaroids im Kontext. Mit Polaroids von Jan Rieckhoff. Marburg am Neckar 1983; ders.: Steine und Bau. Überlegungen zum Roman der Postmoderne. In: Stichwort Literatur. Beiträge zu den Münstereifeler Literaturgesprächen. Hg. v. der Friedrich-Ebert-Stiftung und Kurt-Schumacher-Akademie. Bad Münstereifel 1993, S. 37-49.

9 | Klaus Modick: Der Schatten den die Hand wirft. Sonette. Frankfurt am Main 1991; ders.: Meine Bäume sind die Häuser. Gedichte mit Illustrationen von Jan Rieckhoff. Göttingen 1983.

10 | Klaus Modick: Ins Blaue. Roman. Reinbek bei Hamburg 1985; ders.: Die Schrift vom Speicher. Frankfurt am Main 1991; ders.: Das Licht in den Steinen. Roman. Frankfurt am Main 1992; ders.: Der Flügel. Roman. Frankfurt am Main 1994; ders.: Das Kliff. Roman. Frankfurt am Main 1995; ders.: Der Mann im Mast. Roman. Frankfurt am Main 1997; ders.: Vierundzwanzig Türen. Frankfurt am Main 2000; ders.: Der kretische Gast. Roman. Frankfurt am Main 2003; ders.: Die Schatten der Ideen. Roman. Frankfurt am Main 2008; ders.: Klack. Roman. Köln 2013; ders.: Konzert ohne Dichter. Roman. Köln 2015.

1980 mit einer Arbeit über Lion Feuchtwanger bei Karl Robert Mandelkow promoviert wurde (wir bewegen uns literaturwissenschaftlich also mindestens auf Augenhöhe mit dem eingangs angeführten Dr. Martin Walser); noch einmal an den Essener Poets festgemacht: Für die Promotion hat Modick die Spanne von Günter Herburger, Jurek Becker, Nicolas Born, Reinhard Lettau und Peter Bichsel benötigt.

Die alte Arbeitsteilung zwischen ›praktizierenden Dichtern‹ und ›theoretischen Wissenschaftlern‹ scheint heute aber mehr denn je überholt zu sein. Zum einen haben Literaturtheoretiker wie der Semiotiker Umberto Eco Romane geschrieben, zum anderen haben Literaten wie Jorge Semprún (man denke nur an *Algarabia*[11]) und eben auch Klaus Modick in ihren Romanen auf vielfältige Weise Literaturtheorien reflektiert. Wird im ersten Fall literaturtheoretisches Wissen einfach nur stringent literarisch umgesetzt? Und kommt im zweiten Fall der literarische Autor den Regeln und Voraussetzungen seines eigenen Schreibens auf die Spur? Oder spielt er nur ironisierend mit sich und seinen Lesern, indem er die Funktionen ›Schriftsteller‹ und ›Literaturtheoretiker‹ wechselseitig ineinander überführt?

An die Stelle der wissenschaftlichen und literarischen Ernsthaftigkeit tritt – so könnte man mit Modick sagen – das wirkliche, das richtige Leben. Das dem entsprechende Motto von Modick lautet: »nur wer vom / leben schreiben / kann / kann / vom schreiben / leben«.[12] Wie aber erreicht Modick diese Kopplung von ›hehren Theorien‹ und ›Leben‹? Ein Effekt beim Leser seiner Bücher ist ja der, dass man sich manchmal auf die Schenkel schlagen und sagen möchte: ›Ja, genauso ist es!‹ Die Verknüpfung gelingt, indem Klaus Modick die Theorien nicht nur auf das Romangeschehen appliziert, sondern sie zugleich prozediert, sie durchexerziert. Das heißt, er narrativiert literatur- und kulturwissenschaftliche Theoreme und lässt sie im Erzählen ins ›Leben‹ übergehen. Insgesamt hat man als Leser dadurch das Gefühl, doch leichte U-Literatur zu lesen, während man eigentlich schwerste Theoriebrocken in literarischem Gewand präsentiert bekommt. Modick lässt im Roman *Weg war weg* eine seiner Figuren dieses literarische Verfahren sogar selbst thematisieren:

> Die Stelle hatte ich sauber hingekriegt, keine Frage. Alle Autoritäten waren zitiert, an denen sich festmachen ließ, wie sehr Unbestimmtheiten und Unschärfen unsere Ideen und Vorstellungen erfüllen [...] aber zugleich waren all diese Theorien ironisiert und erwiesen sich für Kienast als irrelevant.[13]

---

11 | Jorge Semprún: Algarabia oder Die neuen Geheimnisse von Paris. Roman. Frankfurt am Main 1989.

12 | Klaus Modick: poetologie 1. In: Ders.: Meine Bäume sind die Häuser. Gedichte. Göttingen 1983, S. 22.

13 | Modick: Weg war weg, S. 20 f.

Für Modicks literarisches Schreiben könnte man in dieser Hinsicht sagen, dass er in einem Roman wie *Weg war weg* der Tendenz nach vom Ort der Literaturwissenschaft aus eine Literatur schreibt, die dem Leser einerseits ständig den ›Werkzeugkasten des Schriftstellers‹ vor Augen hält, die immer wieder unter der Hand sagt: ›Schau her, siehst Du, so mache ich das, und so machen es die anderen‹; eine Literatur, die andererseits die Betrachtungsebenen wechselt und das gerade Geschriebene mal vom Ort der Literatur aus, mal vom Ort der Literaturwissenschaft aus betrachtet. Auf genau diese Weise hat Klaus Modick im Falle von *Weg war weg* mit den Mitteln der Postmoderne einen diese und zugleich die sie begründenden Literaturtheorien ironisierenden Roman geschrieben.

Deutlich wird das beispielsweise, wenn Analogien zwischen dem Wiederaufbau eines alten Kachelofens aus einzelnen, für sich jeweils bruchstückhaften Elementen und den ebenso bruchstückhaften, zwischen die einzelnen Kacheln gelegten Seiten eines verloren gegangenen Manuskripts hergestellt werden. Allerdings: Während der Ofen sich aus ›Abbruchstücken‹ wieder zu einem Ganzen fügt, wird das vormals bereits fertige literarische Werk immer weiter zerlegt bzw. zu etwas gänzlich Neuem zusammengesetzt. Besser kann man das theoretische Denkmodell der Dekonstruktion kaum verbildlichen, besser kann man de Man und Derrida nicht auf die viel zitierte ›Spur‹ kommen. Für Modicks Roman ließe sich Ähnliches für psychoanalytische Literaturtheorien, Roland Barthes' *Tod des Autors* und andere Klassiker der Literatur- und Kulturwissenschaft zeigen. Daher lässt sich der Roman ganz wunderbar in Einführungskursen in die Literaturtheorie einsetzen, die ›Theoriegesättigtheit‹ des Literarischen zum Verstehenlernen der Theorien nutzen und so zeigen, dass Theorien einem nicht unbedingt den Spaß an den literarischen Texten selbst nehmen müssen.

Diese Linie des literaturwissenschaftlichen Wissens im literarischen Text lässt sich für das Werk Modicks aber auch thematisch und autorenbezogen verfolgen, so etwa im Falle des Romans *Sunset* (2011),[14] der von dem nicht mehr ganz jungen Lion Feuchtwanger im amerikanischen Exil unter den Bedingungen der McCarthy-Ära handelt. Man wird für keine Stelle des Romans sagen können, dass sie Modicks Wissen aus der Feuchtwanger-Dissertation 1:1 umsetzt; wer aber auch die Dissertation gelesen hat, wird verstehen, dass und wie Modick *Sunset* schreiben konnte. Man kann dies vielleicht mit jenem Dirigenten vergleichen, der die Handschriften einer Partitur von Beethoven monatelang studiert hat und dann sagt: ›Hochinteressant, aber man wird beim Konzert nichts davon hören.‹ Genau so muss man den Literaturwissenschaftler Modick nicht durch seinen literarischen Text hindurch hören, man kann es aber.

14 | Klaus Modick: Sunset. Roman. München/Zürich 2012.

2.2 Popliterat *avant la lettre*

Eine zweite ›Lektüreschneise‹ durch Modicks Werk könnte dem Denkmodell des ›zu früh Gekommenen‹ folgen. Man denke Ende der 1960er-Jahre an den ersten *Simca*-Pkw mit Fließheck, der genau mit dem nicht reüssierte, was dann beim *Golf* zum Erfolg führte; oder den *Talbot-Matra Rancho* als einen der ersten SUVs, der in Europa geradezu unverkäuflich war, obwohl er all das hatte, was seit einigen Jahren zum Erfolg auf dem Automarkt führt.

Die Gleichung soll jetzt aber nicht lauten: ›Modicks Texte sind wie ein Simca mit Fließheck, sind wie ein Talbot-Matra Rancho‹, obwohl man beispielsweise sagen könnte, dass Modick einige literarische Verfahren schon sehr früh genutzt hat, für die die sogenannte Popliteratur der 1990er- und frühen 2000er-Jahre (einschließlich der Fernsehcollagen eines Rainald Goetz) dann gerühmt und berühmt wurde. So ist Modicks kleine Erzählung mit dem Titel *Am Parktor*,[15] eine Geschichte über die erste Liebe, über den Wunsch nach Unabhängigkeit von den Eltern, über den Traum von Zweisamkeit, der jedoch mit einem harten Aufprall in der Realität endet, mit einer Vielzahl an Pop-Musik-Applikationen aus Songtexten der Beatles, Rolling Stones und anderer Gruppen der 1960er- und frühen 1970er-Jahre geradezu gespickt. Diese über 80 in den Verlauf der Erzählung hineinmontierten Bruchstücke mit einer Länge von drei Worten bis hin zu etwa zwei Liedzeilen sind dabei auf zwei Ebenen von Bedeutung: zum einen auf derjenigen der Rezeption. Hier kann man die einmontierten Songtexte als Elemente eines vorzustellenden kulturellen Gedächtnisses der Gesellschaft verstehen, die den Umfang des eigentlichen Textes um ein Mehrfaches seiner Länge erweitern. Denn: Wer kennt nicht *She Loves You* oder *Sweet Little Sixteen*?[16] Jedes noch so kleine Zitat lässt nicht nur den ganzen Songtext, sondern darüber hinaus eine komplex strukturierte musikalische Jugendsubkultur plus eigener damit verknüpfter Erinnerungen als Bedeutungshorizont mitschwingen. Ich nenne das gern den Maggiwürfeleffekt: Wenn eine rund 20 Seiten lange Erzählung mehr als 80 Popsongs aufruft, dann hat man es mit einem Konnotationspotenzial von mehr als 200 Seiten Umfang zu tun. Nur schade, dass heute nicht mehr allzu viele Leser die Songs kennen; sind Stellen wie diejenige zum berühmten ›ersten Mal‹ mit dem langgezogenen E-Gitarrenton des Anfangs von *Wild Thing*, gespielt von The Troggs, doch einfach großartig.

Neben den Songtextapplikationen werden in der Erzählung aber auch andere Elemente aus der Musik narrativ thematisiert. So ist die Rede von einem

15 | Klaus Modick: Am Parktor. In: Ders.: Privatvorstellung. Sieben Liebesgeschichten nebst einem Essay Über das Glück. Reinbek bei Hamburg 1989, S. 19–31.

16 | Vgl. auch Klaus Modick: Ein Weißes Album. In: Die Beatles und ich. 33 Autoren, Künstler und Musiker über ihr persönliches Verhältnis zu John, Paul, George & Ringo. Mit einem Vorwort von Thomas Mense sowie Abbildungen skurriler Beatles-Memorabilia. Hg. v. Günther Butkus. Bielefeld 1995, S. 115–122.

»Paukenschlag von Ginger Baker« oder einem »herrliche[n] Schlußakkord«. Solche Stellen markieren häufig den Übergang von dem, was in den einmontierten Songtexten ausgesagt wird, zu den Handlungen der Protagonisten, die gerade diese Passagen praktisch umsetzen. Von daher haben wir es mit einer Art kleinem Applikationskreislauf innerhalb des literarischen Textes zu tun. Wie wichtig dieses Verfahren ist, wird deutlich, wenn man die Weglassprobe macht. Denn dann zeigt sich, dass die Geschichte zwar immer noch verständlich, zugleich aber auch schlichtweg langweilig ist. Umgekehrt lässt sich die wichtige Funktion der anthematisierten Songs daran ablesen, dass dann, wenn man die Songs an den entsprechenden Stellen einspielt, das Publikum schnell mitsummt, lächelt, aufhorcht etc., kurz: den Mehrwert der Songtexte im literarischen Text realisiert.

Alle diese Verfahren – und damit zurück zum Topos des ›Zu-früh-Gekommenen‹ – findet man in Light-Versionen bei vielen derjenigen Popliteraten, die in den 1990er-Jahren auf den Bestsellerlisten standen. Bei Modick wurden diese Verfahren schon früher und deutlich komplexer verwendet, und dies vor allem mit dem Ziel, die Kretin-Alternative von U- und E-Literatur zu unterlaufen.

2.3 Autobiografische Fährten

Bleibt als drittes noch die Schneise der auffällig vielen autobiografischen Bezüge und »familiären und regionalen Motive«[17] in Modicks Romanen und Erzählungen, etwa des Spiels mit dem eigenen, mal als Anagramm, mal als Umschrift, mal als Initialien in den literarischen Texten vorkommenden Namen. Da wird aus Klaus Modick ein »Lukas Domcik« (so in *Weg war weg* und dann wieder in *Der Mann im Mast*); in der Novelle *Moos* ist der fiktive Herausgeber mit den Initialen »K. M.« und »der Protagonist [...], ›Lukas‹ Ohlburg, trägt einen Vornamen, der ein Anagramm für Klaus ist, und einen Nachnamen, der« auf Modicks Geburt- und Lebensort Oldenburg hinweist;[18] Figuren zitieren Texte Modicks. Die Reihe ließe sich fortsetzen.

So spannend das Erkennen und dann Wiedererkennen solcher Bezüge, zu denen noch die auf die eigene Kindheit und Familie sowie ihre Geschichte hinzukommen, für uns Leserinnen und Leser auch sein mögen, müssen wir zur Kontrolle doch immer wieder fragen, ob wir dem ironisierenden Sprachspieler Modick genau damit auf den Leim gehen oder ob wir daraus ein womöglich besseres Textverständnis entwickeln können. Die Kombination von beidem sei

---

17 | Hubert Winkels: Postmoderne leicht gemacht. Klaus Modick und die Rückkehr der Familie. In: Kann man Bücher lieben? Vom Umgang mit neuer Literatur. Hg. v. dems. Köln 2010, S. 105–114, hier S. 107.

18 | Ulrich Baron: Art. »Klaus Modick«. In: Kritisches Lexikon zur deutschsprachigen Gegenwartsliteratur (KLG), 57. Nlg., S. 4.

nicht ausgeschlossen, auch wenn gerade die besonders plakativ ausgestellten autobiografischen Bezüge sich manchmal vielleicht eher als Fallen entpuppen.

3. Selbst lesen!

Das alles aber müssen Sie selbst erproben, indem Sie Klaus Modicks Bücher lesen und ihm jetzt zunächst einmal zuhören und erfahren, wie er vom ›Nicht-Dichter-werden-wollen‹ zum Schriftsteller wurde und nach Wilhelm Genazino, Guntram Vesper, Dieter Wellershoff, Günter Grass, Cees Nooteboom, Ursula Krechel, Uwe Kolbe, Friedrich Christian Delius, Guy Helminger, Norbert Scheuer, Terézia Mora, Kathrin Röggla, Marion Poschmann und vielen, vielen anderen mehr – sogar zum Jubiläumspoet in Residence hier an der Universität Duisburg-Essen.

Herzlich willkommen, Klaus Modick!

Vom Lesen und Schreiben

Klaus Modick

1. Lesefieber

Unter der holzgetäfelten Dachschräge wirkte das Kinderzimmer wie ein Beduinenzelt, in dem jeder Tag mit einer Geschichte endete. Lagen die Mädchen im Bett, wurde vorgelesen. Meine amerikanische Frau und ich wechselten uns dabei ab – heute Englisch, morgen Deutsch. Es gab lustige und traurige Geschichten, kurze und lange, ganze Romane gar, die sich über Wochen hinzogen. In diesen Stunden herrschte ein heller Zauber, mit dem die abstrakten Schriftzeichen zu gesprochenen Worten wurden und sich zwischen erzählendem Mund und lauschenden Ohren eine unsichtbare Brücke bildete, während das Schnurren des Katers, der eingerollt einem der Mädchen zu Füßen lag, wie ein einverständiger Kommentar klang. Manchmal, wenn die Mädchen schon eingeschlafen waren, las ich noch ein wenig weiter – vielleicht, um ihren Träumen noch ein paar Worte einzugeben, vielleicht aber auch, weil ich vom Vorlesen nicht lassen wollte, wenn daraus etwas aufstieg, was stummer, erwachsener Leseroutine abgeht: Klang.

Als sie dann selber lesen konnten, lasen meine Töchter manisch bis zügellos – von den Büchern zu Fernsehserien wie *Gute Zeiten, schlechte Zeiten* und *Wendy*-Heften über *Gone With The Wind* bis zu den *Buddenbrooks*, gelegentlich sogar, wenn auch stirnrunzelnd und kopfschüttelnd, Bücher, die ihr Vater geschrieben hat. Aber die Bücher, die in meiner Kindheit beliebt waren, ließen die Mädchen kalt. Vielleicht lag es auch daran, dass Karl-May-Lektüre eine Sache für Jungen war und nur die 1960er-Jahre-Verfilmungen mit Pierre Brice den Hormonhaushalt weiblicher Teenager seinerzeit in Wallung versetzen konnten. Wäre zu Pubertätszeiten meiner Töchter Leonardo DiCaprio als Winnetou angetreten, hätten vermutlich auch sie sich mit solcher Inbrunst in die dunkelgrünen Schwarten versenkt wie der etwa zwölfjährige Junge, der in Hannover mit seiner Mutter zugestiegen war und mir nun im ICE-Abteil gegenüber saß. Er hatte sofort einen *Harry-Potter*-Band aus seinem schreiend roten Plastikrucksack gezogen, mit fieberhafter Unersättlichkeit zu lesen begonnen und sich von nichts und niemandem ablenken lassen – nicht von der draußen wintertrüb vorbeiziehenden Welt, nicht vom Angebot der durch die Zugänge scheppernden Minibar, schon gar nicht vom Schaffner, der die Fahrkarten kontrollierte, und selbst, als seine Mutter ihm einen Apfel hinhielt, blickte er kaum auf, sondern griff wie traumwandlerisch abwesend danach, biss hinein und verschlang, nun kauend, weiter sein Buch. Er fuhr nicht von Hannover nach Bremen oder Oldenburg oder Norddeich-Mole, sondern von einem Kapitel zum nächsten. Dazwischen lag der öde Gleichtakt der Schwellen und Schienen, den die Hochspannungsleitungen aufteilten, die Leere einer Welt, die ihn am Zielbahnhof wieder in Empfang nehmen würde. Inzwischen führte er ein Leben auf Fortsetzung, indem er den Abenteuern seiner Helden sein eigenes Dasein beimischte, ohne es zu bemerken.

Damals, in meiner Kindheit in den 1950er-Jahren, die Stadtbibliothek in der Gartenstraße! Die Bücherei hieß schlicht und einfach *Brücke*. Ich nahm an, dass damit die brückenartige Treppe gemeint war, die zum Eingang hinaufführte, diese Brücke, auf der wir in langsam fallenden Dämmerungen, an Spätnachmittagen im Herbst oder Winter, fröstelnd im Nebelstaub warten mussten, bis geöffnet wurde. Und als ich später dahinterkam, dass *Brücke* nur ein Kürzel für das städtische Kulturzentrum *Brücke der Nationen* war, blieb ich dennoch dabei: Die *Brücke* war diese Treppe zum Wunderreich der Bücher, die ich wie Piratenschätze nach Haus trug, um sie dort, vom Lesefieber in bunte Fantasielandschaften gebannt, gierig und nimmersatt wegzuschlürfen, wie einem wirklich Fiebernden ja auch kein Getränk den unstillbaren Durst zu löschen vermag. Die Bücher freilich, die man am dringlichsten gebraucht hätte, um das Lesefieber zu stillen, waren fast immer ausgeliehen, besonders natürlich die Werke Karl Mays. Und das, was gewissermaßen auf dem Index stand, der sogenannte Schmutz und Schund, also Tarzan, Akim, Sigurd und wie die Helden der schmalformatigen Comicserien alle heißen mochten, war selbstverständlich in der *Brücke* nicht zu haben.

Es gab jedoch einen Ort, an dem solche Schätze im Überfluss vorhanden waren, und diese Leseschatzinsel lag in einer Wohnung in der Westerstraße. Ein Schulkamerad hatte das sagenhafte Glück eines Vaters, der Comichefte sammelte und alle, aber auch wirklich alle Bände Karl Mays besaß. Die Bücher mit den bunten Umschlagbildern und grün-schwarzen Jugendstilornamenten auf den Rücken ... Unsere Lektüre gab sich dort der grellen Kolportage so hemmungslos hin wie der Junge vor mir im Zug. Als ob man sich im Buch verbrannte. Die Seiten als Scheite, entflammt durch Lesende. Gibt es womöglich einen Zusammenhang zwischen Schmökern und Schmöken, Rauchen also? Nun ja, das führt vermutlich ins Nebelreich der Spekulation, die allerdings verdächtig der Erinnerung gleicht. Die Karl-May-Bände standen jedenfalls in einer Vitrine hinter Glasschiebetüren. Der stolze Besitzer war zu sehr Sammler, als dass er die Bücher aus dem Haus gegeben und uns ausgeliehen hätte; vielleicht fürchtete er, seine Kostbarkeiten könnten unter unseren entzündenden Blicken in Feuer und Rauch aufgehen. Und so saßen wir also zu viert und fünft und mehr sehr artig vor dieser Schleiflackvitrine auf dem Sofa oder auf dem Fuß-boden und schmökerten uns mit heißen Ohren *Durchs wilde Kurdistan*, durch *Winnetou* I bis III und durch Tarzans und Prinz Eisenherz' Abenteuer.

Mein Vater rauchte – das heißt also: schmökte – zu dieser Zeit *Senoussi*-Zigaretten, auf deren orange grundierten Packungen Araber in wildromantischen, buntgestreiften Burnussen abgebildet waren, sodass ich ein klares Bild davon gewann, wie ich mir Hadschi Halef und die anderen Orientalen vorzustellen hatte. Und Illustrationen zu den Wild-West-Geschichten gab es als Sammelbilder in den *Wilken-Tee*-Packungen, die meine Mutter kaufte. Unten, im Parterre des Schmökerhauses in der Westerstraße, befand sich ein Wäscherei- und Heißmangelbetrieb, aus dessen Räumen Dampfschwaden nach oben in unsere Leseräusche drangen, und deshalb bleiben die Abenteuer Kara Ben Nemsis und Old Shatterhands in meiner Erinnerung stets von einem Aroma durchtränkt, das sich aus Waschlauge und *Hoffmanns Universal Stärke*, Teeblättern und dem scharfen Rauch von *Senoussi*-Zigaretten zusammensetzt.

Und was meine Töchter betrifft: Die sind längst zu erwachsenen, passionierten Lesern geworden, doch zwischen den Zeilen mögen sie manchmal noch jene Stimmen hören, die ihnen vorgelesen haben. Heute Englisch. Morgen Deutsch.

2. Von letzten und ersten Worten

Über berühmte (»Mehr Licht« [Goethe]) und weniger berühmte (»Rechts ist frei« [Der unbekannte Beifahrer]) letzte Worte sind ganze Bibliotheken vollgeschrieben worden. Die Maske fällt – angeblich; das Wort, mit dem wir sterben, soll endlich sagen, wer wir waren – was uns auch nichts mehr nützt, sondern höchstens noch den überlebenden Ohrenzeugen, die aus den letzten Röchlern dann Legenden stricken und Geniekulte basteln. B. Traven war allerdings der bedenkenswerten Ansicht, das letzte Wort eines Sterbenden sei noch weniger wichtig als das eines Mannes, der sinnlos betrunken ist. Und Mark Twain empfahl, man solle die Worte, die man als letzte von sich zu geben gedenke, beizeiten auf einen Zettel schreiben und die Meinung seiner Freunde dazu einholen. Denn ob uns schlagfertiger Galgenhumor auch noch beim letzten Schnaufer treu bleibt, ist immerhin zweifelhaft. In jenem Moment ist man vermutlich körperlich wie geistig nicht mehr so fit wie der sprichwörtliche Turnschuh. Wahrscheinlich fällt einem das brillante Bonmot, das man der Nachwelt durchreichen wollte, gar nicht mehr ein; und außerdem ist man von schluchzenden Familienmitgliedern umringt, die bereits die Erbschaft hochrechnen. Wie soll einem unter solchen Umständen das geistesblitzend gewitzte Wort gelingen? Twain schlug deshalb vor, die vorvorletzten Worte der Geistesgrößen zu sammeln: aus denen könne man dann postum vielleicht noch etwas Zufriedenstellendes zusammenstoppeln.

Über die geistige Physiognomie eines Menschen sagen vermutlich die ersten Worte, die seinem Mund entkommen, viel mehr aus als die ominösen letzten. Leider ist man im entsprechend zarten Alter noch nicht fähig, sich seine Eröffnungsweisheit zu notieren. Das wäre Sache der Eltern, die aber zumeist gerade mit anderen Dingen beschäftigt sind – Windeln waschen oder wechseln, sich schlaflos im Geschrei des Zahnenden wälzen und dergleichen Elternfreuden mehr. So gehen die ersten Worte häufig verloren und werden unverdientermaßen nicht berühmt.

Da! Da! Da! Erste wortähnliche Gebilde, mit denen meine älteste Tochter aus den wogigen Regionen unartikulierter Laute zur Sprache kam. O! O! O! lautete später die Version ihrer jüngeren Schwester. Da, da, da – das heißt: Da ist etwas, das ich erkenne; vielleicht ist es sogar ein Wiedererkennen von etwas dunkel Geahntem, das plötzlich im Licht der Welt wirklich wird, Form findet und Gestalt annimmt. O, o, o, das ist das Staunen, dass es etwas gibt und dass es ist, wie es ist, ein noch begriffslos stammelndes Staunen, für das man eigentlich einen grammatischen Begriff wie den des expressiven Demonstrativpartikels einführen müsste.

Jeder spricht irgendwann seine ersten Worte – niemand weiß, dass er sie spricht, niemand erinnerte sich an sie, gäbe es nicht die Menschen, die diese Worte hören und registrieren und sie uns dann später, wenn wir so selbstverständlich sprechen können, als hätten wir's nie gelernt, erzählend zurückgeben. Wir sind also mehr als wir selbst. Unsere Identität kristallisiert sich nicht nur aus unseren eigenen Erinnerungen und Erfahrungen, sondern auch aus Zuflüssen, deren Quelle jene Erinnerungen und Erfahrungen sind, die uns berichtet, erzählt, vorgelesen – mithin überliefert werden.

Der Strom unserer Existenz gleicht von Anfang an keinem eng begrenzten Kanal, sondern einem Delta mit Seitenarmen und Altwassern. Wenn wir mit den Booten unserer Erinnerung, unseres Wissens, unseres Bewusstseins, später versuchen, diesen Strom zu erforschen und die Geografie des Deltas zu ermessen, geraten wir früher oder später an jene Verzweigungen, die wir nur wiedererkennen, weil andere sie vor und für uns erkannt und kartiert haben. Und dennoch sind sie Teile von uns; sie gehören uns an, weil niemand nur sich selbst angehört. Je genauer man auf sich zurückblickt, desto vielgestaltiger wird man: Figuren huschen vorbei, die alle Fragmente ein und derselben Person sind. Wir entspringen dem Mischungsverhältnis unserer Eltern und Ahnen, genetisch, biologisch, soziologisch und kulturell; wir leben unser Leben in Mischungsverhältnissen, und wenn wir Leben fortpflanzen, schaffen wir neue Mischungsverhältnisse, in denen auch wir präsent bleiben.

Eugène Ionesco notierte in seinem *Journal en miettes* (1967), die Jahre der Kindheit seien vorbei, sobald man wisse, dass man sterben werde. Von diesem Augenblick an gebe es keine Gegenwart mehr, sondern nur noch Vergangenheit, die dem Abgrund der Zukunft entgegenstürze, dem Tod. Die Auszehrung reiner Gegenwart durch Vorstellungen von Anfang, Ende und dazwischen gespannter Zeit setzt jedoch mit Bewusstseinsentwicklung und Erinnerungsvermögen viel früher ein und hängt unmittelbar damit zusammen, dass Sprache in die Geistesgegenwart des Kindes einwandert und diese zu strukturieren beginnt. Da, da, da und o, o, o, das sind die Zungenstöße, mit denen erstmals Dasein und Bedeutungen auseinandergetrieben werden. Indem Sprache dem Kind Welt erklärt und deutet, verzehrt sie zugleich das reine In-der-Welt-Sein.

Ein kindliches Wissen um die eigene Sterblichkeit gibt es bereits im Spiel, aber es verschränkt sich dort mit einem Gefühl von Unsterblichkeit – es ist eine Art Theatersterblichkeit: Als Cowboy oder Indianer, Ritter oder Soldat bin ich in meiner Kindheit zahllose Tode gestorben. Den Ort dieser sterbenden Unsterblichkeit bildete eine verwilderte, ausgedehnte Gartenanlage in der Nähe meines Elternhauses, durchsetzt von Grundmauern und eingestürzten Kellergewölben der ehemaligen Großherzoglichen Stallungen. Dies Gelände hieß unter uns Kindern »der Park«. Niemand wusste, woher die Bezeichnung stammte, jeder benutzte sie. Es schien, als hätte der Park sich selbst seinen Namen gegeben. Unsere Fantasie verwandelt ihn in einen Märchenwald voller Burgen und Schlösser, in Dschungel und Sümpfe, Savannen und Rocky Mountains. Wir sind Raubritter mit Cowboyhüten, Riesen mit Zwergenschuhen, Indianer in kurzen Hosen. Der Park verwandelt auch uns, und aus seinen Mauerresten strahlen Erinnerungen an Vorzeiten, in denen alles kein Spiel, sondern leibhaftige Wirklichkeit war. Die Eisenbahnlinie, die das Gelände nach Norden begrenzt, könnte, statt nach Ostfriesland und Groningen, genauso gut, besser, in den Wilden Westen oder in den Orient unserer Träume führen. Und wer hier sein Ohr auf die moosbewachsenen Stufen der mürben Gemäuer legt, der hört noch die Pferde des Großherzogs schnauben und trappeln, wenn er mit seinem Gefolge zur Jagd aufbricht. Das Gefolge sind wir und galoppieren durch Forste, über Felder, verfolgen und werden verfolgt, schmachten in finsteren Kerkern, befreien und werden befreit, sterben in grausamen Kämpfen und stehen unsterblich wieder auf.

Mit solchem kindlichem Wissen von Sterblichkeit lässt sich jedenfalls das Kindheitsende nicht bezeichnen; eher vielleicht mit einsetzender Zeugungs- und Gebärfähigkeit, dem Zeitpunkt also, von dem an Leben weitergegeben werden kann. Oder endet die Kindheit erst in der Erfahrung eigener Elternschaft, in der Dimensionen der eigenen Vergangenheit spiegelbildlich erfahrbar werden, Dimensionen, die uns bislang nur in Erzählungen anderer erreichten?

Vielleicht endet Kindheit nie, weil ihre Prägungen uns bis zum Tod begleiten. Sie verdünnt sich nur und wird fadenscheinig wie die Strümpfe, die ich, bereits mehrfach gestopft, von meinem Bruder übernahm und aufzutragen hatte, bis sie eines Tages so durchlöchert waren, dass meine Mutter, um sie zu retten, mehr Garn in sie hätte wirken müssen, als an ihnen noch war. Und so wirkt auch das Erzählgarn unserer Erinnerungen beständig daran, dass unsere Kindheit erhalten bleibt und sich zugleich stetig verändert, weil wir ihr den Stoff unserer Gegenwart zusetzen.

Gegenüber der von Mund zu Ohr reichenden Leibhaftigkeit mündlicher Erzählungen ist das stumme Lesen von Texten eine kühle und einsame Angelegenheit von Auge und Hirn. Die mündliche Überlieferung vollzieht sich von Mensch zu Mensch, vom sichtbaren Körper und seinen Gesten, vom Körper, der atmet und mit Atem, Kehlkopf, Gaumen und Zunge Worte hervorbringt, zum Körper des Zuhörenden, der, wenn er ›ganz Ohr ist‹, doch auch sieht und riecht, schmeckt und spürt. Es sind solche, mit sinnlicher Unmittelbarkeit in uns versenkten Mitteilungen fremder Erfahrungen und Wahrnehmungen, die wir uns, und sei es nur in Bruchstücken und abgestuften Mischungen, zu eigen machen.

Wenn sich dem aus Erzähltem Wahrgenommenen insofern ein, wenn auch sprachverdünnter, Erfahrungswert zusprechen lässt, liegt hier nicht nur die Schnittstelle zwischen dem, was uns wirklich zugestoßen ist, und dem, was uns »lediglich« zugetragen wurde. Vielmehr erweitert sich hier unser Erfahrungsraum um vier, in Ausnahmefällen fünf Generationen, die uns vorangingen, reichen doch die Erinnerungen unserer Großeltern bis auf deren eigene Großeltern zurück – Erinnerungen wohlgemerkt, die aus Augen- und Ohrenzeugenschaft stammen, nicht nur aus verschriftlichten Dokumenten, nicht nur aus den steif-würdevollen Fotografien und Daguerreotypien von einst, wie sie etwa als braunstichige Ahnengalerie neben dem Schreibtisch meiner Großmutter hingen. Dieser Schreibtisch ist aus dem Holz eines Kirschbaums gefertigt worden, der im Garten des Elternhauses meiner Großmutter stand. Sie vererbte den Schreibtisch meinem Vater, und nach dessen Tod nahm meine Mutter ihn in Gebrauch. Schön wäre es, hätte sich zwischen den Fotos und Porträtzeichnungen auch ein Bild jenes Kirschbaums gefunden. Aber es gibt keins – und so mache ich es mir in meinen Vorstellungen: ein weißer Blütentraum, vom Wind geschüttelt, ein Augenaufschlag und vorbei.

Reviews
Rezensionen

»Dazwischen«

Pop in transatlantischer Perspektive

Der vorliegende Band befasst sich mit »amerikanischen Götter[n]« im Bezug auf »[t]ransatlantische Prozesse in der deutschsprachigen (Literatur und) Popkultur seit 1945«. Die aus Konferenzbeiträgen hervorgegangenen Aufsätze bieten dabei sowohl einen chronologischen Überblick als auch komparatistische Fallstudien, die eine gewisse Bandbreite des Themas widerspiegeln bezüglich der Popliteratur in ihren verschiedenen Ausprägungen. Dabei stehen vor allem Literatur und Texte im Zentrum des Interesses, Texte hier weit gefasst verstanden, also auch als Liedtexte oder in Wechselbeziehungen mit anderen Kunstformen (Musik, bildende Kunst, Comic, Film). Der Band bietet insgesamt einen lesenswerten Überblick über ausgewählte Phänomene der im engeren Sinne verstandenen Popkultur und der transatlantischen Einflüsse auf ihre Entwicklung in der Nachkriegszeit.

Die Einleitung der Herausgeber Stefan Höppner und Jörg Kreienbrock weist direkt auf die Herausforderungen eines solchen Unterfangens hin: Auseinandersetzungen mit ›Popliteratur‹, hier also enger gefasst als die ›Popkultur‹ im Titel, werden unter anderem dadurch erschwert, dass der Begriff sich nicht exakt definieren lässt. Der vorliegende Band arbeitet heraus, dass sich diese Unterbestimmtheit oder Überdeterminiertheit durch die spezifische Rezeption amerikanischer Populärkultur im deutschsprachigen Raum erklären lässt und das Phänomen ›Pop‹ an sich bereits durch Transformationen und Austausch gekennzeichnet ist. Darüber hinaus zeigt er die Reflektiertheit von Popliteratur auf, der laut Höppner/Kreienbrock (S. 4) bislang in der Literaturwissenschaft noch nicht so viel Aufmerksamkeit geschenkt worden sei.

In den zehn Beiträgen, die verschiedene Zeiträume und Aspekte der transatlantischen Prozesse in der deutschsprachigen Popkultur nach dem Zweiten Weltkrieg genauer untersuchen, wird die transatlantische Wechselwirkung aus unterschiedlichsten thematischen Perspektiven und von ebenso verschiedenen theoretischen Positionen aus ausgelotet, wobei diese sich erstaunlich gut ergänzen. Abschließend reflektiert der Popautor Thomas Meinecke, interviewt von Herausgeber Jörg Kreienbrock, seine Perspektive als deutscher Schriftsteller, der sich in seinem Werk intensiv mit der amerikanischen Popliteratur und -kultur auseinandersetzt.

Die einzelnen Beiträge beginnen chronologisch mit der Nachkriegszeit, in der Stefan Höppner die Kontinuität der deutschen Amerikabilder durch die Verbreitung von Margret Bovaris *Amerikafibel* analysiert. Dabei zeigt Höppner auf, wie durch diese Fibel in der Nachkriegszeit noch auf Vorstellungen aus der Weimarer Republik und der NS-Zeit zurückgegriffen wird. Popliteratur steht zu diesem Zeitpunkt allerdings noch nicht im Zentrum des Interesses. In den 1950er- und 1960er-Jahren wird dagegen die amerikanische Beatliteratur rezipiert und die erste deutschsprachige Popliteratur entsteht, in den 1970er- und 1980er-Jahren dann auch der britische Punk. Somit ergibt sich für das Gesamtthema eine historische Dimension, die die Verfahrensform Pop in einen zeitlich längeren Zusammenhang als bislang üblich stellt und die produktive Rezeption amerikanischer Vorbilder bis in die Nachkriegszeit zurückverfolgt.

Charis Goer arbeitet in ihrem Beitrag heraus, dass Pop und die Beatbewegung Charakteristika teilen, aus denen ein kontinuierlicher, produktiver Prozess der Transformationen und des Austauschs resultiert. Die facettenreiche Rezeption in Westdeutschland führt anfangs auch zu unterschiedlichen Bezeichnungen und Reaktionen, wie Goer darlegt. Leslie Fiedlers Rede *Cross the Border, Close the Gap* steht im Zentrum von Barry Murnanes Beitrag, der die deutsche Diskussion um ein postmodernes Literaturverständnis skizziert und dabei vor allem Rolf Dieter Brinkmanns »produktive Missverständnisse« (im Sinne Diedrich Diederichsens) aufzeigt. Ulrich Plass beschäftigt sich mit der Kritik der Linken an der amerikanischen Popliteratur, die sich vor allem auf Adornos und Horkheimers Essay zur »Kulturindustrie« stütze und die Ambivalenzen der Kulturindustrie hinterfrage, die jedoch auch in Adornos Text anzutreffen seien. In einem weiteren Artikel zu Brinkmann, speziell zu seinem postum publizierten Tagebuch, untersucht Elke Siegel, wie Brinkmann US-amerikanische Popkultur intermedial verarbeitet und weiterhin teilweise im transatlantischen Austausch steht, auch wenn er sich andererseits in Teilen davon distanziert.

Das Jahr 1977 wird von Stefan Seiler als subjektive Zäsur für den Pop sowohl in den USA durch den New Wave, eine Entwicklung »von der Körperlichkeit zum Intellekt« (S. 131) unter dem Einfluss von körperbetontem Punk und Funk, als auch in der transatlantischen Rezeption dargestellt. Sowohl der britische Punkrock als auch der amerikanische New Wave werden in Deutschland breiter rezipiert als zuvor, darüber hinaus bekommen Urbanität und Raumgebundenheit (»popkulturelle Orte«) mehr Bedeutung. Peter Brandes' Artikel nimmt dagegen Liedtexte westdeutscher Punkbands in den Blick und arbeitet heraus, dass darin einerseits Kritik an den USA geübt, andererseits Punk als britisches Phänomen gedeutet wird. Die Prägung westdeutscher Autoren in den 1980er-Jahren sowohl durch Punk als auch durch New Wave steht im Zentrum von Martin Jörg Schäfers Beitrag, der Transformationen durch pop- und hochkulturelle Aneignungen beispielsweise bei Rainald Goetz bezogen auf »Theoriepopstars« aufzeigt.

Die letzten Jahrzehnte stehen im Fokus der verbleibenden Artikel. Aron Sayeds Beitrag untersucht die intermedialen Wechselwirkungen zwischen US-amerikanischer Popmusik und den ersten beiden Romanen von Tobias O. Meißner anhand von deren anachronistischen Einbettungen der Popmusik. Durch die produktiven Aneignungen werden die USA und ihre Popkultur zum Ausgangspunkt, vergleichbar mit einem »Primärtext der Welt« (S. 180). Insgesamt entsteht so ein Hybrid, das die transatlantischen Prozesse dieser produktiven Aneignungen widerspiegelt. Katja Kauer zeigt anhand von Fatih Akins Debütfilm *Kurz und schmerzlos* die Aneignung und produktive Nutzung stereotypischer Männlichkeitsbilder, die dem US-amerikanischen Kino entnommen sind. Das Scheitern von Akins als hypermaskulin dargestellten Protagonisten ist bedingt durch irreale, anachronistische Wunschvorstellungen männlichen Heldentums, die in diesen stereotypischen Bildern enthalten sind. Der abschließende Aufsatz, der sich auf den ursprünglich französischen, aber auch in Deutschland bekannten Comichelden Asterix bezieht, öffnet dabei die amerikanisch-deutsche zu einer transatlantischen, transnationalen Perspektive. Dies mag auf den ersten Blick disparat erscheinen, fügt sich aber sinnvoll in den Gesamtzusammenhang des »transatlantische Prozesse« untersuchenden Bandes ein. Fernand Hörner zeigt hierbei die Ambivalenz des Asterix-Zeichners Uderzo gegenüber »großen Vorbildern« im Comic, hier Walt Disney ebenso wie das japanische Manga, auf, überschreitet also gleich mehrfach die Räume dieser Studie und erweitert dadurch den Blickwinkel. Abschließend reflektiert Thomas Meinecke, interviewt von Jörg Kreienbrock, über seine eigenen Arbeitsprozesse, die ebenfalls zu einem anderen Blickwinkel, hier aus der Sicht eines Kulturschaffenden, der in den genannten transatlantischen Prozessen steht, beitragen.

Die Zusammenstellung besticht dabei vor allem durch die Kombination der unterschiedlichsten Facetten des Themas. Dennoch wird eine durch wechselseitige Einflüsse gekennzeichnete Entwicklung der deutschsprachigen Popkultur in Abhängigkeit von den »amerikanischen Göttern« herausgearbeitet, die trotz unterschiedlicher Aspekte und Zuordnungen ein zusammenhängendes Bild des ›Dazwischen‹ vermittelt. Gerade auch die chronologische Reihenfolge der Aufsätze, die allgemeinere Reflexionen mit detaillierten analytischen Passagen verbindet, unterstreicht diesen Entwicklungsprozess.

Insgesamt bietet der Band interessante Einblicke in die »[t]ransatlantische[n] Prozesse in der deutschsprachigen Literatur und Popkultur seit 1945«. Dabei werden nicht nur die »amerikanischen Götter« erklärt und über den deutschsprachigen Raum hinaus in Großbritannien und Frankreich in den Blick genommen, sondern auch die transatlantischen Prozesse exemplarisch herausgearbeitet. Während dadurch jedoch eine auf einem »Dazwischen« (laut Einleitung im Sinne Homi K. Bhabhas) basierende ambivalente Definition von Popliteratur bzw. Popkultur herausgearbeitet wird, bleibt das Wort »deutschsprachig« aus dem Titel in den Analysen ein wenig im Hintergrund. In der Einleitung findet sich lediglich der Hinweis, dass eine

> spezifische Literatur des »Dazwischen« herausgearbeitet werden [soll]: »Amerikanische« Literatur auf Deutsch – zwischen Sprachen, Genres, Kontinenten und Generationen: »Deutsch«, um es mit Thomas Meinecke [Eckhard Schumachers Nachwort *Deutsch als Fremdsprache* in Meineckes *Lob der Kybernetik*] zu sagen, »als Fremdsprache« verstanden [...]. (S. 5 f.)

Aus der Perspektive des Amerikanisten, der in seinen Beiträgen stets auch den ebenso ambivalenten Bezugspunkt ›Amerika‹ definiert und kontextualisiert, fällt es daher auf, dass der im Titel prominente Bestandteil »deutschsprachig« nicht weiter produktiv genutzt wird. Während manche Einzelbeiträge kenntlich machen, worauf sich »deutsch« bzw. »deutschsprachig« im Kontext des Beitrags bezieht, beschränkt sich die übergeordnete Auseinandersetzung mit dem »Dazwischen« offenbar weitgehend auf die USA und (West-)Deutschland sowie westeuropäische Nachbarn. Die Frage danach, inwieweit diese Prozesse im weiter gefassten deutschsprachigen Raum möglicherweise ebenfalls als ›dazwischen‹ oder aber als weniger ambivalent bezeichnet werden könnten, bleibt daher weiteren Untersuchungen vorbehalten. Ebenso bieten hier weniger berücksichtigte Phänomene innerhalb eines weiter gefassten Kulturbegriffs Ansatzpunkte für zukünftige Arbeiten, die die ›amerikanischen Götter‹ und transatlantische Bezüge auch darin analysieren und testen, ob diese zur hier vor allem für die Popliteratur, Comics, Liedtexte und Filme herausgearbeiteten Entwicklung passen.

Insgesamt leistet der Band einen abwechslungsreichen und lesenswerten Beitrag zu verschiedenen Phänomenen innerhalb der »[t]ransatlantische[n] Prozesse in der deutschsprachigen (Literatur und) Popkultur seit 1945«. Gerade die Kombination aus synchronen und diachronen Aspekten zeigt dabei deutlich die Entwicklung und spiegelt die Ambivalenz wider, die das ›Dazwischen‹ als Charakteristikum und nicht als Makel in der Diskussion um Definitionen und Ausprägungen vor allem der Popliteratur und ihre transatlantischen Bezüge ausmacht.

Saskia Hertlein
Universität Duisburg-Essen

Stefan Höppner/Jörg Kreienbrock (Hg.): Die amerikanischen Götter. Transatlantische Prozesse in der deutschsprachigen Popkultur seit 1945. Berlin/Boston: de Gruyter 2015; 246 S., € 89,95 (gebunden), € 89.95 (eBook), € 139,95 (gebundene Ausgabe plus eBook).

Stefan Georges transatlantische Projektionsfläche

An seinen Freund Witold von Hulewicz sandte Rainer Maria Rilke am 13. November 1925 eine kurze kulturkritische Skizze:

> Noch für unsere Großeltern war ein ›Haus‹, ein ›Brunnen‹, ein ihnen vertrauter Turm, ja ihr eigenes Kleid, ihr Mantel: unendlich mehr, unendlich vertraulicher; fast jedes Ding ein Gefäß, in dem sie Menschliches vorfanden und Menschliches hinzusparten. Nun drängen, von Amerika her, leere gleichgültige Dinge herüber, Schein-Dinge, *Lebens-Attrappen* [...]. Ein Haus, im amerikanischen Verstande, ein amerikanischer Apfel oder eine dortige Rebe, hat *nichts* gemeinsam mit dem Haus, der Frucht, der Traube, in die Hoffnung und Nachdenklichkeit unserer Vorväter eingegangen war.[1]

Diese Passage ist nicht nur ein Zeugnis dafür, dass Rilke zivilisationskritischen Stereotypen – mithin einer Spielart des Antiamerikanismus in der Moderne – anhing, sondern lässt weitreichende poetologische Interpretationen zu. Denn die Ding-Gedichte Rilkes versuchen gerade in der Sprache die – in seinen Augen – vergangene Würde der Dinge zu erretten und zu bewahren. Über Amerika lässt sich aus den Worten Rilkes nichts lernen, wohl aber viel über das poetische Programm des Verfassers.

Genau wie Rilke war Stefan George nie in Amerika und verfasste ebenfalls keine ökonomischen Studien. Trotzdem nach Georges Vorstellungen von Amerika und seiner Sicht auf »Unternehmertum, Markt und Freiheit« zu fragen, wie es Karsten Dahlmanns unternimmt, erscheint gerade deswegen reizvoll, weil es das Phänomen George von einer neuen Seite beleuchtet.

Mit dem Namen Stefan George verbinden sich zunächst einmal Vorstellungen eines elitären Männerbundes im Zeichen symbolistischer Dichtung, eine ins Kultische reichende Dichterverehrung und ein strenges ästhetisches Programm, dargelegt in seiner Zeitschrift *Blätter für die Kunst*, sowie das Nachleben eines »Kreises ohne Meister«, wie es Ulrich Raulff bis in die Zeit der Bundesrepublik hinein verfolgt hat.[2] Schon Max Weber nennt in *Wirtschaft und Gesell-*

1 | Rainer Maria Rilke, Briefe, Band III. Frankfurt am Main 1950, S. 898.

2 | Ulrich Raulff: Kreis ohne Meister. München 2009.

schaft[3] Georges Kreis ausdrücklich als ein Beispiel für die Gestaltung »charismatischer Herrschaft« und legt damit die Grundzüge der George-Rezeption fest: Gemeinschaftsideen und Gemeinschaftsideale im Zeichen der charismatischen Dichterpersönlichkeit lassen nicht nur Georges Leben und Werk als ein unentwirrbar aufeinander bezogenes Textgeflecht erscheinen, sondern auch Leben und Werke der Kreismitglieder.

George und sein Kreis etablierten eine ausgeprägte und ausgreifende Metaphorik, die beim Wort genommen werden wollte. Die Rede vom »Staat«, dem »Meister« oder »geheimem Deutschland« lässt sich durch eine Vielzahl von Gedichten verfolgen, von den *Hymnen* (1890) über *Der Stern des Bundes* (1914) bis zu *Das neue Reich* (1928), und eben auch in Briefen, Programmatiken und Artikeln. Die Wissenschaftler im Kreis arbeiteten daran, Georges Rolle als ›Führer‹ durch die gesamte Ideengeschichte Europas zu legitimieren. Im Schema der Offenbarung profilierten die Bücher von Max Kommerell oder Friedrich Gundolf – um zwei prominente Literaturwissenschaftler des Kreises zu nennen – George als Erfüllung einer Verheißung. Der Historiker Ernst Kantorowicz schrieb eine nicht allzu verdeckte Kreis-Geschichte in seiner Stauferbiografie, und Friedrich Wolters etablierte die Begriffe »Herrschaft« und »Dienst« als Konzepte staatsphilosophischen Denkens.

Karsten Dahlmanns nun versteht George ebenfalls wortwörtlich und möchte an dem Begriffsgebrauch des Dichters – und das meint hier: auf dem semantischen Feld von Markt und Handel – Ideologiekritik üben, denn er sieht im ökonomischen Verständnis das Fundament von Georges literarischem Werk. Nach Dahlmanns »bildet Georges Amerikafeindschaft ein Symptom seiner Ablehnung der rasant sich entwickelnden Markt- und Unternehmerwirtschaft in seiner Zeit« (S. 15). George habe, so muss man Dahlmanns' weitere Argumentation wohl verstehen, die Entwicklungen seiner Zeit luzide beobachtet und in poetische Sprache gebannt, sich aber in der Krisenzeit der Moderne auf die falsche Seite gestellt. Exemplarisch stellt Dahlmanns seine Überlegungen anhand einer Interpretation des Gedichts *Die tote Stadt* dar, die den ersten Teil der Studie ausmacht.

George war zweifelsohne Antimodernist. Dezidierte Abhandlungen gegen Amerika oder deutlich als solche ausgewiesene Amerika-Gedichte verfasste George Zeit seines Lebens jedoch nicht. Als Quellengrundlage dienen Dahlmanns daher vor allem Erinnerungsbücher der Kreis-Mitglieder und die unveröffentlichten Tagebücher von Edith Landmann, die Dahlmanns im Stefan George Archiv eingesehen hat. Georges Unbehagen an der lauten Großstadt Berlin, ihrer ›Schnoddrigkeit‹, wird ohne Berücksichtigung des jeweiligen Zusammenhangs zur großen Amerikafeindschaft des Dichters stilisiert. Anstatt die Verschmelzung verschiedener kulturkritischer Positionen behutsam aufzulösen und nach den komplexen Einsätzen der Topoi zu fragen, will Dahlmanns'

3 | Max Weber: Wirtschaft und Gesellschaft. Tübingen 1922.

hochspekulative Studie Ideologiekritik üben. Sein Verständnis davon legt er folgendermaßen dar:

> Da das Wort Ideologiekritik gefallen ist, sei abschließend versichert, daß die folgenden Seiten nicht dem Mißverständnis anhängen, die Moden ihrer eigenen Zeit für das Wahre zu halten. Deshalb sehen sie davon ab, Georges Vorstellungen von Elite oder jener über Frauen im Namen einer zum Dogma erhobenen Gleichförmigkeit zu skandalisieren. Schließlich bildet gerade dies Freiheit: Wählen zu können, mit wem man Umgang pflegt; aussprechen zu dürfen, was man meint. Es ist keine Neuigkeit, daß freiheitliche Gesellschaften Raum für eine Vielzahl unterschiedlich exklusiver – und das heißt eben auch: ausschließender – Gemeinschaften schaffen. Sollte das Recht, welches jeder Frauenbuchladen, jeder Fitneßclub in Anspruch nimmt, der eine ausschließlich weibliche Klientel bedient, nicht auch für George gegolten haben? (S. 14)

Dahlmanns tritt also für den Liberalismus ein, und sein ganzes Buch lässt sich als großes Plädoyer und als Verteidigung der liberalistischen Anschauung lesen:

> Als Liberalismus gilt eine Gesellschaftslehre und -form, die auf das freie Spiel der Markt-Kräfte setzt, während die Organe des Staates die Regelgerechtigkeit zu hüten, sich sonstiger Ein- und Übergriffe jedoch zu enthalten haben. Darum beeinträchtigte keine andere Ordnung kulturelle *Evolution* so wenig, wie der Liberalismus. (S. 25)

Das ist eine starke Setzung, und man muss sie zunächst einmal akzeptieren, um der Argumentation des Buches überhaupt folgen zu können. Dahlmanns liest George mit der Liberalismustheorie des umstrittenen Wirtschaftswissenschaftlers Friedrich August von Hayek, der wiederum seine ökonomische Arbeit als ein Anschreiben gegen den Sozialismus verstanden wissen wollte. Ein überraschender Ansatz, hatte Hayek seine Kritik doch erst aufgrund der sich anbahnenden Frontenbildung zwischen Ost und West während des Zweiten Weltkriegs erarbeitet und galt seinen Anhängern damit als seismografischer Warner vor der politischen Konfliktlage, die als »Kalter Krieg« den Globus bis 1989 in zwei Hälften teilte.

Dahlmanns lässt diese historische Gebundenheit des ökonomischen Denkens Hayeks außer Acht. Er kontextualisiert weder Georges Antiamerikanismus noch seinen Antiliberalismus. Und ist es überhaupt zutreffend, Antiamerikanismus bei George als identisch mit einem sehr speziellen Begriff von Antiliberalismus zu setzen, wie Dahlmanns es tut?

Auch wenn George sich wenig für versierte ökonomische Theoriebildung interessierte, suchten doch verschiedene bedeutende Nationalökonomen seine Nähe. Es wäre interessant gewesen, nach der Wirkung der Gedanken von Edgar Salin, Julius Landmann und Arthur Salz auf Georges poetische Praxis zu fragen. In Bezug auf Amerika hätte man transatlantische Netzwerke des Kreises beleuchten können, denn nicht wenige Jünger Georges gingen ins amerikanische Exil. Zu Lebzeiten Georges galt die Amerikareise dem Meister als Skandalon; Ernst Kantorowicz fand aber gerade am Pazifik ein altes Europa wieder, das in Deutschland untergegangen war. Die Briefe von Ernst Morwitz, der »nächste Liebste«[4] und Übersetzer Georges, können in der New York Public Library eingesehen werden.

Von George aus führen viele Wege nach Amerika. Aber beleuchtet die Amerika-Metaphorik oder die davon unabhängige Metaphorik des Marktes die poetische Produktion des Dichters? Spricht Rilke über Amerika, spricht er über seine eigene Dichtung. Spricht George über einen Hafen, dann verarbeitet er seine eigenen vormodernen Anschauungen in einem Gedicht. Über den ästhetischen Gehalt ist damit noch nicht viel gesagt. So steht am Ende des Buches die wenig überraschende Erkenntnis: George war kein Liberaler.

Julia Amslinger
Universität Duisburg-Essen

Karsten Dahlmanns: Das verfluchte Amerika. Stefan Georges Bildnis von Unternehmertum, Markt und Freiheit. Würzburg: Königshausen & Neumann 2016, 288 S., € 39,80.

---

4 | Vgl. dazu Eckhart Grünewald: Wie der Meister nach New York kam. Stefan Georges Briefe. In: Frankfurter Allgemeine Zeitung vom 3. Juni 2013, online unter www.faz.net/aktuell/feuilleton/bilder-und-zeiten/stefan-georges-briefe-wie-der-meister-nach-new-york-kam-12207020.html.

Ein stadtaffiner Goethe in Italien?

Das vorliegende Buch ist das Ergebnis der Cotutelle-Promotion des Autors an der Freien Universität Berlin und der École Pratique des Hautes Études in Paris. Das Forschungsziel der Studie besteht darin, das Bild von Goethe als »provinzielle[m], großstadtferne[m] Dichter[ ]«, der gegen die Großstadt nur Misstrauen gehegt hätte, zu korrigieren (S. 10). Demgemäß will Malte Osterloh belegen, dass die Äußerungen Goethes zur Stadt nicht nur zahlreich sind, sondern auch »niemals eine generelle Abneigung gegenüber der Stadt« erkennen lassen (S. 11). Goethes Italiendichtung zu wählen, um diesen Beweis anzutreten, hängt mit der Beobachtung zusammen, dass Italien nach damaligem Maßstab eine auffällig hohe Zahl großer Städte vorweisen konnte: Venedig, Rom, Neapel und Palermo gehörten um 1800 mit mehr als 100 000 Einwohnern zur westeuropäischen Spitze.

Goethes Haltung gegenüber dem Urbanen sei laut Osterloh nun gerade deshalb signifikant, weil »in den Darstellungen des 18. und 19. Jahrhunderts eigentlich eine zurückhaltende bis ablehnende Haltung gegenüber der Großstadt« (S. 51) überwiege. Ein wichtiger Grund für Goethes relativ positive Einschätzung liegt nach Osterloh in Goethes Herkunft, wurde er doch in Frankfurt geboren, der Handelsmetropole am Main, die damals stolze 36 000 Einwohner zählte und damit wenigstens nach deutschen Verhältnissen als Großstadt gelten konnte. Goethe hat, so weist Osterloh nach, seine Heimatstadt bewundert: In »[den] ersten sechs Bücher[n] von *Dichtung und Wahrheit*« sieht er »eine Hommage an die Handelsmetropole am Main« (S. 12). Erstaunlicherweise erwähnt Osterloh Leipzig, das damals ungefähr gleich groß wie Frankfurt am Main war, nicht. Goethe hat hier als Student vieles – wenn auch hauptsächlich jenseits des Studiums – erlebt und auch der sächsischen Messestadt in seiner Autobiografie viel Lob gespendet.

Das erste Kapitel von Osterlohs Buch bietet eine – wenn auch kurze, so doch sehr gut dokumentierte – Diskursgeschichte der Idee der Stadt, von der alttestamentlichen Zeit über die Antike und die Frühe Neuzeit bis in die Moderne. Von da an aber weist das Buch einige Probleme auf. Die Studie versucht nämlich, Goethes relativ *unzeitgemäße* Bewertung der Stadt als Ausgangspunkt einer Neulektüre auch der Italiendichtung zu nehmen. Dies aber gelingt nur zum Teil. Osterloh stellt zwar fest, dass bei Goethe »nie ein unschuldiges Land- und

Kleinstadtleben der lasterhaften Großstadt gegenübergestellt wird« (S. 11), fügt aber sofort hinzu, dass dies noch keineswegs mit einer Verherrlichung der Stadt gleichbedeutend sei. Es gebe vielmehr – »[j]edem Extremismus abhold« – ein »Abwägen« Goethes, das dieser dem Dezisionismus vorziehe und demzufolge er im Vergleich zu seinen Zeitgenossen zu einem ausgeglicheneren Urteil komme (S. 51). Die Vermutung liegt jedoch nahe, dass Goethe der Stadt, oder abstrakter: dem Städtischen, niemals besondere Aufmerksamkeit geschenkt hat, weder mit positiven noch mit negativen Vorzeichen, und dass er dann, wenn er von einer Stadt berichtete, an erster Stelle anderes im Blick hatte als deren spezifisch urbanen Charakter.

Das wissenschaftliche Bestreben, ein falsches Goethebild zurechtzurücken, ist an sich zweifellos legitim. Es muss aber bemerkt werden, dass Osterloh als wichtigen Vertreter jener zu korrigierenden Ansicht die 1905 [!] von Richard M. Meyer veröffentlichte Studie zu Goethes *Venezianischen Epigrammen* erwähnt, nebst einem 2003 erschienenen Band von Giovanni Sampaolo zu den *Wahlverwandtschaften*. Das genügt aber kaum, um das Bild von Goethe als ›wenig stadtaffin‹ als Kontrastfolie für die eigenen Analysen überzeugend aufzubauen. Doch der rhetorische Bezug auf solche mehr implizierten als wirklich zu beobachtenden Debatten ist wahrscheinlich an erster Stelle der Vorsicht gegenüber einem internationalen Forschungsumfeld zuzuschreiben, das wissenschaftliche Arbeiten immer öfter nur nach ihrem Innovationspotenzial beurteilt.

Die methodologischen Probleme der vorliegenden Studie hängen mit der Definition des Forschungsgegenstands wie mit der Stringenz, mit der das Buch sie verfolgt, zusammen. »Unter Stadterfahrung«, so Osterloh gleich zu Beginn, »verstehen wir quasi alles, was Goethe in den jeweiligen Städten sieht und erlebt: zum Beispiel die Gebäude Palladios in Venedig, den Gottesdienst im Vatikan, die Lazzeroni in Neapel, den Besuch bei der Familie Cagliostros in Palermo« (S. 19). Mit diesem Programm lässt sich aber nur schwer ein spezifisch thematischer Bereich ›Stadt‹ abstecken, und auch die Darstellung von Großstadterlebnissen ist damit noch nicht erfasst. Denn nicht bereits wegen der Größe der italienischen Städte ist jedes Erlebnis, das sich in ihnen zuträgt, auch ein *großstädtisches* Erlebnis. Denn Italien ist mehr als nur eine Stadtlandschaft.

Der Verdacht, das urbane Moment in Goethes Italiendichtung sei möglicherweise überzogen, zieht sich als Unterton durch die gesamte Studie Osterlohs. Wenn Goethe etwa in Rom an einer »Reizüberflutung« leidet, zeugt das dann wirklich von einer »modernen urbanen Erfahrung« (S. 268)? Goethe berichtet an der gedeuteten Stelle von einem »landschaftliche[n] Bild aller Art und Weise, Paläste und Ruinen, Gärten und Wildnis, Fernen und Engen, Häuschen, Ställe, Triumphbögen und Säulen, oft alles zusammen, so nah, daß es auf ein Blatt gebracht werden könnte« (ebd.). Ist es wirklich das bunte Chaos einer Großstadt *qua Großstadt*, das ihn mit Reizen überflutet? Oder ist es die Erfahrung, die auch heute noch jeder kunsthistorisch interessierte Romreisende macht, nämlich nicht zu wissen, wo man in dieser Freiluftwunderkammer zunächst hinschauen soll?

Malte Osterloh trägt – dies gereicht ihm als Forscher zur Ehre – nicht wenig dazu bei, den obigen Verdacht aufrechtzuerhalten. So findet auch er in großen Teilen der *Venezianischen Epigramme* – obwohl er ihnen viel Aufmerksamkeit widmet – »keinen eindeutigen Bezug zu Venedig«, ja sie scheinen »venezianisch vor allem in dem Sinne zu sein, dass sie wie die Mehrzahl der Epigramme in Venedig verfasst worden sind. Sie gehen in ihrer allgemeinen Kritik [an der Revolution] zuweilen weit über den urbanen Raum hinaus« (S. 92). Auch Sizilien, so gesteht er ein, »ist eben nicht das urbane Italien«, und demgemäß »sucht Goethe« es »hier auch nicht« (S. 153). Und schließlich ergeben sich auch »Goethes Schwierigkeiten mit Neapel« nicht »zuvörderst aus dem Wesen der modernen Großstadt« (S. 223).

Über alldem könnte man vergessen, dass Goethe tatsächlich – und sei es nur an verstreuten Stellen – von genuin großstädtisch geprägten Erfahrungen berichtet, die Osterloh dann sehr genau zu identifizieren weiß: Die Anonymität, die schwindende gegenseitige Empathie der Städter, vor allem die Geschwindigkeit des dortigen Lebens kommen zur Sprache, etwa im Bericht zu Neapel: »Zwischen einer so unzählbaren und rastlos bewegten Menge durchzugehen ist gar merkwürdig und heilsam. Wie alles durcheinander strömt und doch jeder einzelne Weg und Ziel findet.« (Zit. n. Osterloh, S. 191) Und tatsächlich lässt sich im Goethe der *Venezianischen Epigramme* der später ganz zur Blüte gekommene europäische Typus des Flaneurs wiedererkennen (vgl. S. 78 f.).

Im größeren Teil seiner Studie widmet sich Osterloh jedoch einer Vielzahl anderer Themen: der Liebe und der Erotik, dem Blick des Nordländers auf die südliche Lebenskunst, Goethes Versuchen in der Malerei, seinen naturwissenschaftlichen Versuchen und seinen ästhetischen Präferenzen. Ein überzeugender Nachweis der thematischen wie formalen Präsenz von Großstadterlebnissen in Goethes Italiendichtung wird jedoch nur teil- und ansatzweise geboten. Der Verdacht liegt nahe, dass der Stadtstoff für eine fast vierhundertseitige Studie wohl nicht ausgereicht hätte. Ausführlichere Vergleiche, etwa mit der Großstadtdichtung der folgenden Jahrhundertwende, oder eine Erweiterung des Korpus um andere autobiografische Schriften Goethes hätten vielleicht aushelfen können.

Der Band enthält weiter Dutzende von zeitgenössischen – meist aus dem späten 18. und frühen 19. Jahrhundert stammenden – Bildern von Goethes italienischen Reisezielen. Als Illustration sind sie sicherlich am Platz, doch zweifellos hätte man sie ertragreicher einsetzen können. Auf die Bilder wird im Text nämlich kaum verwiesen, sie werden nur selten erläutert, und nur ausnahmsweise ergreift Osterloh die Gelegenheit, Goethes Schilderungen der Städte intermedial auf die zeitgenössischen Abbildungen zu beziehen. Bisweilen drängt sich der Eindruck auf, die Gemälde seien erst in einer späteren Phase des Schreib- oder besser des Buchgestaltungsprozesses hinzugekommen. So schreibt Osterloh zu Goethes Schilderung von Palermo: »Es könnte ein Gemälde von Hackert sein. Das arkadische Ineinander von Natur und Kultur bedeutet auch ein gemeinsames Hervorbringen von Schönheit.« (S. 151) Osterloh ist sich der Möglichkeiten einer intermedialen Komparatistik also sicher bewusst, doch genau an dieser Stelle findet man dann Reproduktionen von Franz Ludwig Catel und Carl Rottmann, die im Text keine Erwähnung finden. 50 Seiten später, im Kapitel zu Neapel, findet sich dann allerdings ein Gemälde von Hackert. Dieses zeigt zwar nicht Palermo, doch kann, wie Osterlohs Bemerkung verdeutlicht, der Vergleich auch an formalen oder topischen Kriterien festgemacht werden. Man kann nur rätseln, warum ein kunstgeschichtlich offenbar gut informierter Verfasser solche interessanten Vergleichsmöglichkeiten ungenutzt lässt. Dabei hätte gerade ein intermedial erweiterter Blick – nicht zuletzt vor dem Hintergrund der Mal- und Zeichenexperimente, die Goethe während seiner Reise unternahm, wie auch der zahlreichen Kontakte zu Malern vor Ort – ein ausgezeichnetes Mittel sein können, den manchmal zu eingeschränkten (weil zu unspezifischen) Fokus des Forschungsansatzes zum engeren Gegenstand der Städte und Stadterfahrungen auszuweiten.

Osterlohs Buch hat jedoch auch unverkennbare Qualitäten. So ist der klare Schreibstil hervorzuheben, auch wenn der eine oder andere Ausdruck etwas zu prätentiös geraten ist: Die Betrunkenheit der Neapolitaner als eine Form »präepistemische[n] Dasein[s]« (S. 193) zu beschreiben, geht doch etwas weit, vor allem dann, wenn solche erkenntnistheoretischen Überlegungen nicht zur Systematik der Analyse gehören. Zudem ist Osterloh bestens mit Goethes Œuvre wie auch der Forschungsliteratur vertraut und gibt seiner Arbeit einen beeindruckenden Anmerkungsapparat mit auf den Weg. Die thematische Vielfalt, die dem anfangs formulierten Forschungsansatz manchmal zuwiderläuft, ergibt schließlich eine polyperspektivische Einführung in Goethes Italiendichtung und die auf sie bezogenen älteren wie aktuellen Forschungsfragen.

Sven Fabré
Universität zu Leuven

Malte Osterloh: Versammelte Menschenkraft. Die Großstadterfahrung in Goethes Italiendichtung. Würzburg: Königshausen & Neumann 2016, 385 S., € 39,80.

Authors / Autorinnen und Autoren

AMSLINGER, DR. JULIA, is Akademische Rätin in the German Department at the University of Duisburg-Essen. – E-mail: julia.amslinger@uni-due.de

AUBKE, FREDERIKE, is a German postgraduate student at the University of Duisburg-Essen and works in public relations and as an executive assistant in Wuppertal. – E-mail: F.Aubke@gmx.de

BLÄSER, VICTORIA, is a PhD student in German Studies at the University of Duisburg-Essen. – E-mail: victoria.blaeser@uni-due.de

CAUGHRON, ANNA, is a 2018 graduate of Colby College with a double major in German and Environmental Policy. – E-mail: annacaughron@gmail.com

DAHLBY, ELLEN, is a graduate of Notre Dame who currently works at a high risk shelter for mothers. – E-mail: erdahlby@gmail.com

DONAHUE, DR. WILLIAM COLLINS, is the Cavanaugh Professor of the Humanities, Chair of the Department of German and Russian Languages and Literatures, and Director of the Nanovic Institute for European Studies at the University of Notre Dame. – E-mail: William.C.Donahue.36@nd.edu

DUTT, DR. CARSTEN, is an Assistant Professor in the Department of German and Russian at the University of Notre Dame. – E-mail: cdutt@nd.edu

EBERHARDT, MARIE-LUISE, is an MA student of Literature and Practice in Media at the University of Duisburg-Essen, writing photographer and media artist. – E-mail: marie.eberhardt@yahoo.de

ERB, DR. ANDREAS, is Wissenschaftlicher Mitarbeiter in the Dep. of Literary and Media Studies at the University of Duisburg-Essen. – E-mail: andreas.erb@uni-due.de

FABRÉ, SVEN, is a Belgian literary scholar

HAMBRO, MATTHEW, is a German teacher and PhD student in German Literature at UNC Chapel Hill and Duke University. – E-mail: matthew.hambro@duke.edu

HARA, RYAN, is a 2018 graduate of Colby College who is studying to become a medical doctor. – E-mail: rshara@colby.edu

HENDERSON, DR. HEIKE, is the Associate Chair of World Languages and German Section Head at Boise State University. – E-mail: hhender@boisestate.edu

HENRY, ASHLEY, has a BA from Notre Dame and now works as a Business Development Manager at Collage Group. – E-mail: ahenry5@alumni.nd.edu

HERTLEIN, DR. SASKIA, is Wissenschaftliche Mitarbeiterin in American Literary and Media Studies at the University of Duisburg-Essen. – E-mail: saskia.hertlein@uni-due.de

KAUPP, DR. STEFFEN, is Assistant Teaching Professor of German, and the Executive Resident Director of Berlin Programs at the University of Notre Dame. – E-mail: skaupp@nd.edu

KRAUSS, HANNES, is a retired Akademischer Rat in Contemporary German Literature at the University of Duisburg-Essen. – E-mail: hannes.krauss@uni-due.de

LIEBER, DR. LAURA, is a Professor of Late Ancient Judaism in the Department of Religious Studies at Duke University. – E-mail: laura.lieber@duke.edu

MATHES, UTA, is an MA graduate of Literature and Practice in Media as well as Anglophone Studies of the University of Duisburg-Essen. – E-mail: uta.mathes@posteo.de

MEIN, DR. GEORG, is Professor of German Literature and Theory at the University of Luxembourg. – E-mail: georg.mein@uni.lu

MODICK, KLAUS, is a German writer

NUSSER, DR. TANJA, is Professor for German Studies, Film & Media Studies at the University of Cincinnati. – E-mail: tanja.nusser@uc.edu

OH, DR. SEUNG-JAE, is an assistant professor of Korean at the Defense Language Institute Foreign Language Center in Monterey (CA). – E-mail: soh1@alumni.nd.edu

PALBERG, KYRA, is a PhD student in History and Literary Studies at the University of Duisburg-Essen. – E-mail: kyra.palberg@uni-due.de

PARR, DR. ROLF, is a Professor of Literary and Media Studies at the University of Duisburg-Essen – E-mail: rolf.parr@uni-due.de

PFAU, DR. THOMAS, is the Alice Mary Baldwin Professor of English & Professor of German at Duke-University in Durham (NC). – E-mail: pfau@duke.edu

PROFIT, DR. VERA, is an Emeritus Professor of German and Comparative Literature at the University of Notre Dame. – E-mail: Vera.B.Profit.1@nd.edu

RINNE, DR. CHRISTINE, is an Associate Professor of German at the University of South Alabama. – E-mail: crinne@southalabama.edu

SALERNO, RYAN, holds a BA from Colby College and currently works as a cyber security analyst for Citigroup in New York City. – E-mail: salerno.ryan@gmail.com

SCOTT, DR. CLAIRE E., is a Teaching Assistant Professor at the University of North Carolina at Chapel Hill in the Department of Germanic and Slavic Languages and Literatures. – E-mail: clairesc@email.unc.edu

TAYLOR JONES, DR. CLAIRE, is an Assistant Professor in the Department of German and Russian at the University of Notre Dame. – E-mail: Claire.T.Jones.406@nd.edu

THÖR, JACQUELINE, is a student of Literary and Media Studies at the University of Duisburg-Essen. – E-mail: Jacqueline.Thoer@rub.de

TROTTA, MARGARETHE VON, is a well known, award-winning German film director